공무원 · 군무원 시험 | 독학사 및 학점은행제

BUSINESS

경영학 연습 주제별 요약

ADMINISTRATION

입사 및 승진 시험 | 각종 자격시험 수험서

신종국 · 박지연

法文社

현재 시중에는 경영학을 학문적으로 해설하고 있는 훌륭한 책들이 많이 있다. 각 대학의 교수님들께서 집필하신 각종 저작물들과 학계에 발표되고 있는 다양한 논문들을 제대로 소화하는 것만이 경영학을 제대로 정복하는 길이라 할 것이다. 하지만 수험생들은 공부해야 하는 과목의 수가 많아 한 과목당 쏟을 수 있는 시간에 한계를 느끼는 경우가 많다. 게다가 경영학은 대개 경영학 일반, 인사조직, 마케팅, 재무회계, 생산관리, 경영정보 등과 같이 최소한 5~6권의 교과서를 함께 학습해야 하는 부담이 있다. 이러한 점에서 경영학을 시험과목으로 공부하는 수험생들은 다양한 분야의 넓은 범위를 준비해야 하므로 효율적인 공부방법을 찾는 것이 가장 중요하다.

이 책은 경영학 분야의 여러 과목들에서 다루어지는 주요 개념과 원리들을 "경영학 연습"이라는 이름으로 정리한 요론(要論)으로, 본인의 경영학에 대한 실력에 따라 효율적으로 시험준비를 할 수 있도록 주요한 논점을 중심으로 정리하였다. 공사, 공단, 및 대기업의 입사 및 승진시험을 비롯한 각종 국가시험(자격증, 고시, 공무원 시험 등) 등 각종 시험에서 다루어지는 경영학의 제반 이론들을 수험목적에 적합하게 정리하였다.

구체적으로, 이 책에서는 경영학 분야의 전통적인 기초개념뿐만 아니라, 경영·경제환경의 변화 속에서 효과적이고 효율적인 경영활동을 위한 다양한 이론과 내용을 중요도 높은 영역을 중심으로 다루고 있으며, 이는 경영학을 처음 접하는 수험생들이 기초개념을 형성하는데 도움을 제공할 수 있을 것이다. 뿐만 아니라, 경영학의 기본 교과서들을 일독한 수험생들에게도 추가로 선택 가능한 하나의 보완재가 되는 수험서일 것이다.

이 책은 크게 다섯 부분으로 구성되어 있다.
[Part 01: 일반경영] 경영학 일반 파트에서는 경영의 기초를 형성하는 개념들과 제반 접근법을 위주로 하여 기업과 경영, 경영환경과 기업사회적책임(CSR), 경영전략과 지식경영, 조

직관리, 경영통제 등의 주제들을 포괄적으로 다루었다.

[Part 02: 인사조직] 인사조직 파트에서는 기업의 존재와 조직을 존속시키는 원동력인 인적자원에 대한 이해를 위한 개념과 이론, 그리고 관리기법을 위주로 하여 조직과 경영조직, 동기부여 이론, 경영환경과 전략 활동, 인사관리, 노사관계와 노동쟁의 등의 영역으로 세분화하여 다루었다.

[Part 03: 마케팅] 마케팅 파트에서는 마케팅의 기본 원리와 주요 개념을 이해하고 마케팅의 고유한 특성과 소비자지향적 마케팅활동에 대한 이해도를 높이는데 주안점을 두어 마케팅 기본개념, 소비자의사결정, STP 전략, 제품전략, 가격관리, 유통경로관리, 촉진관리 등의 주제로 나누어 다루었다.

[Part 04: 생산관리 · 경영정보] 생산관리 · 경영정보 파트에서는 생산관리와 경영정보로 나누어 중요한 주제별로 정리하였다. 생산관리 파트에서는 생산관리에 대한 개념과 목적, 제반 관리문제들을 위주로 하여 생산관리와 생산시스템을 이해하는데 필요한 기초개념과 유형, JIT, 린 등 생산관리기법, 제품설계, 공정설계, 설비배치 등의 주제를 세분화하여 다루었다. 경영정보 파트에서는 경영정보시스템 관련 기초개념, 기업 경쟁력 향상을 위한 ERP, CRM, SCM 등 관리기법 등의 주제를 중심으로 다루었다.

[Part 05: 재무 · 회계관리] 재무 · 회계관리 파트 역시 재무관리와 회계관리 이렇게 두 영역으로 나누어 중요한 주제별로 정리하였다. 재무관리는 기업가치를 극대화하기 위한 재무적 의사결정 학문이므로 본 파트에서는 재무관리 정의, 목표, 주요 의사결정 등의 기초개념, 재무관리를 위한 계획, 통제, 분석, 기업가치 측정과 극대화를 위한 주요 개념들을 다루었다. 회계관리 파트에서는 경영의사결정에 유용한 회계정보를 산출하기 위한 중요한 개념과 관리기법을 위주로 하여 회계관리의 기초개념, 회계의 종류, 재무회계의 정의와 기초(자산, 부채, 자본), 재무제표, 회계거래 및 회계순환과정 등의 주제를 중심으로 다루었다.

이 책으로 공부한 많은 독자들께서 모쪼록 소기의 목적을 달성하고 입사와 승진 혹은 자격증을 취득하여 새로이 활기찬 삶을 사시기를 기원하며 서문에 갈음하고자 한다.

2021년 여름 저자 씀

01
part **일반경영**

02
part 인사조직

03
part 마케팅

04
part 생산관리 · 경영정보

$\Large 05$
part **재무 · 회계관리**

01
part

일반경영

01 기업과 경영

01 기업

기업은 인간이 필요로 하는 재화와 서비스를 생산하고 유통시키는 사회적 단위에 해당한다.

1 기업의 개념

좁은 의미의 기업은 여러 자원을 결합하여 제품과 서비스를 생산하여 공급함으로써 이윤을 극대화하는 조직을 말한다. 넓은 의미로는 사회의 여러 자원을 가장 효율적으로 배분하여 그 가치를 극대화함으로써 사회의 경제 수준을 향상하는 데 이바지하는 조직을 뜻한다.

◆ 기업은 영리를 목적으로 이윤을 추구하는 조직체이다.
◆ 국민 경제에서 생산을 담당하고 있으며 경제주체이다.

2 기업의 목적

기업이 기본적으로 기업 활동을 통한 영리추구를 목적으로 하지만, 가계와 정부와의 상호의존적 관계 속에서 사회적인 욕구를 충족시켜 주고, 고용 창출, 신기술 개발, 신제품 개발 등을 통해 주주나 소비자들에게 사회적 이익을 환원시켜 주는 역할을 수행하기도 한다. 즉 사회적 부가가치 창출을 통한 이익추구를 목적으로 한다.

3 기업의 기능

기업은 크게 생산기능, 창출기능, 사회적기능, 국가발전기능 등 네 가지 기능을 갖고 있다.

① 생산기능: 재화나 서비스를 생산하고 공급하는 기능을 수행한다.

② 창출기능: 새로운 가치를 창출하기 위해 끊임없이 기술을 개발하고 고용을 창출하는 기능을 수행한다.

③ 사회적기능: 사회적 책임의 성실한 이행을 통해 기업의 이해관계자 집단과 상호작용을 하는 기능을 수행한다.

④ 국가발전기능: 개인적 소유의 기능보다 국가경제발전 기능을 수행한다.

4 기업형태

기업형태는 창업과정에서는 물론, 향후 기업의 성장과 발전에 있어 중요하다. 기업형태란 생산경제에 활용되는 생산수단의 소유와 경영지배의 구조적 관계에 따른 기업의 형태로, 출자에 따른 책임부담의 관계에서 구분한 기업의 종류를 말한다. 따라서 기업형태는 기업이 영위하는 업종의 형태, 규모, 시장 등의 상황을 고려하여 결정소요자금, 업종, 규모, 채무부담의 한계, 소유권의 양도성, 세금문제 등을 고려하여 최적의 기업형태를 결정한다.

◆ 규모에 의한 분류: 매출액, 종업원수, 자본금에 따라 대기업, 중기업, 소기업으로 분류(중소기업기본법 제2조)
◆ 업종에 의한 분류: 한국표준산업분류기준(통계청)
◆ 출자성격에 의한 분류: 공기업, 사기업, 공사공동기업으로 구분
◆ 법제도에 의한 분류: 합명회사, 합자회사, 유한회사, 주식회사로 구분
◆ 소유방식에 의한 분류: 개인기업, 인적공동기업(소수공동기업), 자본적 공동기업(다수공동기업)으로 분류

1) 기업형태의 분류

기업형태는 <그림 1-1>과 같이 분류할 수 있다.

〈그림 1-1〉 기업형태의 분류

2) 기업의 제 형태

사기업은 소유 및 지배 구조에 따라 개인기업과 공동기업으로 나뉜다. 대부분의 회사는 규모가 크기 때문에 대부분이 공동기업으로 진행된다. 하지만 1인 운영이 가능하거나, 특정 목적의 기업(예 페이퍼컴퍼니 등)은 개인기업(단독기업)의 형태로 존재한다.

(1) 개인기업

이윤을 독점할 수 있고, 폐쇄적으로 경쟁자에게 노출이 적은 안전한 경영이 가능하나 자본조달 또는 경영능력의 한계 면에서 많은 제약이 따른다는 특징이 있다.

(2) 공동기업

여러 출자자가 책임을 나눠가짐으로써 책임의 규모가 적어지고, 출자자금의 규모가 크고 경영능력이 향상되어 성장성이나 수익성 면에서 개인기업보다 우위에 있는 경우가 대부분이다. 공동기업은 법률상의 규정에 따라 합명회사, 합자회사, 유한회사, 유한책임회사, 주식회사 등으로 나뉜다. 각 기업의 형태는 무한책임사원과 유한책임사원의 유무와 특성에 의해 구분된다.

① **합명회사**: 무한책임사원들로만 구성된 회사이다. '합명(合名)'이라는 말에서 찾아볼 수 있듯이 이 기업은 각자의 이름을 합쳐서 걸어 만든 회사이다. 이름을 걸 정도로 그 기업의 사원들이 책임을 진다. 그래서 모든 출자에 대한 책임을 무한책임사원에게 귀속되게 되어있다. 폐쇄적인 기업경영 방식으로 주로 가족경영의 기업이 이러한 형태를 많이 띤다.

② **합자회사**: 무한책임사원과 유한책임사원이 공동으로 존재하는 기업이다. 합자회사는 주로 경영을 책임지는 무한책임사원과 출자에 지분만 가지고 있어 배당을 받는 유한책임사원이 함께 존재한다. 유한책임사원은 자신이 출자한 한도 내에서만 책임을 지기 때문에 유한책임사원이라 불린다(예를 들어, 일반 투자자의 투자금액이 3,000만 원이면 회사가 파산하여도 투자자의 책임은 3,000만 원을 넘어설 수 없다). 합자회사는 합명회사의 자본조달의 한계를 극복하여 기업의 성장성을 증대시키고자 생겨난 기업의 형태이다.

③ **유한책임회사**: 2012년에 새로 개설되어 유한회사와는 다르게 임원이 불필요한 점과 주식이 존재하지 않다는 점을 제외하곤 비슷하다. 두 기업의 사원은 모두 유한책임사원으로 자신의 출자 한도 내에서만 책임을 진다. 유한회사의 경우 유한책임사원들

로만 구성되고 주식이 존재한다는 점은 주식회사와 같지만 주식회사와 달리 주식의 거래가 어렵고, 폐쇄적인 경영이 가능하다는 점에서 사실상 유한책임사원들로 구성된 합명회사인 경우가 대부분이다(**예** 요기요, 배달통 등 배달앱 운영사이다. 2020년 1월 유한회사에서 유한책임회사로 전환하였다).

④ **주식회사**: 출자 규모의 증대와 주식 거래의 편의성이 보장된 형태의 회사이다. 주식회사의 경우 기업의 설립 조건도 간단하며(상장과는 다른 개념), 투자자들도 별다른 절차 없이 주식거래를 통해 투자할 수 있어서 편리한 기업이다. 현대에 대부분의 기업 형태가 주식회사의 형태로 설립된다.

1 경영

1) 경영의 개념

경영은 주어진 경영자원을 활용하여 조직의 목적을 달성하는데 필요한 여러 가지 활동들을 계획(plan), 실행(do), 평가(see)하는 일련의 과정으로 볼 수 있다. 광의의 경영은 비영리조직에 대한 경영도 포괄하는 개념이지만, 협의의 경영은 영리조직의 경영만을 의미하는 경우가 많다. 경영의 성과는 주어진 경영자원을 얼마나 효율적(efficient)이고 효과적(effective)으로 사용했는지에 의해 평가되는 경우가 많다.

2) 경영의 목적

기업을 경영하는 목적은 크게 경제적인 측면과 사회적인 측면으로 구분할 수 있다. 경제적 목적이란 이윤 추구와 이익의 극대화를 말한다. 사회적 목적은 사회적 책임 완수를 의미한다. 경제적 목적과 사회적 목적은 배타적인 것이 아니라 상호 보완적이다. 이러한 경영의 목적은 경영활동에 방향을 제시하며 의사결정과 성과평가에 대한 기준이 된다. 따라서 현대 기업에게는 바람직한 목적이 필요하다. 수단과 방법을 가리지 않고 이익 추구에만 몰두하거나, 사회가 요구는 책임을 제대로 완수하지 못할 경우 기업의 생존과 지속성장이 어려우며, 사회에서 필요 악이 된다. 이윤 추구가 기업의 최고 목적이 아님을 주지해야 한다.

3) 경영의 특징

(1) 경영에는 달성하고자 하는 목표가 존재한다.
(2) 목표 달성을 위해 끊임없이 관리한다.
(3) 경영은 비교의 대상을 가지려 한다.
(4) 효율적 관리, 자발적 참여를 유도한다.

관리와 경영의 구분

◆ 경영 = 관리 + a

　예 인생관리 – 먹고, 숨쉬고, 의식주, 건강, 학점 관리

　인생경영 – 인생관리 + 성공적 인생관리

2 경영관리

1) 경영관리의 개념

기업의 목적은 적은 비용으로 제품을 만들고 매출을 극대화하여 이익을 높이는데 있다. 그러기 위해서는 무엇보다 조직을 효율적으로 운영하고 성장시켜 나가기 위한 적극적인 관리 활동이 필요한데 이러한 활동을 경영관리하고 한다. 이때 관리는 기업의 각종 업무를 계획, 조직, 지휘, 조정, 통제하는 것을 의미하고 대표적인 기업의 업무 기능들로 인사, 생산, 마케팅, 회계, 재무, 경영정보 등을 들 수 있다.

2) 경영관리의 순환 과정

(1) 계획(planning)

기업의 모든 경영 활동은 계획으로부터 시작된다. 경영 계획에는 조직의 목표를 달성하기 위한 구체적인 활동 목표가 제시되고, 해야 할 일들이 단계적으로 제시된다.

(2) 조직(organizing)

계획 다음의 과정으로 추상적인 계획을 실제적인 것으로 변경하는 능력으로 인적자원, 물적 자원, 정보자원 등을 보다 잘 조정하고 배분하는 활동이다.

(3) 지휘(leading)

조직목표 달성을 위해서 적합한 종업원을 채용하고 조직을 이끄는 활동(리더십에 관한 활동). 지휘는 조직 구성원간의 신뢰가 바탕이 될 때 성공할 수 있다.

(4) 통제(controlling)

경영 활동이 처음 설정된 계획대로 수행되었는가를 확인하는 경영관리 기능. 즉 종업원, 집단, 조직 등이 성과 달성 여부를 비교 평가하고 이를 토대로 경영방식을 수정하는

과정을 말한다.

3 경영 활동

1) 기업에서의 목표 달성을 이루기 위한 기본적인 활동을 말한다.
2) 경영에서의 기능은 각 업무의 성격으로 구분되는 것으로 마케팅, 인사, 재무, 회계, 생산 등이 있다.

(1) 마케팅

전체적으로의 마케팅 활동을 계획하고, 이를 실시하기 위한 조직을 설정하며, 이로 인해 실시되는 활동을 관리, 통제하는 것을 말한다. 마케팅 관리의 주요 대상으로는 제품계획, 가격설정, 판매촉진, 판매경로의 설정 및 물적 유통 등이 있다.

(2) 재무관리

기업 조직이 목적을 이루기 위해 기업이 자본의 조달 및 운용을 실시하는 것을 말한다.

(3) 인사관리

기업 조직의 능동적 구성요소인 인적자원으로서의 구성원의 잠재적인 능력을 최대로 발휘하게 해서 구성원들로 하여금 스스로가 최대한의 성과를 달성하도록 하며, 그들이 인간으로서의 만족을 얻게 하려는 일련의 체계적인 관리활동을 말한다.

(4) 회계관리

특정의 경제적 실체에 대해 이해관계를 가진 사람들이 합리적인 경제적 의사결정을 할 수 있도록 유용한 재무적 정보를 제공하기 위한 일련의 과정 또는 체계를 말한다.

(5) 생산관리

경영의 생산활동을 능률적이고 생산력을 최고로 발휘시키기 위한 것인데, 공정 계획 · 일정 계획에서부터 공장 내 자재가 입고되어 모든 작업이 완료되어 제품으로서 반출되기까지의 통제 관리를 말한다.

3) 경영정보시스템

기업 경영조직에서 의사결정의 유효성을 높이기 위해 경영 내 · 외적 관련 정보 등을 필요에 따라 즉시, 그리고 대량으로 수집 · 전달 · 처리 · 저장 · 활용할 수 있도록 만든 인간과 컴퓨터와의 결합시스템을 말한다.

4 경영의 순환과정

기업은 경영목표를 달성하기 위하여 인적 · 물적 · 재화적 자원을 효율적으로 배분하고 운용함으로써 최종산출물을 생산해 가는 순환과정을 보인다(<그림 1-2> 참조).

〈그림 1-2〉 경영 순환 과정

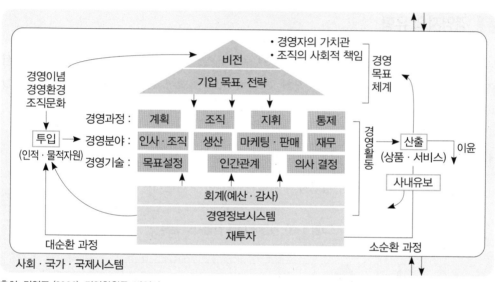

출처: 김영규 (2006), 경영학원론, 박영사.

1 경영자의 개념

경영자는 조직의 목표를 효과적으로 달성할 수 있도록 경영 활동을 책임지는 사람이다. 경영자는 조직의 목적을 효율적이고, 효과적으로 달성하기 위해 여러 자원의 배분을 계획하고, 조직화하고, 지휘하고, 통제하여 목표가 달성되는지를 관리 감독한다.

2 경영자의 유형

과거에는 기업의 소유주가 경영 활동까지 수행하였으나 점차 조직의 규모가 확대되면서 경영자가 갖추어야 할 능력 또한 복잡화, 전문화, 고도화되어 소유와 경영이 분리되는 경영자의 유형이 나타나기 시작하였다.

1) 계층에 따른 분류

임직원이 속한 계층에 따라 경영자의 역할과 책임이 달라진다(<그림 1-3> 참조).

<그림 1-3> 계층에 따른 경영자의 분류

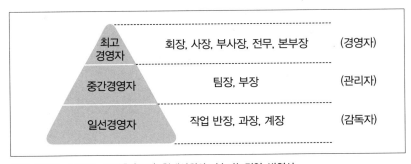

출처: 유재욱 · 이근철 · 석정훈 (2012), 현대사회와 지속가능경영, 박영사.

(1) 최고경영자(top management)

이들은 기업의 중장기 목표 및 전략 수립, 의사결정, 지휘, 통제, 혁신 등의 기능을 주로 수행한다.

(2) 중간경영자(middle management)

최고경영자와 일선경영자의 중간에 위치한 경영자로, 이들은 구매, 인사, 재무 등 기업의 세부 기능 부문에 대한 관리책임을 수행한다.

(3) 일선경영자(lower management)

중간관리자의 명령과 지시에 따라 업무 현장에서 생산직 또는 사무직 직원을 지휘, 감독한다. 이들은 실무에 종사하는 직원들의 업무수행을 감독하고 현장에서 발생하는 일상적인 문제해결을 한다.

2) 지배구조에 따른 분류

(1) 소유경영자

이들은 자본조달, 위험부담, 의사결정, 지휘, 통제, 혁신 등 모든 기능을 직접 수행한다. 즉 기업을 소유한 사람이 경영하는 것이다.

(2) 고용경영자

소유경영자의 일부 기능을 대신 수행시키기 위해 고용된 경영자, 즉 유급 경영자(salaried manager)이다.

(3) 전문경영자

이들은 자금조달을 제외한 소유경영자의 기능을 대부분 수행한다. 기업의 소유와 무관하다는 점에서 소유경영자와 구분되며, 자율성과 전문적인 능력을 활용하여 경영한다는 점에서 고용경영자와 다르다. 일반적으로 기업의 발전단계에 따라 최고경영자의 유형이 소유경영자, 고용경영자, 전문경영자 순으로 바뀌는 경향이 많다.

③ 경영자의 역할

1) 경영이념의 설정

경영이념은 기업이 무엇을 추구하며 어떤 시장과 고객을 대상으로 하는지, 현재와 미래에 어떤 활동을 지향하는지 등을 제시한다.

2) 경영전략의 제시

경영전략은 경영이념을 달성하기 위해 수립된 구체적인 실행방법이다. 따라서 경영환경이 변화하면 기업이 적절히 대응할 수 있도록 경영전략을 수립 또는 변경한다.

3) 조직설계

조직설계는 기업 조직을 구성하는 업무이다. 기업의 구조를 결정하고, 각 직무를 담당할 인력을 선발, 훈련, 배치하는 것 역시 경영자가 해야 할 업무이다.

4) 의사결정

경영자의 의사결정은 반복성에 따라 일상적/비일상적인 의사결정으로 구분할 수 있다. 경영자들에게는 비일상적인 의사결정을 잘 처리할 수 있는 능력이 상대적으로 더 중요하다.

4 경영자가 갖추어야 할 능력

Katz(1974)는 경영자가 갖추어야 할 능력으로 개념적 능력(conceptual skills), 인간적 능력(human relation skills), 그리고 기술적 능력(technical skills)을 제시한다.

1) 개념적 능력

거시적 안목에서 조직을 진단하고 조직의 상호연관성을 파악하는 능력이다. 특히 최상층 경영자에게 상대적으로 더욱 중요하다.

2) 인간적 능력

조직 구성원들과 조화를 이루고 원활한 의사소통을 할 수 있는 능력이다. 모든 계층의 경영자들이 기본적으로 갖추어야 할 능력이며, 특히, 중간경영자에게 상대적으로 더욱 중요하다.

3) 기술적 능력

전문적 지식, 기술 및 경험을 업무와 관련된 문제해결에 활용할 수 있는 능력을 말한다. 상대적으로 일선관리자에게 더욱 중요하다.

경영이론이 체계화된 것은 19세기 말 무렵이지만 그 이전에도 경영학적 사고는 존재했다고 볼 수 있다. 고대의 지도자들이나 교회도 오랫동안 경영활동을 해왔다. 그러나 산업혁명과 함께 대규모 사업장을 관리할 필요에 직면하면서부터 과거와는 다른 새로운 방법을 모색해야 했고 이것이 경영이론을 발전시키는 계기가 되었다.

1 고전적 경영기법

1) 테일러(Taylor)의 과학적 관리법

(1) 정의

작업량 측정을 위한 시간연구, 동작연구 및 과업 관리를 통한 생산성 향상에 초점을 맞추다 보니 더 많은 제품 생산을 위한 방법으로, 자동화를 이용한 제품 생산 기술인 컨베이어 시스템이 포드자동차의 생산 라인을 중심으로 등장하였다.

(2) 과학적 관리법의 4원칙

과학적 방법으로 계획수립, 과학적으로 근로자를 선발, 체계적인 훈련 실시, 경영자와 근로자는 분담된 업무를 수행, 경영자와 근로자의 유대관계 유지 강조한다.

(3) 특징

① 과업관리: 과업을 과학적으로 설정하여 노동자의 태업을 방지한다.
② 작업량에 따른 차별적 성과급제: 공정한 일일작업량 설정 및 표준작업량 설정을 통해 과업을 달성한 경우 고임금을, 그렇지 못한 경우에는 저임금을 지급한다.
③ 고임금 · 저노무비를 달성한다.
④ 시간연구와 동작연구: 작업을 표준화한다.
⑤ 직능식(기능식) 직장제도: 작업반장을 두어 관리한다.
⑥ 과학적 인사관리: (작업자에게 자세한) 지도표 제도를 주고 일하는 방법을 제시한다.
⑦ 임파워먼트와 하향식 커뮤니케이션을 중시한다.
⑧ 보상은 생산성과 능력에 따라 차별한다(차별적 성과급 제도).

(4) 문제점

생산량을 높이기 위한 시스템은 결과적으로 종업원의 기계화와 같은 인간성 상실 및 인간관계 문제 등을 발생시켰다.

2) 포드(Ford) 시스템

(1) 정의

1903년에 설립된 포드자동차회사에서 H.포드에 의해 실시된 대량생산 시스템으로, 처음으로 채용한 생산의 합리화, 제품의 규격화, 생산수단의 전문화, 컨베이어 시스템의 도입 등을 내용으로 한다.

(2) 특징

① **이동조립식**: 직선적인, 중단이 없는 흐름을 유지하는 생산시스템이라는 의미에서 '플로 작업 시스템(flow production system)' 또는 컨베이어라는 이동조립장치가 사용되는데서 '컨베이어 시스템(conveyer system)'으로 불린다.

② **고임금 · 가격 원리**: 생산성을 극대화함으로써 근로자들에게 높은 임금을, 고정비 감소에 따른 원가절감분을 가격에 반영하여 낮은 원가를 유지해야 한다는 원리이다.

③ **봉사주의**: 기업경영의 영리주의를 부정하고 기업을 사회대중에 대한 봉사기관이라는 주장이다.

④ **3S 적용**: 전문화(specialization), 단순화(simplification), 표준화(standardization)가 선행되어야 한다.

⑤ **비숙련공의 활용**

테일러와 포드의 과학적 관리법의 비교

◆ 테일러 시스템은 개별 생산공장의 생산성 및 관리기술 향상에 초점을 둔 것에 반해, 포드 시스템은 연속생산의 능률과 생산성 및 관리의 합리화에 초점을 두었다.

---

3) 페이욜(Fayol)의 관리과정론

(1) 6가지의 주요 활동

① **기술활동(technology)**: 생산, 가공

② **상업활동(commerce)**: 판매, 구매

③ 재무활동(finance): 자본조달, 자금운용

④ 회계활동(accounting): 재무제표 작성, 재산평가

⑤ 보전활동(security): 자산보전, 종업원 보호

⑥ 관리활동(administration): 계획, 조직, 지휘, 조정, 통제

(2) 페이욜의 관리 5요소: 계획 → 조직 → 지휘 → 조정 → 통제

2 행위과학적 관점

1) 초기 인간관계론

(1) 메이요(Mayo)와 뢰슬리스버거(Roethlisberger)의 호손 실험(Hawthorne Effect)

인간관계의 중요성을 강조하고 비공식적인 집단과 민주적인 리더십을 필요로 하는 새로운 경영기술을 만들어 내었다.

① 호손 실험: Western Electronic 회사에서 종업원들의 작업장 조명과 휴식 시간 등이 작업량에 미치는 영향을 실험한 것이다.

② 비공식 집단(informal group): 회사 내에서 종업원 스스로가 만든 모임으로, 예를 들면, 등산모임, 부서별 계모임 등이 이에 속한다.

2) 후기 인간관계론(행동과학적 접근)

인간적인 측면을 강조하고, 종업원들의 동기부여를 효율적으로 할 수 있는 방법을 제안하였다.

(1) 아지리스(Argyris)의 성숙-미성숙 이론

① 논의의 등장배경

테일러의 과학적 관리시스템은 기본적으로 인간을 "경제인"으로 묘사하면서 업무의 단순화, 전문화, 표준화를 통한 과업의 달성과 이에 따른 성과급의 배분을 주장한다. 이러한 합리적 인간관은 아지리스의 입장에서는 조직의 구성원을 미성숙한 인간으로 보고, 책임과 권한은 무시된 채 통제와 규율만으로 효율성을 추구하는 방식이라 여기게 된다. 아지리스는 제품조립을 하는 여공들을 통해 작업집단이 책임과 권한을 부여하는 것과 생산성과의 연관관계를 연구하였으며, 조직이 성숙한 인간에

게는 이에 맞는 비전을 제시해 주어야 한다고 주장하였다.

② 주요 내용

(가) 개인 퍼스낼리티(personality)의 변화: 미성숙 → 성숙으로 성장(〈표 1-1〉 참조)

⇒ 인간은 어린아이로서 타인에 의존하는 수동적인 상태에서 성인으로서의 "능동적이고 적극적"이며, "독립적"인 상태로 변화되고, 단순한 행동에서 "다양하고 복잡한 행동"을 보이며, "깊고 지속적인 관심"을 갖게 된다.

〈표 1-1〉 아지리스의 성숙-미성숙 이론

미성숙	수동적, 의존적, 제한된 능력, 낮은 관심도, 단기적 시각, 하위 지위, 자아인식의 결여
성숙	능동적, 독립적, 다양한 능력, 깊은 관심도, 장기적 시각, 상위 지위, 자아인식과 통제

(나) 개인과 조직과의 갈등

(a) 아지리스에 따르면 인간의 퍼스낼리티는 미성숙한 상태에서 성숙한 상태로 발전해 나가는데, 실제로 조직에서 많은 사람들이 그들의 작업환경에서 성숙한 인간으로 대접받지 못한다(조직은 조직의 효율성 위해 관리의 엄격화를 강조하는 경향).

(b) 이는 조직이 구성원을 미성숙한 인간으로 보고, 개인은 자신을 성숙한 인간으로 바라봄에 따라 양자 사이에 발생한 인식의 차이가 결국 조직에 있어 갈등 관계를 발생시키게 된다. ⇒ 조직의 효율성을 위해 직무전문화, 명령계층의 강화, 지휘의 통일 등을 강화

(다) 경영방식에의 시사점

성숙-미성숙 이론은 개인에 대한 지나친 간섭이나 규제는 지양되어야 하고, 자발적 · 민주적 · 참여적 경영을 통해 개인과 조직의 통합을 이루어야 조직성과가 제고될 수 있음을 시사한 이론이다.

(2) 매슬로우(Maslow)의 욕구 단계 이론(The theory of Hierarchy Needs)

이 이론에 의하면 사람은 누구나 다섯 가지 욕구를 가지고 태어나는데 이들 다섯 가지 욕구에는 우선순위가 있어서 단계가 구분된다는 것이다.

① 욕구 5단계

• 1단계: 생리적 욕구

- 2단계: 안전의 욕구
- 3단계: 사회적 욕구
- 4단계: 존경의 욕구
- 5단계: 자아실현의 욕구

② 이전 단계의 욕구가 충족되지 않으면 다음 단계의 욕구로 진행하지 못한다.

(3) 허쯔버그(Herzberg)의 동기-위생이론(Motivation-Hygiene theory)

허쯔버그는 직무 만족과 불만족을 1차원상의 연속선에 있는 것이 아니라 별개로 존재한다고 주장했다. 그래서 종업원이 하는 일에 만족을 주는 요인(동기요인)과 불만족을 주는 요인(위생요인)을 어떻게 잘 운영 해야 작업자의 성과를 높일 수 있는가를 제시하는 이론이다.

(4) 맥그리거(Mcgreger)의 X-Y 이론

인간의 본성에는 원래 일하기 싫어하고 책임지기 싫어하며, 창의력 등이 없는 측면(X이론)과 일하기를 좋아하고, 책임지기를 즐겨하며, 창의력 등을 가지고 있는 측면(Y이론)이 있음을 제시하는 이론이다(<표 1-2> 참조).

〈표 1-2〉 맥그리거(Mcgreger)의 X-Y 이론

	인간에 대한 전제	경영에 대한 접근방법
X형	• 일을 싫어한다. • 책임을 회피, 안정의 추구 • 조직목적에 무관심, 이기적	• 적극적인 개입과 통제 • 보상에 대한 위협과 처벌
Y형	• 일을 즐긴다. • 책임지기를 원하고, 의욕과 자질개발에 관심 • 조직목적에 적극참여, 자기실현 추구	• 개인과 조직목적의 통합 • 참여의 조장 및 그러한 환경조성

개별 기업들은 서로 불필요한 경쟁을 배제하고 독점적 이익·경영적 이익 등을 얻기 위해 타기업과 행하는 다양하고 복합적인 기업결합을 말한다. 즉 대기업은 자본력, 우수한 설비, 대량생산, 신용력, 원자재의 대량구매, 판매조직의 정비 등의 면에서 중소기업에 비해 유리하다.

기업은 점차 대규모화하는 경향이 있는데 한 기업 자체의 확대에 그치지 않고 복수 기업 간의 결합으로까지 전개되어 나간다. 이렇게 대규모화한 개개의 기업으로서는 증대된 고정 자본의 효율적 가동이 필요하지만, 대규모 기업간의 경쟁이 치열하여 때로는 도산하는 현상 까지 나타난다.

이에 기업간 경쟁을 제한하고 기업의 안전을 꾀해야 하겠다는 소극적 이유가 협정 등에 의한 기업집중을 낳게 한다. 이와 같은 기업집중은 경쟁관계에 있는 기업간의 결합, 즉 수평 적 결합의 형태를 취한다. 보다 더 적극적인 이유로 경쟁에 이기고 시장점유율을 확대함으 로써 독점을 형성하거나, 원자재 공급 및 판매 분야와 같은 선행 및 후속 생산단계를 집중함 으로써 이윤을 높이려는 기업집중이 추진되기도 한다.

기업집중의 유형에는 카르텔(Kartell), 트러스트(trust), 콘체른(Konzern)의 형태가 있다. 카 르텔은 주로 유럽에서, 트러스트는 미국에서, 콘체른은 제1차 세계대전 전의 독일에서 처음 발생하였다.

1 카르텔

1) 정의

법률적, 경제적 독립성을 유지하면서 협정에 의하여 결합하는 연합체이며, 시장에서의 경쟁제한이라는 소극적 목적을 가진 동종 산업 사이의 결합이 중심이 된다.

2) 특징

(1) 동종기업간의 수평적 결합
(2) 계약에 의한 결합체
(3) 내부간섭 배제
(4) 다수결에 의한 의사결정

(5) 계약기간 만료시 자동종료

2 트러스트

1) 정의

시장지배를 통한 독점이라는 적극적인 목적에서 참가기업이 각자의 독립성을 버리고 결합한 것이며, 참가기업이 법률적으로 독립성을 유지하는 사례도 있으나, 최소한 경제적으로는 독립성이 상실된다.

2) 특징

(1) 독점적 기업지배
(2) 동종·이종기업간의 결합
(3) 강력한 내부간섭
(4) 조직해체 시까지 존속

3 콘체른

1) 정의

자본결합을 중심으로 한 다각적인 기업결합이며 모회사를 중심으로 한 산업자본형 콘체른과 재벌과 같은 금융자본형 콘체른이 있다.

2) 특징

(1) 산업의 합리화
(2) 기업의 지배력 강화
(3) 법률적 독립성 유지
(4) 경제적 독립성 상실
(5) 수직적 결합, 다각적 결합
(6) 자본적 결합체
(7) 전 경영활동을 구속
(8) 본사의 단일의사에 의한 지배

4 기타 기업집중 유형

1) 콤비나트(kombinat)

최종생산품은 원료에서 완성품에 이르기까지의 제조과정에서 기술적으로 다른 여러 단계를 거치게 되는데 대부분 각기 다른 생산단계마다 독립기업으로서 전문적으로 생산을 분담하고 있다. 이와 같이 기술적으로 상호 연관된 기업의 공장이 일정 지역에 집중하여 유기적으로 결합된 것이 콤비나트이다. 대표적으로 울산석유화학단지 등을 예로 들 수 있다.

2) 컨글로머리트(conglomerate)

기업이 합병, 매수를 통해 상호 관련이 없는 이종기업을 결합하는 형태로 복합기업이라고도 한다. 이종기업 간의 다각적 결합을 의미하는데 법적으로 독립된 기업들의 집합이다. 계열기업 간 연관성이 없기 때문에 시너지 효과를 추구하지는 않는다. 우리나라의 재벌그룹 같은 경우가 컨글로머리트의 예라 할 수 있다.

공기업의 등장배경으로는 기업집중 등에 수반되는 경제력의 집중, 즉 독점은 그 개별기업으로 보아서는 여러 가지 이점이 있으나, 독점기업의 서비스가 나빠지고 독점이윤에 의해 가격이 인상되어 소비자가 손해를 보게 되는 경우가 생길 가능성이 높아진다. 따라서 기업집중에 의한 폐해를 제거하기 위해서 정부차원에서 독점금지 등의 폐해규제를 위한 정책이 마련되게 된다.

1 공기업의 개념

공기업은 사기업과 대조적인 기업형태이다. 공기업은 공공목적을 달성하기 위하여 의도적으로 설립된 기업조직을 말하는 것으로, 정부의 행정조직과 사기업과 다양한 차이를 가지고 있다. 공기업은 공익성과 기업성을 동시에 가지고 있어야 하므로 행정기관과 공통점과 차이점을 가지며, 사기업과도 공통점과 차이점을 가진다. 그 결과 공기업은 행정기관과 사기업의 중간적인 특징을 가지게 된다. 정부의 행정기관, 공기업, 사기업을 비교하면 아래 〈표 1-3〉과 같다.

〈표 1-3〉 공기업, 사기업, 행정기관 간 비교

구분	행정기관	공기업	사기업
생존목표	공익 추구	공익 추구	사익 추구
목표의 수	다수	다수	단일
주변환경	단일적	독점적	경쟁적
산출물의 성격	공공재	공공재 · 사적재	사적재
설립근거	헌법	특별법	상법
활동준칙	정치성	정치성 · 경제성	경제성
(정부)통제	강	중	약
운영자율성	약	중	강
조직상 제약	강	중	약
인사상 제약	강	중	약

예산상 제약	강	중	약
투자의 결정	정치적 결단	정치적 · 경제적 판단	경제적 가치판단
이윤의 귀속	국민	소비자/국민	주주
소유의 주체	국민	정부/국민 · 개인	개인
가격의 결정	무상(수수료)	정치성+합리성	경제적 타당성

출처: 이상철 (2012), 한국 공기업의 이해, pp.32-56, 대영문화사.

2 공기업의 형태

공기업 형태에는 ① 국가 또는 공공단체의 행정조직에 편입되어 행정관청의 일부로 운용되는 국공영기업, ② 법인기업으로서의 형식적 독립성을 지니는 법인공기업이 있다. 공기업의 관료화나 관청의 재정적 부담의 확대를 피하기 위해 후자(법인공기업)의 기업형태가 많아지고 있는데, 그 전형적인 것은 공공기업체이다.

3 공기업의 특징

1) 공기업은 우선적으로 공익성을 내세울 것을 요구받고, 또 한편으로는 관료주의 · 비능률을 회피한다는 이유에서 독립된 기업으로서 운영될 것이 요구된다.
2) 공기업은 복지행정과 구별되므로 행정조직으로부터의 재정적 독립이 요구된다.
3) 따라서 공기업에게는 독립채산제가 첫째가 되며, 공익성이나 공공성은 그 제한된 범위 내에서 추구하게 된다.
4) 최근 들어 공공성이 강한 수송, 우편사업, 수도사업 등에서 독립채산제가 강화되고 있으며, 이러한 공기업의 발전은 종래의 국 · 공영기업으로부터의 탈피이며, 기업화와 자주화의 과정에서 이룩된 것이라고 볼 수 있다.

02 chapter 경영환경과 기업의 사회적 책임

07 경영환경

오늘날 기업을 둘러싼 경영환경은 끊임없이 변화하며 복잡해지고, 환경변화의 속도 역시 더욱 빨라지고 있다. 경영환경이란 기업의 경영이나 기업 활동에 영향을 미치는 모든 영역을 말한다. 예를 들어, 기업에서 생산한 제품이나 서비스를 구매하는 소비자, 기업의 경영활동을 제한하는 국가 규제, 생활 패턴의 변화에 따른 소비자 욕구 변화, 기업의 경기 불황이나 인플레이션과 같은 경제적 상황 등이 모두 경영환경에 속한다.

1 경영환경의 요소

경영환경은 기업 조직의 경계를 기준으로 기업 내부 환경과 외부 환경으로 나눌 수 있다 (<그림 1-4> 참조).

〈그림 1-4〉 경영환경의 요소

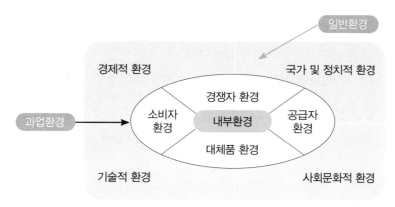

1) 내부환경(미시적 경영환경): 기업에 강점과 약점을 제공한다.

(1) 유형 · 무형 자원의 집합체인 기업의 총체적 경영자원과 능력의 조합이다.

(2) 기업의 독특한 특성이나 기업문화, 보유자원 및 종업원 등이 이에 속한다.

(3) 내부 환경 변화에 대한 적절한 대응과 갈등 조정이 필요하다.

(4) 해당기업에 직접적 영향을 주기 때문에 유연한 대응방식이 요구된다.

(5) 자원준거이론(resource based view of the firm): 기업은 새로운 경영자원을 동원하고 동원된 자원을 유기적으로 결합하여 새로운 가치를 창출함으로써 경쟁우위를 확보하고 성장한다는 이론이다.

2) 외부환경(거시적 경영환경)

기업에 기회와 위협을 제공한다. 조직의 의사결정이나 투입요소의 변환과정에 영향을 미치는 정도에 따라 '일반환경'과 '과업환경'으로 구분된다.

(1) 일반환경(general environment)

① 경제, 사회문화, 기술, 국가 및 정치, 환경 등의 제3세력이 포함되는 거시환경을 말한다.

② 모든 기업에 간접적인 영향을 미치며, 그 범위가 광범위하다.

(2) 과업환경(task environment)

① 경쟁자, 대체품, 진입자, 공급자, 구매자 등 경쟁세력에 의하여 주어지는 산업 환경을 말한다.

② 전략수립 및 목표달성에 관한 의사결정에 직접적인 영향을 미친다.

③ 각 기업의 특성에 따라 고유하게 나타난다.

④ 산업구조분석(=5요인모델): 시장의 구조가 제공하는 경쟁 환경을 기업이 시장에서의 활동과 성과를 결정짓는 중요한 요인으로 간주하고 분석한다.

08 ● 일반환경

일반적인 경영환경은 모든 조직들에 공통적 영향을 미치는 환경으로서, 거시적 환경(macro environment)이라고도 한다. 경영활동에 간접적 영향을 주는 모든 외부환경 요인으로서는 경제적 환경, 기술적 환경, 사회문화적 환경, 정치법률적 환경, 자연적 환경, 글로벌 환경 등을 들 수 있다.

1 경제적 환경

1) 자본주의와 사회주의 경제체제뿐만 아니라 기업이 위치한 지역의 경제적 환경, 국가경제 수준, 물가, 환율, 국제수지 등의 요소도 포함한다.
2) 기업경영활동에 영향을 미치는 국민 경제적 환경으로서 재화 및 서비스의 생산과 분배에 관한 지역, 국가, 국제적 상태 또는 여건을 지칭한다.
3) 다른 일반환경 요인들과 달리, 기업 활동에 직접적이고 즉각적으로 영향을 미치는 중요한 환경요인으로 작용한다.
(1) **국내 경제적 환경**: GNP성장률, 경기변동, 인플레이션, 산업구조변화 등
(2) **국제 경제적 환경**: 수출입, 환율변동, 무역구조, 해외투자, 경제협력 등

2 기술적 환경

1) '기술'이란 생산과정, 기능과 지식을 적용하는 방식 및 이론 등 총체적인 것을 뜻한다.
2) 정보통신기술(ICT: Information Communication Technology)의 급속한 발달로 기술적인 환경 변화는 다양한 산업에 구조적 변화를 야기하고 있다.
(1) 새로운 산업의 등장 – 컴퓨터, 정보산업, 통신산업 등
　① 스마트폰이나 SNS의 확산은 새로운 홍보 채널 및 소비자의 권익제고에 활용되고 있다.
　② 컴퓨터가 통제하는 생산라인과 기계, 로봇, 신축적 제조시스템 등의 발전은 시장의 수요변화에 신속한 대응과 제품의 질 향상에 기여한다.
(2) 기존의 산업들이 급격하게 변화 또는 소멸: 라디오, 오디오, 흑백TV 등
(3) 새롭게 개발된 기술로 관련없는 시장 및 산업을 자극: 가전제품 및 냉동식품 발달로 주부의 생활양식 변화

③ 사회문화적 환경

1) 사회문화적 환경이란 개인의 행위에 영향을 미치는 집단이나, 문화 · 가치관 · 전통 혹은 관습과 같은 사회제도 및 사회적 태도 등을 의미한다.

2) 시대적인 변화에 따라 지역간 큰 차이를(농촌과 도시, 후진국과 선진국) 보이고 있다.

3) 기업의 영향을 미치는 경로를 파악하기 위한 고려사항은 다음과 같다.

(1) 시대적 흐름을 지배하고 있는 기본원칙의 복합성: 기업의 의사결정은 자본주의적 원리만이 아니라 상황에 따라 비경제적, 사회적 요구에 의해 영향을 받는다.

(2) 사회문화적 환경의 지역적 다양성: **예** 상거래에 있어서 법적, 공식적 절차를 중요시하는 서구적 환경과 비공식적인 인간관계가 중요한 아시아적 환경의 차이

(3) 사회문화적 환경의 급격한 변동 양상: 경제의 산업화 및 글로벌화와 디지털 문화의 급속한 확산에 따라 소비문화, 노동자 근로의식 등의 변화는 기업 경영에 중요한 변수로 작용한다.

④ 정치법률적 환경

1) 정치적 환경

(1) 정치집단 및 이해관계자 집단이 주로 법률과 공공정책에 영향을 미친다.

(2) 경제적 환경 및 기업의사결정에 영향을 미치며, 그 영향범위가 광범위하다.

(3) 권력의 집중 정도, 정치조직의 성, 정치적 안정, 정부의 시책 등이 이에 속한다.

2) 법률적 환경

(1) 특허법, 공정거래법, 상법, 회사 법 등이 포함된다.

(2) 기존 법률 및 규제 이외에도 새로운 법률과 규제가 증가하는 추세이다.

(3) 기업의 경영활동은 때로는 규제와 합법성을 부여하기 때문에 법률적 환경 및 변화에 능동적 대처가 필요하다.

5 자연적 환경

1) 자연적 환경이란 기업을 둘러싸고 있는 자연자원은 물론 대기나 일기 및 기후 등과 같은 자연환경 조건, 즉 실체적 환경과 생태적 환경을 말한다.
2) 사실상 자연에 부존되어 있는 토지나 자연자원이 어떠냐 하는 것은 한 나라의 경제나 기업의 발전과 성장에 큰 영향을 미치는 것으로서, 자연적 환경의 구성요소인 토지나 자연자원 등은 경제발전에 필요한 생산요소의 하나이다.
3) 우리나라는 부존된 자연자원이 비교적 적어서 중요한 원자재는 물론 석유와 같은 에너지 자원도 수입에 의존하고 있다.

6 글로벌 환경

1) 글로벌화로 인해 기업의 경영활동 영역이 한 국가 또는 한 지역에서 전 세계로 확대됨으로써 영향을 받게 된다. 예를 들어, 환율 및 유가 변동, 해외 경제여건의 변화와 정치상황 등이 경영활동에 미치는 글로벌 환경의 영향으로 볼 수 있다.
2) 기업의 생존을 위해 세계적으로 경쟁력 있는 상품이나 서비스, 경영관리, 연구개발, 마케팅 기능 등의 핵심역량이 요구된다.
3) 2000년대 이후, 중국시장의 개방, 인건비 상승, 환경문제 대두, 노조의 역할 강화 등으로 국내 제조업 공동화 현상 및 국내 기업의 글로벌화가 급속도로 진행되고 있다.
(1) 산업의 글로벌화(globalization)
(2) 국가간 자원이동 장벽 약화, 국가간 상호의존도 증가 현상 → 국경 없는 세계경제의 등장

급속한 글로벌화의 진행 요인은?

① 초고속 통신 및 인터넷과 같은 대중매체 기술의 급속한 발전
② 국가간 무역장벽 완화와 외환의 자유화 → 금융시장 개방을 통한 국가간 자금이동
③ 세계적인 유통, 생산시설을 갖춘 다국적 기업들 등장으로 글로벌화 촉진
　　- 해외 현지생산, 판매를 통한 기업의 이익 극대화

---

09 과업환경

경영환경의 외부환경은 크게 일반환경과 과업환경으로 나뉘고, 그 중 과업환경은 경영활동에 직접적으로 영향을 미치는 환경을 말한다. 일반적으로 기업의 생존에 직결되는 소비자, 경쟁자, 공급자, 정부기관, 사회단체 등을 말한다.

1 소비자 환경

1) 재화나 서비스 구입 주체인 소비자는 기업의 환경요소 중 가장 중요하다.
2) 소비자의 소비행태 변화는 기업의 경영성과에 영향을 미친다.
3) 소비자가 기업에 대하여 갖는 힘은 상황에 따라 다르다.
(1) 소비자가 특정 기업제품에 대한 구매량이 많을수록 상대적으로 커진다.
(2) 소비자의 단결력이 강할수록 기업은 보다 어려운 소비자환경에 놓이게 된다.
(3) 산업내의 경쟁기업이 많이 존재할수록 소비자의 힘은 강해지며, 기업으로 하여금 소비자와 협상하게 만드는 경향이 커질 것이다.

4) 인터넷 발전에 따른 소비자의 변화는 다음과 같다.
(1) **정보획득**: 다양하고 다량의 정보 획득가능 → 각종 산업의 사업에 도전
(2) **글로벌 시각**: 전 세계로부터 기업과 상품, 기술, 성능, 가격, 소비자 반응의 정보 획득
(3) **네트워킹**: 취향, 취미 그리고 유사경험자끼리 모임 형성의 편의성 증대
(4) **실험**: 디지털 제품에 대한 소비자의 의견 공유 및 다양한 경험의 확산
(5) **소비자운동**: 수백 개의 웹사이트들이 소비자운동의 중심지로 부각

2 경쟁자 환경

1) 경쟁밀도

경쟁자들의 수와 그들의 활동 특성, 제품차별화 정도, 고정비용과 퇴출장벽(exit barriers) 등 여러 가지 요인에 의해 결정된다.
(1) 경쟁기업의 수가 많고 활동이 치열할수록 기업간 경쟁이 심해진다.

(2) 제품차별화의 정도가 약한 산업일수록 기업간 가격경쟁이 치열하다.

(3) 대규모 투자로 인해 구조적인 고정비 비중을 높일 경우 가동률을 높이려는 압력을 받게 되어 무리한 물량경쟁이 촉발된다.

(4) 사업을 철수하려 해도 많은 비용손실로 인해 기업들의 치열한 경쟁으로 퇴출장벽이 높을 경우에도 기업간 경쟁은 심해진다.

2) 잠재적 경쟁자의 위협

(1) 잠재적 경쟁자의 진입위험이 클수록 기존 기업들은 수익성과 시장점유율 측면에서 위협을 느끼게 된다.

(2) 잠재적 경쟁자의 진입위험과 기존 기업의 수익성은 반비례 관계이다.

3 공급자 환경

1) 제품시장 및 자원시장의 구조

(1) 기업의 생산활동의 첫 단계는 생산에 필요한 자원의 획득이다.

(2) 공급자의 자원 가격을 변경시키면 기업은 제품의 생산 및 판매 활동에 따른 조정과 이에 따라 각종의 전략적 선택을 해야 한다. 예를 들어, 원재료가격이 상승하게 되면, 현행가격을 유지할 것인가 또는 제품가격에 반영할 것인가를 결정해야 한다.

(3) 적절한 공급자 선택은 기업경영에 있어서 매우 중요한 의사결정 문제이다.

2) 공급자와의 개별적 관계

(1) 제품의 신속한 공급이 중요한 경우에는 신뢰할만한 공급자 확보가 경쟁의 중요한 관건이 된다.

(2) 공급자 확보를 위해 평상시, 제품의 판매상황과 무관하게 일정한 자원을 구입함으로써 신뢰를 구축할 필요가 있다.

3) 생산자원의 환경변화 예측

공급자의 환경을 변화시킬 수 있는 각종 요인에 대한 분석과 예측을 토대로 기업 스스로 유리한 환경을 도모해야 한다.

4 대체재의 공급환경

1) 대체재

대체재란 특정제품과 직접적인 경쟁을 하지 않지만 기업의 판매와 수익에 영향을 줄 수 있는 제품을 의미한다(**예** 플라스틱은 철강제품의 대체재이고, 비닐제품은 가죽제품의 대체재).

2) 대체재 존재의 위협

(1) 기업의 가격책정에 영향을 미치며, 그 결과 수익성에도 영향 미친다.

(2) 확실한 대체재가 존재하지 않는다면, 존재 위협이 줄어 가격책정에 유리한 입장에 있을 수 있기 때문에 기업의 수익성이 증대하는 효과를 갖는다.

기업의 내부환경(internal environment)은 기업내부에 존재하는 여러 가지 강점과 약점으로서 내부적으로 통제 가능한 환경요인을 말한다. 기업은 내부환경을 조정함으로써 기회와 위협에 적절히 대처할 갈수 있으며 이 같은 내부환경은 외부환경의 변화속도가 심할수록 그 영향을 크게 받는다.

1 경영자원

1) 경영자원을 구성하는 요소

종업원, 기업 내의 인적자원, 재무적, 물적 자원의 여유정도, 고유의 생산기술, 경영노하우, 기업의 상표나 명성 등으로 내부환경이 구성된다.

2) 경쟁우위를 위한 기업 내부자원의 속성

기업 보유자원의 가치성, 희소성, 대체불가성, 모방불가성의 속성을 지니며 해당 기업의 소유물이어야 경쟁우위의 원천이 된다.

(1) **자원의 가치성**: 기업의 경영자원은 기업 활동에 필수적인 요소이어야 한다.(예 경쟁우위 확보와 고품질 제품 및 서비스를 낮은 가격에 신속히 공급할 수 있는 능력)

(2) **희소성**: 누구나 쉽게 살 수 있는 것은 경쟁력 강화에 도움이 되지 않는다.

(3) **대체불가성**: 타기업이 모방 혹은 다른 유사품으로 대체될 수 있다면 경쟁력이 없다.

(4) **모방불가성**: 세계적인 기업의 이미지, 평판, 경영노하우, 최고경영자의 리더십 등은 다른 것으로 대체할 수 없다. 즉, 기업내부의 자원이 풍부할수록 높은 경쟁력을 확보할 가능성이 높아진다.

2 종업원 환경

1) 투입요소가 아닌 의사결정의 주체

(1) 종업원은 기업의 경영자원 중 가장 중요한 자원, 생산활동적 측면에서 볼 때에는 투입요소로서의 성격을 가진다.

(2) 궁극적인 기업목표 달성을 위해서는 종업원은 기업조직의 운영시 고려해야 할 의사결정 주체로 인식해야 한다.

2) 종업원의 대표인 '노조'

(1) 노조는 종업원을 대표하고 유사시에 종업원을 보호하는 역할을 한다.(적정임금, 노동환경, 직업의 안정성(고용) 확보)
(2) 노조의 발생초기에 기업과 노조는 상호 적대적인 관계를 형성한다.
(3) 지나친 노조활동 → 기업 비용 증가, 생산성 저하 → 경쟁력 약화
  ※ 종래의 적대적인 관계에서 상호협력을 통해 기업의 성장과 종업원들의 안전한 일자리 유지를 도모해야 한다.

3) 제도적 변화

경제발전, 사회운동 그리고 정부의 정책에 따라서 변화되기도 한다.

3 조직의 분위기 및 문화

1) 조직문화(organization culture)

(1) 조직문화란 조직의 분위기, "조직구성원들 간에 공유된 가치관"을 말한다.
(2) 조직문화가 올바르게 정립될 때에 조직은 바른 방향으로 발전할 수 있다.

2) 기업 내의 분위기 및 문화의 역할

조직구성원들에게 소속감을 부여하고 안정된 업무수행을 가능하게 하며 조직 내에서의 행동에 대한 통제기능을 수행한다.

11 기업의 사회적 책임

기업의 사회적 책임(Corporation Social Responsibility: CSR)이란 주어진 특정 시점에서 기업이 사회에 대한 경제적·법률적 의무를 포함하여 사회로부터 정당성을 인정받을 수 있는 기업 활동으로서의 사회전반에 대한 책임을 말한다. 기업의 사회적 책임은 경제적 책임, 법적 책임, 윤리적 책임, 자선적 책임으로 구분된다.

◆ 경제적 책임: 기업의 사회적 책임 중 제1의 책임이며, 기업은 사회의 기본적인 경제단위로서 재화와 서비스를 생산할 책임을 지고 있다.
◆ 법적 책임: 사회는 기업이 법적 요구사항의 구조 내에서 경제적 임무를 수행할 것을 요구한다는 것을 말한다.
◆ 윤리적 책임: 법으로 규정하지는 못하나 기업에게 사회의 구성원으로서 기대하는 행동과 활동을 말한다.
◆ 자선적 책임: 기업에 대해서 명백한 메시지를 갖고 있지 않으나 기업의 개별적 판단이나 선택에 맡겨져 있는 책임으로서 사회적 기부행위, 약물남용 방지 프로그램, 보육시설 운영과 같은 자발적 영역에 속하는 활동을 말한다.

기업의 사회적 책임의 구체적 내용은 다음과 같다.

(1) 기업의 유지·발전에 대한 책임
① 사회에 대한 경제적 책임을 다해야 한다.
② 기업의 적정한 이익을 유지해야 한다.
③ 자유기업제도, 시장경제체제, 민주적 정치체제를 유지·발전시킬 책임을 진다.
④ 기업경영을 담당할 적절한 후계자를 양성시켜야 한다.

(2) 이해관계자의 이해조정 책임
① **주주**: 주주의 부의 증대, 재무상태의 개선
② **원재료 공급업자**: 공정한 대우
③ **금융기관**: 부채상환
④ **정부기관**: 법률 준수
⑤ **종업원 및 노동조합**: 안전한 작업환경 제공, 복지향상, 노조와의 공정한 협상
⑥ **소비자**: 안전한 제품 제공, 품질 향상
⑦ **경쟁기업**: 공정한 경쟁

⑧ 지역사회: 환경보호, 지역사회 복지향상

(3) 사회적 기능에 대한 책임

기업의 목표달성 과정에서 종업원 각자가 인간적인 가치를 발휘할 수 있는 삶의 장이 되게 하고, 인간적 및 사회적 만족을 얻게 함으로써 종업원이 자발적으로 협력하도록 기업 내에 적절한 사회관계와 인간관계를 유지하도록 책임을 진다.

(4) 생활환경에 대한 책임

기업은 환경오염의 주 원천으로서 사회로부터 많은 비판을 받고 있다. 사회환경을 보호한다는 것은 산업화, 도시화, 과학화를 통해 발생하는 환경오염이 인간에게 주는 신체적·정신적·물질적 피해를 방지하고 시정하며, 인간을 환경오염의 불안으로부터 보호하는 것을 말한다.

(5) 지역사회 발전과 복지향상에 대한 책임

지역사회 사업은 기업의 고유한 책임이라기보다는 재량권에 속하는 것으로, 기업의 사회의식성의 표현이며 사회복지 향상에 대한 관심도를 나타낸다. 이는 기업과 지역사회간의 우호적인 관계 형성과 기업의 장기적 발전에도 도움이 된다.

12 ⬥ 기업윤리

기업윤리(business ethics)는 기업이 사회의 한 조직으로서의 마땅히 지켜야 할 도리로서, 기업경영에서 구성원들의 의사결정이나 행동 또는 태도에 관한 도의적 가치로서 그들의 의사결정이나 행동 또는 옳고 그름을 판별하는 규범을 의미한다.

기업윤리는 미국에서 제일 먼저 논의되기 시작하였다.

1) 기업윤리의 등장

(1) 기업에 대한 일반 대중들의 높은 기대

    ① 전통적으로 미국사회는 기업에 대한 사회적 의무에 관심이 높았다.

    ② 경제발전의 주체는 기업이라는 믿음을 가지고 있었다.

(2) 기업 경영자들은 기독교적 윤리 또는 청교도적 윤리에 대한 자발적 준수 성향을 띠었다.

기업의 비윤리적 행동 동기로는 다음과 같은 몇 가지 관점으로 설명될 수 있다.

2) 기업의 비윤리적 행동 동기의 관점

(1) 개인의 이득과 이기적 관점이다.

    이기주의자들은 다른 사람들이 수용하는 윤리적 가치를 거부하고 이타주의적 행동을 비합리적인 것으로 간주한다는 것이다.

(2) 이득을 위한 기업 간의 치열한 경쟁에 따른 것으로 보는 관점이다.

    경쟁관계 속에서 최소한 자신의 이익을 확보하기 위한 비윤리적 경쟁이 유발된다는 것이다.

(3) 기업의 목표와 개인가치의 상충에 따른 것이다.

    윤리적 갈등은 조직의 가치와 개인의 가치가 상충 될 때 자주 발생되며, 수용과 저항 속에서 갈등이 커진다는 것이다.

(4) 문화적 상충에 의해 유발되는 것으로 보는 관점이다.

　　윤리문제는 국가 간의 법적·문화적 규범의 상충 상황에서 크게 부각된다.

　오늘날 기업윤리의 사회적 중요성이 높아졌는데, 그 이유는 다음과 같다.

(1) 기업이 사회적 정당성을 획득하는 기반이 된다: 사회 속에서 기업이 옳은 일을 할 수 있는 행위기준

(2) 기업윤리의 준수를 통해 장기적인 면에서의 질적인 경영성과 혹은 조직 유효성의 증대를 기대할 수 있다.

　　① 이해관계자와 우호적 관계 형성으로 경영활동의 원활화

　　② 기업구성원의 기업에 대한 긍지와 애착심 형성

(3) 조직 구성원들의 행동규범의 제시와 인간 또는 시민으로서의 구성원의 윤리적 성취감을 충족할 수 있다: 기업구성원의 윤리적 결정과 행동은 선량한 시민으로서의 자아상 형성

　기업윤리의 제고방안으로는 다음과 같다.

(1) 최고경영자의 윤리의식 제고

　　CEO의 도덕성, 경영철학, 윤리적 사고는 조직의 윤리수준 결정의 중요한 요소이다.

(2) 윤리적 기업문화의 형성

　　모든 구성원이 공감할 수 있는 가치기준이나 행동규범을 정립하고 윤리성 높은 기업문화 조성이 중요하며, 이는 결국 조직구성의 행동과 의사결정에 영향을 미친다.

(3) 평가시스템의 개선

　　구성원의 평가시스템에 윤리에 관한 항목의 비중을 높이고 적절한 보상시스템 필요하다.

(4) 종업원의 윤리의식 제고

　　기업전체의 윤리수준을 향상시키기 위하여 종업원의 책임의식과 직업윤리의식을 제고할 필요가 있으며, 이는 기업의 대내적·대외적 윤리성에 영향을 미치게 된다.

(5) 기업윤리헌장 및 기업윤리강령의 제정

03 chapter 경영전략과 지식경영

13 경영전략

경영전략이란 기업의 경영전략과 관련된 의사결정 및 행동의 총체적인 집합으로서 비전과 목표달성을 위해 전략을 수립, 실행하고, 통제하는 과정이다. 따라서 경영전략은 다음과 같은 특징을 갖는다.

① 목표달성을 위한 포괄적인 수단으로 경영목적의 달성 가능성이 평가된다.
② 기업의 미래 방향이나 기업 본연의 자세에 일정한 지침을 부여한다.
③ 기업전략에 있어서 기업이 어떠한 사업을 할 것인가를 중심으로 외부환경과의 관계가, 또 사업전략에 있어서는 개별 해당시장에서 어떤 경로로 경쟁우위를 확보할 것인가를 중심으로 외부환경과의 관계가 중시된다.
④ 기업의 여러 의사결정에 있어 그 지침과 결정기준으로서의 역할을 한다.

경영전략은 기업수준의 전략, 사업수준의 전략, 기능수준의 전략 등 3가지로 나뉜다.

1 기업수준의 전략

기업수준의 전략은 기업의 전체적인 관점에서 비전과 목표 및 사업영역의 책정, 사업간의 우선순위 결정과 자원배분을 어떻게 효율적으로 하느냐의 문제를 다룬다. 따라서 기업수준의 전략은 기업의 비전과 목표를 설정하고, 이를 달성하기 위한 사업영역을 선택하고, 여러 사업부문을 효과적으로 관리하기 위한 전략이다. 또한 각 사업부문에 제한된 경영자원을 어떻게 배분할 것인가 하는 경영자원의 배분에 관한 전략이다.

2 사업수준의 전략(경쟁전략)

사업수준의 전략은 각 사업 분야에 있어서 획득·배분된 자원을 기초로 어떻게 경쟁우위를 확보할 것인가의 결정이다. 시장에 있어서의 경쟁 상태와 자사의 경쟁적 지위에 관한 기본적인 인식을 확인·공유하고, 그것을 기초로 한 경영자원의 조합을 통해서 경쟁자보다 차별적 경쟁우위를 확보하기 위한 전략을 마련하는 것이 경쟁전략의 핵심적인 과제이다. 비유적으로 표현하면 기업수준의 전략은 항해를 왜 해야 하는지와 항해의 목적지를 선택하는 전략에 해당되며, 사업수준의 전략은 목적지에 도착하는 항로를 결정하는 전략이라고 할 수 있다.

3 기능수준의 전략

사업수준의 전략(경쟁전략)을 구체화하기 위해서는 생산 및 기술, 인사 조직, 재무, 마케팅 등의 기능분야별로 전략을 마련해야 한다. 따라서, 기능분야별로 배분된 자원의 생산성을 극대화시키고 기능별 전략간의 유기적 통합을 이루기 위한 조정과 통합이 이루어져야 한다. 기능수준의 전략은 일반적으로 사업수준의 전략으로부터 도출되며 상위의 전략을 효과적으로 실행하기 위한 수단으로서의 역할을 한다는 점에서 전략의 실행과 밀접한 관계가 있다.

4 경영전략에 대한 최근의 동향

종래에는 기업 외부환경, 특히 산업환경 분석에 따른 효과적인 위치 선정에 주안점을 두었으나(어떤 제품과 서비스를 가지고 어떤 고객을 상대로 사업을 할 것인가?), 최근에는 기업 내부역량, 즉 다른 기업이 모방하기 어려운 내부능력을 개발 및 활용하는 데 주안점을 두고 있다(우리의 내부능력 중에서 어떤 독특한 능력(핵심역량)을 바탕으로 어떤 제품과 서비스를 가지고 어떤 고객을 상대로 사업할 것인가?).

14 ◀ 경영전략의 수립 절차

경영전략의 수립은 미래에 발생가능성이 높은 몇 개의 상황을 상정하여 상황에 따라 전략이 수립되어야 하며 이는 기업전체를 통합하고 각 사업부문을 포괄하며 또한 각 기능에 조화가 이루어지도록 해야 한다.

<그림 1-5>와 같이 경영전략의 수립 절차는 크게 기업 사명과 목표 설정, 외부환경 및 내부능력 분석, 전략 수립, 전략 실행, 전략 통제로 이루어진다.

〈그림 1-5〉 경영전략의 수립 절차

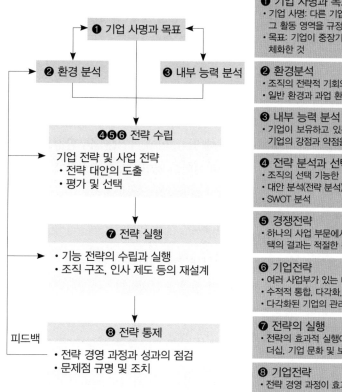

❶ 기업 사명과 목표
- 기업 사명: 다른 기업과 구별되는 기업의 독특한 존재 의의와 그 활동 영역을 규정하는 것
- 목표: 기업이 중장기적으로 달성하고자 하는 내용을 보다 구체화한 것

❷ 환경분석
- 조직의 전략적 기회와 위협 요인을 규명하기 위한 것
- 일반 환경과 과업 환경(산업환경)으로 구분

❸ 내부 능력 분석
- 기업이 보유하고 있는 유·무형의 자원에 대한 분석을 통해 기업의 강점과 약점을 도출

❹ 전략 분석과 선택
- 조직의 선택 가능한 대안 도출
- 대안 분석(전략 분석)에 의해 전략 선택이 이루어짐
- SWOT 분석

❺ 경쟁전략
- 하나의 사업 부문에서 활동하는 기업의 경우 전략 분석과 선택의 결과는 적절한 경쟁전략의 규명

❻ 기업전략
- 여러 사업부가 있는 다각화된 기업의 경우
- 수적적 통합, 다각화, 전략적 제휴
- 다각화된 기업의 관리

❼ 전략의 실행
- 전략의 효과적 실행에 대한 요인 – 기능 전략, 조직구조, 리더십, 기업 문화 및 보상 시스템 등

❽ 기업전략
- 전략 경영 과정이 효과적으로 이루어지고 있는지를 점검
- 문제점을 규명, 개선하여 전략 목표의 효과적 달성을 도모

■1■ 기업 사명과 목표의 설정

시대에 흐름에 맞고 기업의 실정에 부합하는 사명과 목표의 설정이 필요하다. 기업 사명은 다른 기업과 구별되는 독특한 존재의 의의와 그 활동 영역을 규정하는 것이고, 목표는 기업이 중장기적으로 달성하고자 하는 내용을 보다 구체화한 것이다.

■2■ 외부환경 및 내부능력 분석

1) 외부환경 분석

외부환경을 분석하는 목적은 기업의 전략적 기회와 위협 요인을 규명하기 위한 것이다. 환경에는 국내외 정치환경, 경제환경, 사회환경, 문화환경, 기술환경, 그리고 산업환경 등이 있는데, 이러한 환경의 거시적 요인, 제품·시장요인, 경쟁요인 등 환경변화에 대한 감수성을 높이고 체계적인 분석이 필요하다.

2) 내부능력 분석

내부능력을 분석하는 목적은 기업이 보유하고 있는 유형 및 무형의 경영자원과 경영기능에 대한 분석을 통해 기업의 강점과 약점을 도출하는 데 있다. 이에 기업은 외부환경으로부터의 기회와 위협을 내부능력의 강점 및 약점과 종합하여 기업의 경영전략을 수립하게 된다.

■3■ 전략 수립

1) 현실과 목표와의 차이를 극복할 수 있는 합리적 전략대안을 개발해야 한다.
2) 성장전략, 안정전략, 감량전략, 복합전략 등 적합한 전략을 선택한다.
3) 경쟁기업의 전략 요소 점검, 이에 따른 경쟁우위 요소 정립을 위한 경쟁전략 및 기능별전략을 수립한다.
4) 성장분야, 경영자원의 획득 가능성을 검토한다.
5) 성공적인 전략수립을 위해서는 전략이 경영자의 입장에서뿐만 아니라 조직구성원들이 보기에도 명확하고 이해가 용이해야 하며 단계별 또는 기능별로 잘 통합되어 있어야 한다.
6) 경영전략은 미래지향적인 특성을 지니고 있기 때문에 기업이 목표로 하는 미래의 상황과 현재의 상황과의 차이를 극복하기 위해서는 설정된 전략대안에 대한 평가와 선택이 면밀히 이루어져야 한다.

4 전략 실행

전략대안이 평가 선택되어 경영전략의 수립이 완료되면 구체적인 전략 실행 단계에 들어가게 되며, 경영환경의 변화를 예의 주시하면서 그 상황에 맞는 실행계획을 적절히 집행하여야 한다. 즉, 실행단계에서 이미 수립된 전략이 환경의 변화흐름과 다른 때에는 그때그때 수정 보완되어야 하며, 실행과정에서 예상했던 목표와 비교해 가며 차이 요인을 분석, 차후의 실행단계나 전략수정에 반영시키는 작업이 이루어져야 한다.

5 전략 평가

이상과 같은 과정에 의해 전략적 계획과 운용적 정책이 수립되었다 할지라도 실제 성과가 설정된 계획과 정확히 일치하는 경우를 확보하기란 쉽지 않다. 따라서 매달, 매분기 등 일정한 기간을 두고 실제 성과와 목표간의 차이를 분석하고 그 차이를 명확히 하여 원인분석과 후속적 조치가 반드시 뒤따라야 한다. 성과와 계획간의 차이분석을 위한 자료로는 판매실적, 생산실적 및 생산성, 재고, 연구개발 실적, 회계자료 등을 비롯한 기업운영상 가시적으로 나타나는 여러 자료를 이용할 수 있다.

기업 전략

기업 전략(Corporate Strategy) 또는 전사적 전략은 기업 전체의 장기적인 방향을 설정하는 전략이다. 구체적으로, 급변하는 시장환경 속에서 기업의 사명과 목표를 달성하기 위해 기업이 지닌 다각화된 기능을 유기적으로 결합하여 경영자원의 효율적인 배분을 도모하고자 하는 관리과정을 말한다. 기업수준 전략 수립의 핵심사항은 참여하는 시장(served market)과 산업 범위(scope of industry)를 결정하는 것으로 기업은 자사의 역량, 미래의 변화를 고려하여 마케팅 근시안에 빠지지 않도록 이 범위를 신중히 결정해야 한다.

기업 전략의 목적은 기업이 현 사업(혹은 신규사업 또는 진출하기로 선택한 사업)에서 경쟁우위와 수익성을 유지하거나 증대시키도록 하는 것이다. 예를 들어, 애플의 기업수준 전략은 아웃소싱과 수직적 통합이었다. 폭스콘을 통한 아웃소싱으로 하드웨어와 소프트웨어를 독자적으로 생산하고, 애플스토어를 통해 판매하는 수직적 통합을 이루었다. 그 결과 비용 효율성과 시장수요에 대한 신속한 대응 및 규모면에서 유연성을 갖게 되었다. 또한 경쟁자들과 견줄 수 없을 정도의 기술적 우위를 누릴 수 있게 되었다.

기업 전략은 다음 <그림 1-6>과 같은 유형으로 나뉜다.

<그림 1-6> 기업 전략의 유형

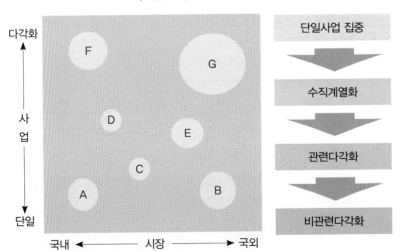

출처: 조영복 (2013), '미래 CEO를 위한 경영학: 제5장 전략유형' 강의안, 부산대학교.

1 제1단계: 단일사업 집중 전략

1) 대부분 기업은 하나의 사업에 초점을 두고 국내시장에서 사업을 시작한다.
2) 주력사업에서의 매출이 95% 이상인 기업

2 제2단계: 수직통합 전략

1) 수직통합 전략에는 전방통합(forward integration)과 후방통합(backward integration)의 두 종류
   가 있다(<그림 1-7> 참조).
(1) **전방통합**: 제품 생산 및 유통과정에서 소비자쪽 분야의 기업을 통합하면 전방통합이라 한다.
(2) **후방통합**: 유통기업이 제조사를 통합하거나, 제조사가 원재료 공급사를 통합하는 것을 후
    방통합이라 한다.

〈그림 1-7〉 수직통합 전략

출처: Charles W. L. Hill & Gareth R. Johns (2004), Strategic Management-An Integrated Approach, Houtghton Mifflin
    Co., Boston, p.306.

2) 장점

(1) 안정적인 원료공급이 가능하고, 생산비용을 절감할 수 있다.
(2) 제품의 품질을 향상시킬 수 있다.
(3) 핵심독점기술을 외부로부터 보호할 수 있다.

3) 단점

기업통합의 막대한 비용, 생산성 감소, 높은 조달비용, 조직내 비효율, 혁신 인센티브 저
하 등 여러 문제가 발생될 수 있다.

아웃소싱(outsourcing)

◆ 수직적 통합과 반대되는 개념으로, 아웃소싱(외주)은 자신의 핵심부문만 내부화하고, 기타의 비핵심부문은 분가, 매각시키고 시장을 통해 조달하는 경영방식이다.
◆ 장점: 비용절감효과와 유연성 확보(**예** 어떤 기업이 유통기능을 외부화 할 경우, ① 계약을 통해 능력있는 유통전문가를 활용할 수 있고, ② 유통업자의 규모의 경제와 범위의 경제를 이용할 수 있으며, ③ 내부화 시에 나타나는 비능률(특히, 조직내 정치)을 피할 수 있는 장점이 있다.)
◆ 단점: ① 아웃소싱에 의존하다보면 자신의 핵심역량이 점차 축소되어 상실될 우려, ② 기업내부의 여러 기능간의 밀접한 상호협조관계를 상실할 가능성, ③ 부품공급업체에 대한 통제력 상실

가상기업(virtual corporation)

◆ 전략적인 아웃소싱을 더욱 적극적으로 활용하여 극히 제한적인 핵심 분야만을 소유하고 이외의 나머지 부분을 외부기업들에게 외주를 주는 극단적 형태의 기업을 말한다.
◆ 가상기업은 생산활동을 시장에서의 거래활동을 통해 조직하는 하나의 네트워크관리회사로 여러 생산활동과 협력업체들을 효과적으로 관리함으로써, 자신의 모든 것을 통제하는 수직통합보다 훨씬 낮은 비용으로 유연하게 생산활동을 할 수 있다.

3 제3단계: 다각화 전략

다각화 전략이란 제품이나 시장을 관련 또는 비관련 분야로 확대시키는 전략이다. 기업이 다각화를 추진하는 목적은 성장추구, 위험분산, 범위의 경제(시너지효과), 시장지배력의 강화, 내부역량의 활용 등을 위해서이다.

1) 범위의 경제

한 기업이 두 가지 이상의 제품을 동시에 생산할 때 소요되는 비용이 별개의 기업이 각각 한 제품씩 생산할 때 소요되는 합보다 훨씬 적은 것을 의미한다. 이는 여러 제품의 생산과정에서 공통적으로 투입되는 생산요소가 있기 때문이다. 즉 이미 보유하고 있는 유통망이나 특정기업의 브랜드 자산, 기존의 효율적인 관리능력을 활용할 때 '시너지 효과'가 나타날 수 있다.

2) 내부시장의 활용

기업이 다각화되었을 경우 여러 산업분야에서 손쉽게 자본(내부자본시장)이나 인력(내부노동시장)을 조달할 수 있게 되는 것을 의미한다.

다각화 전략은 관련 다각화와 비관련 다각화로 나눌 수 있다.

(1) 관련 다각화

기업의 기존활동의 가치사슬과 공통되거나 연관이 있는 한 두 요소를 가진 활동으로 확대하는 다각화 전략이다. 즉, 자신의 핵심역량을 활용하여 타업종의 사업으로 확장하는 방식이다.

① 제한된 관련성

(가) 0% 이하의 수익이 단일사업에서 창출되고, 상이한 사업들은 다양한 연관성과 공통점을 가진다.

(나) 현재 기업과 상이한 기업간에 자원과 능력 측면에서 상당부분 공통점이 있어야 한다.

(다) 예 펩시콜라는 각각의 사업에서 성공적인 브랜드 개발(도리토스, 마운틴 뷰 등)

② 연결된 관련성

(가) 70% 이하의 수익이 단일사업에서 창출되고, 상이한 사업들은 오직 소수 또는 상이한 형태의 연관성과 공통성을 가진다.

(나) 예 디즈니는 넓은 범주로 보면 오락산업에 관련되어 다각화 전략을 실행

(2) 비관련 다각화

전혀 공통성이 없는 새로운 사업이나 활동으로 확장하는 다각화 전략으로, 70% 이하의 수익이 단일사업에서 창출되고 사업들 간에는 연관성과 공통성이 거의 없다.

(3) 다각화 전략의 장점과 단점

① **장점**: 사업 위험을 분산하고, 성장을 추구하며, 시장 지배력을 강화할 수 있으며, 다양한 기능을 공유할 수 있다.

② **단점**: 자원을 비생산적으로 사용할 가능성이 있고, 가치창출로 이어지지 않을 수 있으며, 사업에 대한 통제력을 상실할 우려가 있다.

(4) 다각화의 방법

'어디로 다각화할 것인가'가 결정되면, 다음으로 '어떻게 진입할 것인가'를 결정해야 한다. 새로운 산업에의 진입방법으로 사내창업, 합작투자, 인수 · 합병(M&A) 등이 있다.

① **사내창업**: 사내창업은 기업내부에서 새로운 회사를 만드는 것으로, 제품이나 서비스의 아이디어가 회사 내부로부터 나와 상용화하면 그것을 하나의 기업으로 독립시키는 과정을 거치게 된다. 사내창업은 새로운 사업이 기존 사업과 관련성이 높을 때 매력적인 대안이 된다.

② **합작투자(Joint Venture)**: 법률적으로 모기업으로부터 독립된 기업을 세우는 방법으로 기업활동의 여러 분야에 걸쳐 종합적인 협력관계가 필요할 때 실시된다. 대개 2개 기업이 합작시 50:50 또는 49:51로 투자하는 경우가 많으며, 사내창업과 인수합병의 중간적인 형태이다.

③ **인수합병**: 시장지배력을 확대하거나 해외시장을 포함한 새로운 시장에 신속히 진입하기 위해 또는 규모의 경제와 범위의 경제를 활용하기 위해 실시되며 다각화의 한 수단으로 볼 수 있다.

인수합병을 하게 되면 시장에서 저평가된 자산을 구입하거나 리스트럭처링(restructuring, 구조조정)을 통해 그 기업의 가치를 높일 수도 있으나, 피인수기업의 가치를 과대평가하거나 기업문화의 차이로 인한 갈등 등의 이유로 통합과 운영과정에서 실패한다면 어떠한 가치도 창출 할 수 없게 되는 문제가 있다.

4 제4단계: 글로벌화 전략

◆ 글로벌화 전략은 특정기업이 모국을 벗어난 영역으로 시장을 확대하는 전략이다.
◆ 대규모화된 시장, 투자비용 회수, 규모의 경제 실현, 전 세계적 입지전략 등을 통한 기업의 수익성을 증대시킬 가능성이 높다.
◆ 성공적인 해외시장 진출을 위해서는 해외사업운영에 대한 경험과 투자대상국의 정치, 경제, 문화적 환경에 대한 이해가 전제되어야 한다.
◆ 기업들은 수출, 계약에 의한 진출, 해외직접투자 등의 방법으로 글로벌화되어 간다.

1) 수출

2) 계약에 의한 진출

대개 외국의 현지법인과의 계약에 의해 해외사업을 운영하는 방식으로 라이센스(licence), 프랜차이즈(franchise), 생산계약(manufacturing contract) 등이 대표적인 형태이며, 수출보다는 장기적인 관계이다.

(1) 라이센스와 프랜차이즈

이 둘은 비슷한 형태이지만 프랜차이즈가 훨씬 더 강한 통제를 하게 된다. 즉 라이센스는 기술이나 브랜드만을 일정기간 공여하는데 비해, 프랜차이즈는 품질관리, 경영방식, 기업체조직·운영, 마케팅지원 등 기업이 라이센스업체를 직접 관리하거나 통제하는 형태이다.

(2) 생산계약

하청업자에게 생산기술과 품질관리기술을 공여하여 특정 제품을 납품하도록 하는 방식이다. 생산계약은 자신이 직접 공장을 운영하지 않고서도 신속하게 시장진입이 가능하고, 시장환경이 불리해질 때 신속히 철수할 수 있는 장점이 있다. 그러나 지속적인 품질관리하기가 어렵고 경쟁자를 키울 수 있는 문제점이 있다.

3) 해외직접투자(Foreign Direct Investment: FDI)

해외에 있는 법인체의 20% 이상의 주식을 소유하는 것으로 정의할 수 있는데, 기술, 브랜드 등 자신이 갖고 있는 경쟁우위를 해외시장으로 활용하기 위해 나타난다. 또한 해외직접투자는 지적자산과 원자재 등을 해외로 이전하고자 할 때 이용하는 것보다 내부화(internationalization)를 통해 수행하는 것이 효율적일 때 실시된다.

(1) 합작투자

    ① 장점: 투자자금과 위험을 분담하고, 합작파트너로부터 현지정보를 빨리 파악할 수 있고, 현지의 네트워크 형성에도 유리하다.

    ② 단점: 합작파트너와 의견을 일치시키기가 어려울 수도 있고, 자신의 기술이 합작파트너에게 이전되어 장차 경쟁기업을 만들 수 있는 문제가 있다.

(2) 단독투자

    단독투자는 신설투자(green field investment)와 인수합병(M&A)으로 나눌 수 있다. 신설투자는 현지에서 필요 인력은 유연하게 선택할 수 있지만, 조업재개 시까지 많은 시간이 필요한 반면, 인수합병은 시장에 빠르게 진입할 수 있다. 하지만 인수합병에 상당한 프리미엄을 지급해야 하는 경우도 있다.

    ① 장점: 완전한 통제가 가능하고, 경영이 단순하다.

    ② 단점: 투자기업이 모두 위험을 부담해야 하고 스스로 현지 네트워크를 만들어야 한다.

사업 전략(Business Strategy)은 기업 전략이 정한 각각의 사업영역에서 "어떻게 경쟁을 할 것인가"를 결정짓는 것으로 그 때문에 경쟁전략이라고도 한다. 따라서 사업 전략에서는 각 사업 분야(전략적 사업단위(SBU: Strategic Business Unit))에 있어서 획득·배분된 자원을 기초로 어떻게 경쟁우위를 확보할 것인가의 결정하며, 이윤창출이나 시장점유율(market share)의 확대 등을 통하여 성과를 측정한다. 사업 전략은 시장에 있어서의 경쟁 상태와 자사의 경쟁적 지위에 관한 기본적인 인식을 확인·공유하고, 그것을 기초로 한 경영자원의 조합을 통해서 경쟁자보다 차별적 경쟁우위를 확보하기 위한 전략을 마련하는 것이 경쟁전략의 핵심적인 과제이다.

사업 전략에서 중요하게 고려되는 요소로는 고객욕구와 제품차별화, 고객집단과 시장세분화, 차별적 역량 등이 있다. 특정 산업마다 다른 경쟁자와 대면하게 되므로 획일적인 전략이 다른 사업단위나 사업부에 동일하게 적용될 수는 없다. 여러 가지 경쟁전략이 있겠지만 결국은 저원가로 경쟁할 것인가, 차별화로 경쟁할 것인가 하는 문제로 집약될 수 있다.

경쟁우위의 원천이 되는 경쟁전략은 마이클 포터(M. Porter)에 의하면 원가우위 전략, 차별화 전략, 집중화 전략 등 세 가지가 있다(<그림 1-8> 참조). 두 가지 이상의 전략을 동시에 구현하는 기업은 드문데 조직 구성, 관리기법, 조직 형태, 조직문화 등의 내부 모순이 생기기 때문이다.

〈그림 1-8〉 포터의 본원적 경쟁전략

	경쟁 우위	
	저원가	차별화
넓은 영역	원가우위 전략 (Cost Leadership)	차별화 전략 (Differentiation)
좁은 영역	원가 집중화 (Cost Focus)	차별화 집중화 (Differentiation Focus)

(경쟁 영역)

1 원가우위 전략(Cost Leadership)

1) 낮은 가격으로 제품을 생산하여 경쟁자보다 나은 성과를 확보하는 전략이다.
2) 시장을 세분화하는 대신 평균적인 고객에 호소할 수 있는 제품차별화의 수준을 유지한다.
3) 제조나 물류부문에서 차별적 우위를 개발하는 것이 가장 중요하다.

2 차별화 전략(Differentiation)

1) 고객입장에서 자사 제품의 중요 속성이 독특하다고 인식될 수 있도록 재화와 용역을 창출하여 경쟁우위를 확보하는 전략이다.
2) 가능하면 많은 차원에서 경쟁기업보다 독특성이 높고 차이가 클수록 경쟁으로부터 보호받을 수 있고 시장확장이 가능하다.

3 집중화 전략(Focus)

경쟁사보다 좁은 영역의 틈새시장(niche market)에 초점을 두어, 차별화나 저원가전략을 추구하여 다양한 차별적 우위를 확보할 수 있는 전략이다.

본원적 경쟁전략의 세 가지 유형의 특징을 정리하면 다음 <표 1-4>와 같다.

〈표 1-4〉 본원적 경쟁전략의 세 가지 유형

구분	저원가 전략	차별화 전략	집중화 전략
제품차별화	낮음 (가격에 초점)	높음 (독특성에 초점)	낮거나 높음 (가격 혹은 독특성에 초점)
시장세분화	낮음 (대량생산)	높음 (수많은 세분시장)	낮음 (하나/소수의 세분시장)
차별적 역량	제조 및 물류관리	연구개발 마케팅/영업	다양한 차별적 역량

출처: Charles W. L, Hill & Gareth R. Johns (2004), Strategic Management–An Integrated Approach, Houtghton Mifflin Co., Boston, p.156.

17 기능 전략

기능 전략(Functional Strategy)은 기능분야별로 배분된 자원의 생산성을 극대화시키고 기능별 전략간의 유기적 통합을 이루기 위한 조정과 통합이 이루어져야 한다. 또한 사업수준 전략으로부터 도출되며 상위의 전략을 효과적으로 실행하기 위한 수단으로서의 역할을 한다는 점에서 전략의 실행과 밀접한 관계가 있다.

1 기능 전략의 주요 내용

① 제한된 자원을 어떻게 하면 효용이 극대화되도록 배분할 것인가에 대한 의사결정을 한다.
② 기업의 주요 기능인 인적자원관리, 생산·운영관리, 마케팅관리, 재무관리 등을 중심으로 상위전략인 기업전략 내지 사업전략을 지원하고 보완하기 위해 수립되는 전략이다.

1) 성장/축소 전략

(1) 성장전략: 현재의 영업활동 범위와 크기를 키우는 전략
　① 집중화 성장전략: 기존의 제품 또는 시장에 집중하거나 동일 사업영역 내에서의 확장을 통하여 성장을 도모하는 것(예 CJ라이온, 코카콜라, 맥도널드 햄버거)
　② 다각화 성장전략: 새로운 제품/시장이나 사업영역에 진출하여 성장을 도모하는 것
　　－ 관련다각화/비관련다각화(예 필립모리스, 펩시, 바슈롬, P&G, GE, 소아과, 산부인과)
　③ 수직적 통합화 전략: 제품의 생산과정상이나 유통경로상에서 공급자나 수요자를 통합하는 전략
　　－ 공급자를 통합(후방수직통합), 수요자를 통합(전방수직통합)

(2) 축소 또는 현상유지 전략
　① 조직의 재편(리스트럭처링, restructuring): 주로 조직의 효율성을 높이고 성과를 개선하기 위하여 조직의 규모나 운용 내용을 바꾸는 것
　② 규모의 축소(다운사이징, downsizing): 비용절감과 영업효율성 제고를 기대하고 조

직규모를 줄이는 것

③ **영업양도(divestiture)**: 비용을 절감하고 영업효율성을 개선하며, 핵심사업에 집중할 목적으로 사업의 일부를 매각하는 것

④ **현상유지 전략(stability strategy)**: 새로운 사업진출에 따른 위험부담, 축소전략으로 인한 내부반발을 야기하지 않기 위해 현재의 시장점유율을 유지하는 영업활동을 하려는 안정전략

2) 경쟁력 강화 전략

(1) **전략적 제휴(strategic alliances)**: 둘 이상의 기업이 서로간의 이익을 도모하기 위해 동반자 관계를 맺는 전략

① **공급제휴**: 우수한 품질의 부품이나 원재료를 원활하게 공급받기 위한 제휴

② **분배제휴**: 제품이나 서비스의 공동 생산, 판매를 위한 제휴

(2) **e-비즈니스 전략**: 경쟁상의 우위를 점하기 위하여 인터넷을 활용하는 전략

① **B2B**: 기업간의 전자상거래

② **B2C**: 기업과 고객과의 전자상거래

③ **B2G**: 기업과 정부간의 전자상거래

해외직접투자(FDI, Foreign Direct Investment)란 기업이 해외기업의 경영에 직접 참여하여 영업이익을 획득하기 위한 목적으로 기업이 보유하고 있는 생산요소 즉 자본, 기술, 경영 노하우 등 경영자원을 종합적으로 현지에 이전하는 경영체제의 국제이전 형태를 말하는 것으로, 우리나라에 진출한 LG필립스와 한국3M 등이 이에 해당한다.

1 해외직접투자 동기

1) 시장추구 동기

새로운 소비시장 또는 판매기회에 접근, 핵심고객 지원을 위해 현지로 진출, 경쟁자의 내수시장으로 진출 등의 목적에 따른 동기

2) 자원추구 동기

에너지, 광물 및 농업에서 원재료에 대한 접근성 강화, 무형자산(지식/경험/노하우)의 공유, 전략적 시장에서 핵심역량의 확보

3) 생산효율추구 동기

구매 및 생산 비용 절감, 전략적 시장과 구매자를 고려한 생산입지 결정 및 해당 정부의 유인(인센티브) 활용, 관세/비관세 장벽 우회 → 원산지 규정 회피

2 해외직접투자 이론

1) 국제자본이동의 측면에서 본 해외직접투자이론

(1) 이자율 격차이론(McDougall, Kemp)

이자율 격차이론이란 국가간의 자본의 한계수익률 차이 때문에 국제적으로 자본이 이동한다고 보는 이론이다.

(2) 립진스키(Rybczynski) 정리

어느 생산요소의 공급이 증대되면 그 생산요소를 보다 집약적으로 사용하는 산업의 생산량은 증가하고, 그렇지 못한 산업의 생산량은 감소한다. 해외직접투자에 의해 생산요소가 이동하게 되면, 투자대상국의 생산요소의 부존상태에 변화가 일어나며 이는 피투자국의 산업구조를 변화시키게 될 것이다.

(3) 포트폴리오 이론(Stevens, Ragazzi)

포트폴리오 이론은 투자자가 투자를 행함에 있어 이자율 또는 수익률뿐만 아니라 투자에 따른 위험도 고려한다는 것이다. 자본이동은 위험, 즉 분산을 고려한 기대수익률의 함수이며, 따라서 투자는 상대적으로 기대수익률이 높고 수익률의 분산이 낮은 지역에서 이루어지게 된다.

(4) 통화지역이론(R. Aliber)

통화의 과대평가는 해외직접투자의 유출과 관련이 있는 반면 과소평가는 해외직접투자의 유입과 관련이 있게 된다.

2) 산업조직론 입장에서 본 해외직접투자이론

산업조직론은 각 산업의 시장불완전성 때문에 해외직접투자가 나타난다고 설명하는 이론이다.

(1) 독점적 우위이론

Hymer는 현지기업에 비해 독점적 우위를 지니고 있는 기업들이 불완전한 시장을 지배할 목적으로 해외직접투자를 하게 된다고 설명했다. 시장의 불완전성을 초래하는 주요원인은 그 기업특유의 지식(제품차별화, 경영능력, 자본조달능력, 규모의 경제)과 정부정책 등을 들 수 있다. Caves는 독특한 신제품의 개발(신제품은 제품차별화 때문에 그 자체가 독점화될 수 있음)과 수직적 통합도 기업의 독점적 지위를 강화시킨다고 주장하였다.

(2) 과점적 경쟁이론

과점산업에 속한 한 기업이 해외에 직접투자를 하게 되면 경쟁기업도 같은 국가에 자회사를 설립하려는 방어적 투자를 하게 되고, 이러한 과점적 경쟁의 결과 동일산업의 기업들이 특정국에 집중적으로 몰리기도 한다.

3) 거시경제적 접근 이론

(1) 고지마 이론

고지마(K. Kogima)의 주장에 따르면, 해외직접투자는 투자국과 피투자국간의 잠재적 내지는 현시적 비교생산비를 기초로 하여 투자국에서는 비교열위나 비투자국에서는 비교우위인 산업에서 이루어져야 한다. 이때 양국간 산업구조의 고도화는 조화있게 촉진 되며, 그로 인해 양국간 무역은 확대된다. 이 이론은 국제분업의 원리에 입각한 해외직접 투자를 행하여야만 양국의 산업구조가 고도화되고 경제의 효율이 제고되며 국민후생이 향상된다고 주장한다.

(2) 오자와 이론

오자와(Ozawa)는 고지마(Kogima)의 이론을 확장하여 경쟁적인 산업에 있어서 어느 한 기업이 개발도상국에 투자를 하면, 이에 자극을 받아 각 기업들은 좀 더 유리한 부존요소 가 있는 개발도상국가로 해외직접투자를 감행하게 되고, 그에 따라 특정 개발도상국에 해외직접투자가 집중되는 소위 밴드웨건 현상이 발생하게 된다는 것이다. 다시 말해, 일 본의 경우 어느 특정산업이 경쟁적일수록, 즉 산업의 과점적 성격이 약할수록 해외직접 투자가 활발하게 일어난다는 것을 주장한다.

4) 기업성장이론: 성장동기이론

기업은 성장함에 따라 자연발생적으로 그 사업영역을 국내시장에서 해외시장으로 확대하 고 수출기업, 다국적기업, 세계기업의 단계를 거치면서 발전해 가는데, 이렇게 해외부문의 비중이 높아지는 과정에서 해외직접투자 활동이 활발히 이루어진다고 보는 이론이다.

5) 행태이론: 행동과학적 접근이론

해외직접투자는 반드시 경제성이나 합리성에 의해 이루어지는 것이 이니며 어떤 강한 외 부적 자극에 따른 조직내부의 의사결정과정과 독특한 기업행태적 반응 때문에 나타난다고 보는 이론이다.

Aharoni는 이러한 외부적 자극으로 ① 외국정부나 기업의 고객과 같이 기업내부와는 관 련이 없는 원천으로부터의 제안, ② 시장상실의 위험, ③ 밴드웨건(band wagon) 효과, ④ 해 외로부터의 강력한 경쟁 등을 들고 있다.

6) 순위이론

G. Hufbauer에 의하면 각국은 특정 제품을 처음으로 생산하게 되는 시기에 따라서 그 순위가 정해질 수 있으며, 현재 그 제품을 생산하고 있는 국가들은 그 순위에 따라 보다 낮은 순위의 국가에 대해 수출 및 해외직접투자를 행하게 된다. 따라서 선진국이 특정제품에 대한 최초로 해외직접투자를 하게 되고, 그 뒤를 이어 선발 개발도상국이 하위순위에 있는 국가들에 대해 해외직접투자를 행하게 된다.

7) 내부화 이론: 버클리와 카손

기업은 외부시장이 불완전할 경우 내부화를 통해 이익을 극대화시키려고 하며, 이를 위해 해외직접투자를 하게 된다고 보는 이론이다. 내부화 유형으로는 수직적 통합(원자재 조달의 내부화), 수평적 통합(생산시설의 내부화), 다각적 통합(자본시장의 내부화) 등이 있다.

8) 절충이론: 더닝(Dunning)

해외직접투자는 기업 특유의 독점적 우위요소 외에도 내부화의 우위와 장소 특유의 우위가 있어야 한다는 이론이다. 즉 기업의 생산활동을 결정짓는 주요 요인으로는 기업 특유의 요인(ownership specific advantage), 내부화 특유의 요인(international specific advantage), 장소 특유의 요인(location specific advantage) 등으로 대변된다.

절충이론을 'OLI 패러다임'이라고도 하며, 해외직접투자를 미시적이고 기업관점에서 파악하고 있다.

더닝(Dunning)은 기업이 독점적 우위를 외부시장에서 판매하는 것보다 내부화하는 것이 유리하다고 판단하면 라이센싱 방식 대신 수출이나 해외직접투자를 한다고 하였다. 또한 자본 · 기술 · 경영기법 등을 해외로 이전하여 현지의 생산요소와 결합하는 것이 국내생산보다 유리할 때(즉, 입지 특유의 우위가 있을 때)에는 수출 대신 해외직접투자를 한다고 하였다.

3 절충이론의 3가지 요인과 해외 진출 방식의 선택(<표 1-5> 참조)

〈표 1-5〉 해외진출 방식의 선택

형태 / 우위요소	해외시장 진출 Push 요인*		Pull 요인*
	기업 특유의 우위(O)	내부화의 우위(I)	장소 특유의 우위(L)
간접적인 자원이동	○	×	×
수출	○	○	×
라이센싱(해외위탁생산)	○	×	○
해외직접투자(FDI)	○	○	○

* 해외사장 진출 Push 요인: 기업 특유의 요인과 내부화 우위 요인은 기업들이 해외시장으로 나아가게 하는 Push 요인.
* 해외사장 진출 Pull 요인: 장소 특유의 요인은 기업을 현지국으로 끌어들이는 Pull요인으로 작용.

출처: 장세진 (2004), M&A의 경영전략, 박영사.

4 해외직접투자의 유형과 장단점

해외직접투자는 소유권 정도에 따라 단독투자(Wholly-owned subsidiary), 합작투자(Joint Venture)로 구분되며, 단독투자는 진출형태에 따라 인수합병(M&A)과 신설(Greenfield)로 분류되고 있다. <표 1-6>은 해외직접투자 유형별 특징과 장단점을 설명하고 있다.

〈표 1-6〉 해외직접투자의 유형과 장단점

구분	내용	
	장점	단점
단독투자 (Wholly-owned subsidiary)	모기업이 현지 투자대상 기업의 의결권주 95% 이상을 소유하는 형태로 해외에 진출하는 경우	
	• 자회사에 대한 통제 용이 • 불필요한 통합비용 방지	• 단독진출에 따른 시장 적응력 저하 • 시행착오 위험 증가
합작투자 (Joint Venture)	2개 이상의 기업, 개인 또는 정부기관이 영구적인 기반 아래 특정 기업체의 운영에 공동으로 참여하는 경우	
	• 스피드(신규시장 적응력) • 경쟁사의 제거 • 회사의 자원과 역량 향상	• 통합에 따른 적응 비용 발생 • 자회사에 대한 통제가 어려움 • 문화적 이질감에서 오는 기업 역량 저하
인수합병 (M&A)	투자대상국에서 가동되고 있는 기업의 주식이나 자산 등을 매입하여 경영권을 확보하는 것으로, 결합형태에 따라 신설합병 또는 흡수합병으로 분류됨	
	• 스피드(신규시장 적응력) • 경쟁사의 제거 • 회사의 자원과 역량 향상	• 인수합병 비용(프리미엄 발생 가능) • 양사 문화, 직원간 충돌 가능성 • 불필요한 통합 노력 필요
신설(Greenfield)	과거에 존재하지 않았던 기업을 새롭게 설립하여 해외시장에 진출하는 경우	

출처: 대한무역투자진흥공사(KOTRA) 자료, p.17-113.

19 ● 산업구조 분석

경쟁과 산업분석의 범위는 여러 상황조건에 따라 달라진다. 특히 새로 등장하는 산업에 비하여 현존하는 산업에 대해서 보다 많은 분석이 요구된다. M. Porter(1979)는 경쟁의 여러 원동력이 기업전략에 상당한 영향을 미친다고 주장하면서, 넓은 시야의 산업조직 분석을 위한 5요인모델(5 Forces Model)을 제시하였다.

1 산업구조 분석

1) 마이클 포터는 5요인모델(산업구조 분석)을 제시하였으며, <그림 1-9>와 같다.
2) 산업구조 분석은 산업의 경쟁강도와 수익성 파악이 가능하다.

〈그림 1-9〉 M. Porter의 산업구조 분석

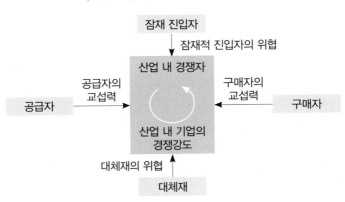

출처: M.Porter (1980), Competitive Strategy, Free Press.

2 산업구조 분석 목적

1) 산업구조 특성 분석과 잠재적 수익성을 파악한다.(장기 투자수익률, Return On Invested Capital: ROIC)
2) 산업구조의 다섯 가지 위협요인별로 기업들이 취할 수 있는 대응전략을 수립한다.
3) 산업별 구조적 특성이 다르므로 근원적이고 구조적 요인을 심층 분석하여 강·약점을 파악한다.

4) 동태적 변화요인을 감안, 향후 전개될 기회와 위협요인을 파악하여 활용한다.

▶ 5요인모델에 따르면, 다섯 가지 경쟁요인들의 강점과 약점에 의해 산업 내 잠재적인
이윤 수준이 결정된다(<그림 1–10> 참조).

〈그림 1–10〉 산업매력도를 높이려면?

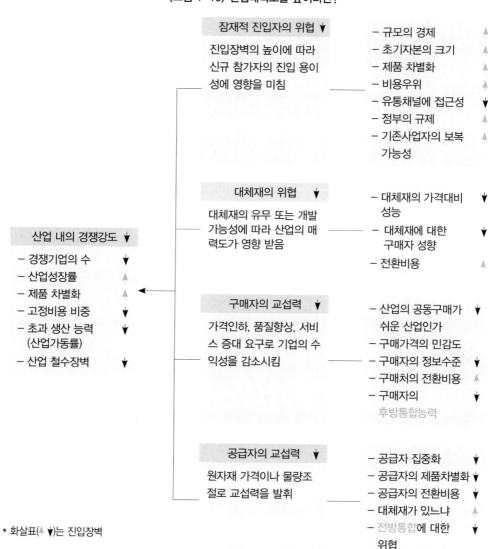

* 화살표(▲ ▼)는 진입장벽

출처: M. Porter (1980), Competitive Strategy, Free Press.

① **기존기업간의 경쟁**: 참여 기업간의 경쟁이 심할수록 산업의 매력도는 하락하므로 차별화 전략이나 원가절감에 노력하고 적기에 철수를 고려해야 한다.

② **잠재적 진입자의 위협**: 새로운 기업이 진입할 위협이 존재하므로 규모의 경제를 통해 절대적인 우위를 확보하거나 진입장벽을 구축해야 한다.

③ **대체재의 위협**: 기존 고객이 다른 대체재를 구매하는 것은 수익성을 약화시킬 수 있기 때문에 고객관계관리를(CRM) 잘 활용하고 고객 로열티를 강화해야 한다.

④ **구매자 교섭력**: 구매자의 요구로 가격인하 및 품질향상을 요구 시 수익성 악화로 이어지기 때문에 기업은 다양한 형태의 협상력을 강화해야 한다.

⑤ **공급자 교섭력**: 공급자가 가격인상을 요구할 경우 수익성 악화로 이어지기 때문에 원재료 공급의 다양화와 대체품의 존재 여부 등을 파악하여 교섭력을 높여야 한다.

▶ 다섯 가지 경쟁요인 중 공급자·구매자 교섭력이 약화되고, 대체재 출현가능성이 낮고, 산업 내 경쟁 강도가 약할수록, 반면 진입장벽이 높을수록 산업의 매력도는 올라간다.

기업의 통합전략이란 최고경영자의 중요한 의사결정 요소로서 투입과 변환과정을 거쳐 산출물의 유통에 이르는 전체적인 과정 중 기업이 소유하고자 하는 범위를 말한다. 기업의 통합전략 유형은 크게 수직적 통합, 후방통합, 전방통합으로 나뉜다.

1 수직적 통합(Vertical Integration)

1) 원재료 구입에서 제품 생산을 통해 판매에 이르는 기업의 모든 경영활동 단계에 관련된 회사를 체계적으로 흡수하는 것. 즉, 동일한 수준이나 자원을 사용하는 수준에 있는 회사 끼리 흡수 합병하는 것이다.
2) 생산량 증가로 반복적인 빈도가 높을 때 수직적 통합을 확장한다.
3) 사업의 핵심적인 경영활동을 직접 소유한다.
4) 설비투자의 막대한 자금 투입에 따른 탄력성 감소로 통합 부문이 향후 어떤 영향을 끼치는지 검토한다.

2 후방통합(Backward Integration) = 자체생산/구매 의사결정(Make or Buy)

1) 생산활동에 필요한 투입물(원/부자재)의 공급처와의 통합으로 실현되는 기업 통합전략이다.
2) 완제품 생산을 위해 외부 공급업체로부터 어떤 부품을 구입해야 하는지를 결정한다.
3) 통합의 주요 결정요인으로서 공급비용과 현재의 공급비용 차이 등이 있다.
4) 후방통합 시 주된 고려사항으로는 여유 생산능력, 수요, 전문기술, 품질, 비용, 시간 등이다.
5) 예 자동차 제조업체가 철강공장을 구입하는 것과 같이 제품 생산에 필요한 생산시설을 구입하거나 만드는 과정을 말함 → 현대제철, 현대모비스

3 전방통합(Forward Integration)

1) 수요처인 제품을 판매하는 유통부문과의 통합으로 실현되는 기업 통합전략이다.

2) 유통채널과 도매업체, 소매업체의 흡수를 통해 가능하다.

3) 통합의 주요 결정요로서는 비용과 수요에 대한 상호신뢰이다.

4) **예** 최종 소비자의 구매 행동을 포함하는 경영활동의 영역 확장으로 제조업자가 소매점포를 구입하는 것 등임 → 현대 서비스, 현대 글로비스

경쟁우위(competitive advantage)는 경쟁기업보다 비용을 낮추거나, 편의 시설을 좋게 하거나, 높은 가격을 정당화하는 서비스 제공 등과 같이 최고의 가치를 제안해서 경쟁자를 넘어 유리한 경쟁지위를 확보하는 것이다. 경쟁우위의 원천이란 기업이 경쟁력 지위를 확보하거나 획득할 수 있는 원천을 말하며, 이는 크게 기업활동을 의미하는 가치활동(value activity)과 핵심역량(core competence)으로 구분할 수 있다.

여기서 핵심역량은 기업의 자원, 기업이 보유하고 있는 내부역량으로서 이는 경쟁사와 차별화될 뿐만 아니라 사업성공의 핵심으로 작용하게 된다. 또한 핵심역량의 4가지 조건으로는 ① 가치창조에 기여, ② 경쟁사 대비 희소성, ③ 모방불가능성, ④ 조직 적합성 등이 있다. 따라서 핵심역량은 핵심, 기술, 핵심 자산, 핵심 프로세스 등을 통해서 구분할 수 있다.

1 핵심역량과 가치활동의 관계

기술적 우위와 같은 기업의 자원(핵심역량)은 연구개발 활동과 같은 기업활동(가치활동)을 통해 획득되어지며, 기업의 활동은 자원을 기초로 이루어진다(<그림 1-11> 참조).

〈그림1-11〉 핵심역량과 가치활동의 관계

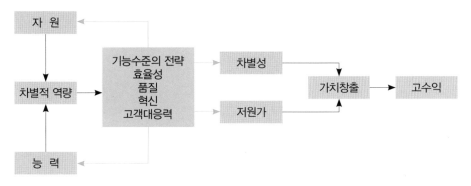

경쟁우위의 구성요소를 정리하면 다음 <그림 1-12>와 같다.

〈그림 1-12〉 경쟁우위의 주요한 구성요소

경쟁우위의 원천	우월한 지위	성 과
1. 우수한 기술 2. 우수한 자원 • 규모의 경제 • 판매망 • 특허, 경험곡선 • 정부정책	1. 기업관점 • 저원가 • 고품질 • 우수한 유통망 • 독과점 생산 2. 고객관점 • 저원가 • 고품질 • 특별한 혜택 • 우대 서비스	1. 기업관점 • 시장점유율 • 수익성 2. 고객관점 • 만족 • 브랜드 충성도

지속적인 경쟁우위를 위한 투자

출처: 윤은기 (1991), 경쟁전략과 SIS, 유나이티드컨설팅그룹.

22 지식사회화와 지식경영

기업들은 언제나 경제적 가치와 경쟁우위를 창출하기 위해 지식의 축적 및 활용을 추구해 왔으며, 20세기 초부터 국가와 개별 기업에서 지식의 중요성이 점차 증가되어 왔다. 지금은 지식의 중요성을 논하는 단계에서 기술적 지식의 창출, 조직화, 활용 등을 통해 결과적으로 혁신을 가져올 원천들을 응용하는 단계에 들어서고 있다. 특히, 기업들은 새로운 제품이나 프로세스의 창출, 기존제품이나 프로세스의 개선 등의 작업을 통하여 시장의 요구에 잘 부응하고, 결과적으로는 지속적으로 자신들의 경쟁우위를 유지할 수 있게 하는데 주력하고 있다(Cole, 1998). 이렇게 지식의 중요성에 대한 인식이 증가함에 따라, 1991년 Nonaka를 시작으로 지식에 관한 다양한 연구가 수행되어졌다.

1 지식경영의 정의

지식경영(Knowledge Management: KM)이란 지식을 지속적으로 획득, 창출, 축적하고, 전파와 공유하여 이를 활용해서 고객에게 뛰어난 가치를 제공함으로써 높은 기업성과를 달성하려는 것이다.

◆ 새로운 지식을 창조하고 이것을 전 조직으로 확산하며, 그것을 다시 상품, 서비스, 시스템으로 형상화하는 것이다(Nonaka 등, 1995).
◆ 지식의 획득, 창조, 축적, 활용이 지식경영 활동이다(Davenport 등, 1998).
◆ 지식경영 활동은 '새로운 지식의 창조, 지식에의 접근, 지식의 활용, 프로세스/제품/서비스에 지식 삽입, 지식 표현, 지식 성장 촉진, 지식관리 효과와 평가'의 8가지로 나뉜다(Ruggles, 1998).

2 지식경영의 등장배경

1970년대부터 공급초과 현상이 나타나고 경쟁이 극심해지면서 매력적인 시장을 찾아 수익률을 극대화하려는 '전략경영'이 나타났다. 그러나 1980년대에 들어 정보가 일반화되고 누구나 신규 사업에 진출할 수 있게 되자 자신만이 보유하는 차별적 핵심역량을 획득하려는 노력이 나타났다. BPR, 벤치마킹 등의 수많은 '경영혁신기법'이 나타났으며, 이러한 혁신기법들이 일부 조직에는 상당한 효과를 주었지만 쉽게 정착되지 않는 기업들도 나타났다. 이

때부터 경영자들은 위로부터의 일방적인 혁신노력은 큰 효과가 없으며 현장 종업원들에게 혁신이 체질화되지 않고서는 혁신은 결코 완성될 수 없다는 인식을 갖게 된다. 현장에 있는 모든 구성원들이 끊임없이 문제의식을 갖고 필요한 지식을 습득하고, 자기 담당분야의 문제를 해결하려는 시도가 모여야 곧 경영혁신이 될 수 있다. 이것은 위에서 아래까지 기업 경영의 근본적인 체질개혁을 의미한다. 그 결과, 핵심역량화할 수 있는 지식의 창출을 용이하게 하기 위한 자율경영, 조직학습의 개념이 등장하였다.

3 지식경영의 목표

지식의 창출뿐만 아니라, 지식의 전파와 공유를 통한 전체 조직내 자원 활용을 극대화하는 것이다. 즉, 한 부문의 핵심역량이 전체 조직의 가치창출 극대화에 있어 충분한 가치가 있다면, 이를 전체 조직의 핵심역량으로 전화시키는 것이 중요하다.

4 지식경영의 달성 방법

1) 기업에서는 지식의 중요성과 가치를 구성원들이 인식하도록 한다.
2) 지식의 공유, 탐구, 전파 등을 장려하는 조직 문화와 보상 시스템을 구축한다.
3) 정보시스템 구성원 간 네트워크 등의 지식 하부구조를 구축하는 노력 등 총체적인 접근을 통한 기업경영의 패러다임 변화가 필요하다.

04 chapter 조직관리

23 조직목표 및 목표관리

조직은 경영관리를 위한 도구이다. 기업의 목적, 목표, 정책의 의사결정 과정을 경영이라고 생각한다면, 이들 결정된 의사를 실현하는 일련의 활동(계획, 실시, 통제)을 통틀어 관리라고 볼 수 있다. 조직은 관리하기 쉽게 설계해야 한다. 연계를 맺기 쉽고, 긴밀한 협력 관계가 유지될 수 있고, 의사결정을 빠르게 할 수 있어야 한다. 조직은 경영관리와 밀접한 관계가 있다. 바꾸어 말하면 조직의 목표는 언제나 경영관리와 관련시켜 생각하지 않으면 안 된다.

1 조직목표

1) 개념

조직목표란 조직이 달성하려고 노력하는 미래의 바람직한 상태(desired state of affairs)로서, 기업의 존재가치에 대한 정당성을 획득하고 기업의 미래 모습에 대한 방향성을 제시하기 위해 조직목표는 필요하다.

조직목표와 경영활동 간의 관계는 다음 <그림 1-13>과 같이 설명할 수 있다.

〈그림 1-13〉 조직목표와 경영활동 간의 관계

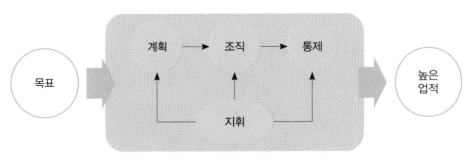

2) 조직목표의 역할

(1) 조직의 지침(guideline)을 제공한다.

(2) 정당성(legitimacy)의 근거로써 사회에 있어서 조직의 존재와 활동 및 임무를 정당화시켜 주는 기능을 수행한다.

(3) 효과성(effectiveness) 평가의 기준으로써 조직 내외에서 조직이 얼마나 좋은가(성공적인가, 건강한가, 효율적인가 등)를 평가하는 측정기준을 제공한다.

(4) 계획(planning) 기능을 수행하여 조직 구성원들로 하여금 미래지향적인 행동과 사고방식을 불러일으키는 기능을 한다.

3) 조직목표의 구분

조직목표는 추상성·구체성 여부 및 목표의 계층 수준에 따라 다음과 같이 구분된다.

(1) 목표의 추상성·구체성 여부(〈그림 1-14〉 참조)

〈그림 1-14〉 목표의 추상성·구체성 여부에 따른 구분

목적	• 조직이 존재하는 사회 속에서 조직의 기본적 목표를 표현
사명	• 목적을 좀더 구체적으로 표현한 것 • 어느 조직의 구체적 장기목표
목표	• 더욱 구체적으로 표현된 조직목표 • 사명을 구체적으로 실현하기 위한 행동지침

추상성 ↕ 구체성

(2) 목표의 계층 및 수준(〈그림 1-15〉 참조)

〈그림 1-15〉 목표의 계층 수준에 따른 구분

목표의 유형	관리 계층	시간 범위
기업목표	최고 경영자	장기
기능별 혹은 사업부별 목표	중간 관리자	중기
과업지향 목표	일선 (현장/초급) 관리자	단기

4) 효과적인 목표의 특징

(1) 조직에서 상하관계에 있는 경영자와 부하 사이에 공감되고 서로 잘 이해되어야 한다.

(2) 매우 구체적이고 간결할 필요가 있다.

(3) 되도록이면 시간대를 명시해주는 것이 좋다.

(4) 조직내부에서 수직적 · 수평적으로 일관된 목표의 연계가 필요하다.

(5) 보상시스템과 직접 연결되어야 한다.

2 목표관리

전통적인 조직관리방법은 최고경영자가 목표를 설정하고 이를 하위관리자에게 지시하는 일방적인 관리방식이었다. 이러한 관리방법은 구성원들의 자발적인 참여의식을 고취하지 못하고 생산성을 저하시키는 결과를 초래하였고, 그 대안으로 제시된 새로운 관리기법이 목표에 의한 관리(MBO: Management By Objectives)이다.

1) 개념

(1) 목표설정, 수행과정, 최후평가까지 전 과정을 경영자와 종업원이 함께 수행하는 목표에 대한 관리 과정

(2) 미래지향적 관리통제를 통해서 동태적인 기업의 욕구(이익과 목표달성)를 조정하고 통합 → 장기적 성과 증대

(3) 계획, 조직, 지휘, 조정, 통제 등의 주요 관리활동 과정이 시스템적으로 연결되어 운영되는 총합적 개념

2) 목표관리의 과정: 목표설정 → 실천계획 수립과 실행 → 성과검토 및 평가(<그림 1-16>
참조)

〈그림 1-16〉 목표관리 과정

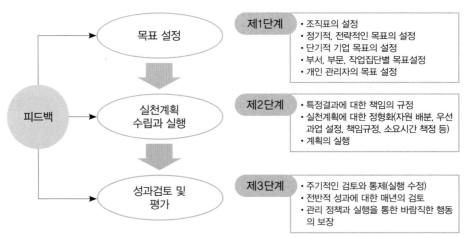

3) 목표관리의 장점과 제한요인

(1) 장점

　① 조직 구성원 개개인에 기대되는 목표 제시

　② 경영자의 목표수립과 세부적인 업무계획 설계에 도움 제공

　③ 경영자와 하부조직원 간 커뮤니케이션 개선

　④ 조직구성원에게 조직목표 및 그에 따른 역할에 대한 인식 제공

(2) 제한요인

　① 최고경영자의 지원 부족

　② 목표 관리에 관한 설명과 교육훈련의 부족

　③ 권위적인 관리자에 의한 상명하달식의 목표설정 가능성

　④ 목표의 제한 또는 과다한 목표

　⑤ 부서 간 상충된 목표로 인한 마찰의 위험성

　⑥ 평가의 지나친 강요

의사결정(decision making)은 조직의 성과를 결정할 수 있는 중요한 요소로써 경영기능을 수행할 때 발생되는 문제들을 해결하기 위한 수단이 될 수 있다. 따라서 의사결정은 수립된 전략을 선택하는 과정으로 볼 수 있다. 조직에 큰 영향을 미칠 수 있는 중요한 문제에 대한 의사결정은 주로 최고경영층(top management)에 의해서 이루어지지만, 생산, 재무, 회계, 마케팅, 인사 등 각 기능부서와 각 경영기능 단계별로 필요한 의사결정은 중간관리자나 일선 관리자가 담당하게 된다.

1 의사결정의 정의

◆ Griffiths, "심사숙고 끝에 도달된 결론으로서 조직의 심장이자 행정의 과정"
◆ Campbell, "조직구성원이 목표라고 인식한 것을 달성하기 위해 어떤 방법을 선택하는 것"
◆ Barnard, "조직이 목표달성을 위해 여러 대안 중에서 최적의 것을 선택하는 논리적 과정"
◆ Johns, "어떤 결정에 이르는 사고 및 행동과정으로서 문제해결 대안들 중에서 의사결정자의 목적을 달성하는 데 최선의 대안을 선택하는 행위"

이처럼 의사결정의 개념은 많은 학자들에 의해 다양하게 정의되고 있으며, 일반적으로 의사결정이란 '어떤 목적을 달성하기 위한 여러 대안 중에서 최적의 대안을 선택하는 과정 또는 미래의 행동방안을 선택 및 결정하는 행위'를 말한다.

2 일반적인 의사결정과정의 단계(<표 1-7> 참조)

〈표 1-7〉 의사결정과정의 단계

1단계
문제의 인식
	① 문제의 원인을 분석 · 정리
	② 문제의 내용 · 성격 인지
	   – '누가 이 결정에 영향을 받을 것인가?', '이 문제는 얼마나 심각하며 얼마나 빨리 해결되어야 하는가?'를 고려
	③ 문제해결의 필요성 자각
	   – 관계자와 전문가들로 의사결정팀 구성
	   – 의사결정자의 성장배경, 가치관, 역량에 따라 문제의 인지 여부와 인지속도 다름

2단계 자료의 수집과 분석	① 문제해결과 평가에 필요한 자료를 최대한 수집하여 분석 　– 자료의 타당성과 신뢰성 고려 ② 문제해결의 기준 설정 및 해결책에 따른 기대수준 설정
3단계 대안의 작성 및 평가	① 분석된 자료에 근거하여 여러 대안을 개발하여 작성 　– 구성원들의 창의적인 아이디어 촉진 ② 변수를 고려하여 각 대안에 따른 결과 예측 　– 해당 문제의 관계자 및 관련분야의 전문가를 통해 재정 상황, 사회적 영향, 조직구 　　성원들에게 미칠 영향 등 예측 　– 델파이 기법, 시나리오 기법, 회귀분석 기법 등 활용 ③ 예측된 결과를 바탕으로 각 대안들을 평가 　– '조직과 조직구성원의 역량(자원·기술·지식·재정·잠재력)이 대안을 실행하기 　　에 충분한가?', '결과에 영향을 받게 될 사람들이 과연 그 결과를 수용할 것인가?', 　　'교육적·경제적·사회적으로 충분히 합리적인가?'를 총체적으로 고려하여 평가
4단계 대안의 선택	① 3단계까지의 대안들을 검토하여 최적의 대안 선택 　– 조직목표와의 연계성, 문제해결가능성, 실천가능성, 이행 시 부작용 등을 종합적으 　　로 검토
5단계 대안의 실행	① 결정에 영향을 받을 사람들의 수용 또는 인정 확보 　– 부정적 태도에 대한 원인 분석 후 결정 포기·수정 또는 이행 추진 ② 이행 　– 계획(Planning): 개괄적인 추진 개요 설정 　– 조직(Organizing): 세부계획 설정 및 실행기구 설치 　– 인사(Staffing): 실행인력 선택 및 역할 할당, 동기부여 　– 지시(Command): 업무순서 결정 및 업무지시 　– 조정(Coordination): 서로 다른 팀 간의 업무 조율 　– 보고(Reporting): 서면·모니터링 등을 통해 경과보고 　– 예산(Budgeting): 재정 계획·회계·관리 　– 평가(Evaluation): 형성평가·총괄평가 실시와 피드백

출처: 임창희 (2010), 조직론, 학현사.

3 의사결정의 유형

의사결정 유형은 크게 분석적 유형, 개념적 유형, 지시적 유형, 행동적 유형으로 나뉘며,
<그림 1-17>과 같이 구분된다.

1) 분석적 유형

(1) 불확실하고 애매모호한 상황을 잘 참아내면서 의사결정이 요구되는 정보나 대안들을 추
　　가적으로 찾아보고 필요한 정보들을 확보하여 가능한 최적의 대안을 선택하려는 의사결

정자 유형이다.

(2) 의사결정이 합리적으로 이루어질 가능성은 높지만 의사결정의 속도가 느리다는 한계가 존재한다.

(3) 상대적으로 긴급한 의사결정 사안이 적은 안정된 조직에서 흔히 볼 수 있는 유형이다.

2) 개념적 유형

(1) 모호수준에 대한 관용 수준이 높기 때문에 창의적이고 기발한 합리적인 대안을 선택하기 위해 필요한 정보를 가능한 조직구성원들로부터 확보하려고 노력한다.

(2) 주로 광고 회사나 신제품 개발 부서에서 필요한 의사결정 유형이다.

3) 지시적 유형

(1) 합리적 의사결정을 내리기 위해 이전에 문제해결을 위해 사용되었던 대안들을 중시하지만 불확실한 상황을 견뎌 내면서 의사결정을 하기가 어렵기 때문에 다른 사람의 의견을 듣지 않고 독선적인 의사결정을 하는 경향이 있다.

(2) 흔희 외부 환경이 급변하는 조직 환경에서 볼 수 있는 의사결정 유형이다.

4) 행동적 유형

(1) 타인과의 사교적 관계를 중시하고 다른 사람들에 대한 관심 수준이 높기 때문에 조직 내의 구성원들과 원만한 상호작용을 하는 경우가 많다.

(2) 사람들이 제안하는 의견에 대한 수용성은 높으나 갈등 상황은 회피하려는 경향이 있어 의사결정에 이르는 시간이 많이 소요된다.

〈그림 1-17〉 의사결정 유형

	가치지향	
	과업 · 기술지향 (관심)	사람 · 사회지향 (관심)
고	분석적 유형 (Analytical)	개념적 유형 (Conceptual)
모호성의 수용수준 저	지시적 유형 (Directive)	행동적 유형 (Behavioral)

출처: Rowe, A. J. & Mason, R. O. (1987), Managing with Style: A Guide to Understanding, Assessing, and Improving Decision-Making, San Francisco: Jossery-Bass, pp.1-17.

25 의사결정 이론

의사결정 이론은 경영 의사결정에 대한 연구 분야이다. 초기 이론가들은 의사결정 과정을 합리화, 체계화하여 공식으로 정의하기 위한 연구를 하였다. 하지만 복잡한 현실로 인해 경영자들은 일반적으로 자신의 직관과 경험, 분석을 토대로 의사결정을 내리는 경향이 커졌다. 대표적인 의사결정 이론으로는 합리모형, 만족모형, 점증모형, 혼합모형, 쓰레기통모형 등이 있다.

1 합리모형(Simon)

인간의 이성과 합리성에 입각하여 결정을 내리는 것을 전제하는 모형이다.

1) 문제의 발견과 진단, 대안의 탐색과 평가, 대안의 선택 등 의사결정 단계들은 서로 뚜렷하게 구별되며 차례대로 진행된다.

2) 의사결정의 목표는 주어진 것이며 단일하고 불변하는 것이다. 목표와 수단은 구별된다.

3) 문제해결에 기여할 수 있는 모든 대안들을 탐색하고 그러한 대안들이 가져올 결과를 빠짐없이 체계적으로 분석한다.

4) 미리 정해진 기준에 따라 최적의 대안을 선택한다. 이때 비합리적인 요인들은 충분히 통제된다.

2 만족모형(March & Simon)

합리모형이 가지고 있는 제약을 극복하기 위한 모형으로, '제한된 합리모형'이라고도 한다. 이 모형에서는 개인의 합리성이 가정되어 있지 않다. 의사결정자는 전체 문제에 대한 일부분 정보만을 가지고 의사결정을 하므로 합리적 의사결정을 저해하게 된다는 것으로, 최대로 가능한 만족을 희생하여 대충 만족할 수 있는 의사결정을 한다는 것이다.

1) 최종 대안의 채택문제의 인식

2) 만족수준의 설정

3) 만족수준 이상의 대안 모색

4) 준거대안으로 설정

5) 다른 대안을 준거대안과 비교

6) 최종 대안의 선택

3 점증모형(Lindblom)

1) 현존의 의사결정에서 소폭적인 변화만을 가감하여 대안으로 고려하므로 이전의 상태보다 다소 향상된 대안을 추구하는 모형이다.

2) 획기적인 변화보다는 이전보다 개선된 수준에서 대안을 선택한다.

3) 점증모형의 등장배경은 기존의 합리모형의 비현실성을 비판하고 실제 의사결정과정에서 나타나는 현상을 설명하는 전략이다.

4 혼합모형(Etzioni)

합리모형(이성적 요소)과 점증모형(현실적 특성)의 장점을 혼합하는 대표적인 방식이다.

6 쓰레기통모형(Cohen, March, Olsen)

조직화된 무정부 상태나 느슨한 조직에서 의사결정이 이루어지는 과정을 설명하는 모형이다.

리더의 외형, 행동, 특질 등 성공한 리더로서의 공통적 특성을 밝히려 했던 전통적 리더십 이론은 정치적, 사회적으로 급변하는 현대의 조직 운영에 부적합하다는 비판에 따라 새로운 리더십 이론들이 개발되었다. 이러한 변화를 위기상황으로 규정하고 이를 타개하고 지속적으로 발전, 성장하는 기업이 되기 위해 조직 구성원들의 조직에 대한 강한 일체감과 적극적인 참여를 유발할 새로운 리더십이 요구되는데 변혁적 리더십과 자율적 리더십이 주목받고 있다.

1 바스(Bass)의 변혁적 리더십

1) 개념

기존의 리더십 이론들 대부분이 거래적 관계에 기초하고 있으며 장기적으로 구성원을 동원하기 어렵다고 비판하며, 변혁적 리더십 주장하였다. 변혁적 리더십에서는 카리스마, 개별적 관심, 지적 자극 이 세 가지 요인이 중요하게 다루어진다.

2) 변혁적 리더십의 특징

(1) 장기적 비전 제시
(2) 함께 매진할 것을 호소
(3) 비전 달성을 위한 단절적 변혁(Quantum change) 주도
(4) 구성원들의 내재적 보상 강조
(5) 성취에 대한 자신감 고취로 조직에 대한 몰입 강조
(6) 구성원들의 고차원적 욕구 발현 유도

2 자율적 리더십

1) 셀프 리더십 6요인

(1) **자기관찰**: '언제/왜/어떤 상황에서 내가 특정한 행동을 보이는가'를 알아보는 것이다.
(2) **힌트전략**: 중요한 것을 잘 기억해 내고 관심을 집중하기 위해 포스트잇이나 점검표 같은

물리적 도우미를 활용하는 전략으로, '할 일 목록(To-Do list)'을 만들어 사용한다.

(3) **자기목표설정**: 효과적인 목표의 설정을 통해 목적을 명확히 하고, 구체적인 실행 계획을 수립한다.

(4) **자기보상**: 자신이 일을 잘했다고 판단될 때 스스로에게 보상 주기. 새로운 성취, 새로운 목표로 이끄는 데 있어 가장 강력한 방법임. 긍정적 행동에 대한 강화 역할을 한다.

(5) **자기벌칙**: 부정적 행동을 감소시키는 역할을 한다.

(6) **연습**: 자기 자신의 실질적 변화 전략임. 실전에 들어가기 전 필요한 행동을 반복함으로써, 자신의 문제를 알고 수정할 수 있게 한다.

3 슈퍼 리더십

1) 개념

슈퍼 리더십이란 다른 사람을 리더로 만드는 리더십을 의미한다.

2) 슈퍼 리더가 되는 7단계

[1단계] 자신이 먼저 셀프 리더가 된다.

[2단계] 부하들에게 셀프 리더십의 모범을 보인다.

[3단계] 부하들 스스로 목표를 정하도록 독려한다.

[4단계] 긍정적인 사고방식을 전수한다.

[5단계] 보상과 건설적인 비판을 통해 셀프 리더를 육성한다.

[6단계] 팀워크를 통해 셀프 리더십을 배양한다.

[7단계] 조직내 셀프 리더십 문화를 배양한다.

이상의 리더십 유형들의 주요 특징을 정리하면 <표 1-8>과 같다.

〈표 1-8〉 전통적 리더십과 현대적 리더십 비교

	전통적 리더십	현대적 리더십		
	거래적 리더십	변혁적 리더십	자율적 리더십	슈퍼 리더십
리더의 특징	• 성과와 연계된 보상 • 예외에 의한 관리 - 목표달성 때까지 간섭하지 않음 • 원하는 결과가 무엇인지 부하에게 인지시킴 • 추구하는 결과: 가시적, 단기적 사항들(산출물의 질 제고, 매출 증대, 생산비 절감 등)	• 카리스마 - 리더는 바람직한 가치관, 존경심, 자신감 등을 구성원에 심어주고, 장기적 비전을 제시 • 개별적 관심 - 개인의 성장을 위해 욕구를 파악하여 알맞은 임무 부여 → 내재적 보상 • 지적 자극 - 구성원이 보다 창의적 관점(고차원적 욕구)에서 개발하도록 격려	셀프 리더십 6요인 • 자기관찰 • 힌트전략 • 자기목표설정 • 자기보상 • 자기벌칙 • 연습	추종자 중심 - • 부하들 각자가 내부에 가지고 있는 셀프 리더십 에너지를 불어넣어주는 사람 • 부하들이 더 이상 자신을 필요로 하지 않는 상태로 인도하는 사람
리더의 주요 행동	변혁적 리더는 추종자들의 내면 욕구체계와 가치관을 저차원 욕구에서 고차원 욕구로 바꿔주는 역할을 한다. (cf) 욕구5단계 생리적 욕구 → 안전의 욕구 → 소속, 애정의 욕구 → 자존의 욕구 → 자아실현의 욕구		리더는 다른 사람을 이끌기 전에 스스로부터 제대로 이끌 줄 알아야 한다.	부하들이 셀프 리더가 되도록 하는 데 초점을 둔다. (cf) 영웅적 리더십과 다름

1 팔로워십

팔로워십(followership)은 켈리(Kelley)의 리더-부하 관계에서 '부하'에 초점을 둔 연구에 의해 제기된 개념으로, 오늘날 사회가 필요 이상으로 리더를 숭배하는 문화에 젖어 있음을 비판하며 리더는 소수이고, 팔로워는 구성비율이나 성과기여 측면에서 80-90%이므로 팔로워십에 더 관심을 기울일 필요가 있음을 주장하고 있다.

켈리가 제안한 팔로워십 유형에는 모범형, 소외형, 순응형, 실무형, 수동형으로 구분되며, 각 유형의 특징은 다음 <그림 1-18>과 <표 1-9>와 같다.

〈그림 1-18〉 켈리의 팔로워십 5가지 모델

```
              독립적/비판적 사고

        소외형              모범형

수동적 ————————— 실무형 ————————— 적극적

        수동형              순응형

              의존적/비판적 사고
```

〈표 1-9〉 켈리의 팔로워십 유형

팔로워십 유형	특징
모범형 (독립/비판적 사고+적극적)	• 스스로 생각하고 알아서 행동할 줄 아는 스타일 → 모든 면에서 적극적인 자세 • 혁신적, 독창적, 건설적 비판을 내놓을 줄 아는 유형 → 잘못되었을 경우 리더와 용감히 맞서는 스타일 • 일에 대해서 헌신하고 집중하며, 일을 추진할 때는 결정적인 방법을 찾아내어 공략할 줄 아는 능력을 지님 • 조직 내에서 자신의 가치를 높일 줄 아는 지혜를 갖고 있음

소외형 (독립/비판적 사고+수동적)	• 독립적, 비판적 사고는 잘하지만 역할 수행에 있어서 적극적인 태도는 보여주지 못하는 유형 • 리더를 비판하면서 스스로 노력을 하지 않음 → 불만족한 침묵으로 일관하는 모습을 보임 • 초기에는 모범형 팔로워였으나 어떤 계기로 말미암아 리더와의 관계가 악화된 경우가 많음 • 리더로부터 부당한 대우를 받는 희생자라 규정하는 경향이 많음 • 자신이 리더로부터 불공정한 대우를 받는다는 인식을 극복하는 것이 선결과제임 • 독립적, 비판적인 사고 유지는 바람직하며 긍정적 인식만 회복하면 적극적 참여와 기여가 가능 함
순응형 (의존/무비판적 사고+적극적)	• 독립적 사고가 부족하여 리더의 판단에 지나치게 의존하는 성향을 띰 • 가정, 학교, 직장 등 사회가 전반적으로 순응을 장려하는 분위기에 젖어 있을 때 많이 양산됨 • 전형적 리더들은 이런 순응형 추종자를 장려함 • 모범형이 되기 위해서는 독립적이고 비판적 사고를 기르고 그것을 사용할 수 있는 담력을 키울 필요가 있음 • 대립에 대한 두려움을 버리고 리더로부터 독립할 수 있는 힘을 길러야 함
실무형 (가장 많은 유형)	• 별로 비판적이지 않으며 리더의 결정에 의문을 품기는 하나 자주 그러지 않음 • 시키는 일은 잘 수행하나 그 이상의 모험을 하지 않는 스타일임 • 대립은 억제하고, 실패했을 때를 대비한 해명자료를 항상 준비 해 놓음 • 모범형이 되기 위해서는 목표를 먼저 정하고 다른 사람의 신뢰 회복할 수 있도록 해야 하며 다른 사람들의 목표 달성을 돕는 데서 시작하는 것이 바람직함
수동형 (의존/무비판적 사고+수동적)	• 생각도 하지 않고 열심히 참여도 하지 않는 스타일 → 모범형과 정반대의 위치에 존재 하는 스타일 • 책임감 부족, 솔선수범하지 않으며 리더가 지시하지 않으면 움직이지 않음 • 팔로워십의 진정한 의미를 새로 배워야 하며, 관중의 자세를 버리고 선수로 참여하려는 자세가 필요함

2 임파워먼트

임파워먼트(empowerment)란 변화하는 환경에 능동적으로 대처하고 고객만족을 신속히 추구하고자 상대적으로 조직의 하위계층 사람들에게 의사결정권한을 많이 위양, 위임하는 것을 의미한다.

임파워먼트의 몇 가지 특징으로는 첫째, 일반적으로 권한을 위양한다는 의미는 권한을 많이 가진 쪽에서 적게 가진 쪽으로 이동시킨다고 생각하기 쉽지만, 제로섬(Zero-sum)관점에서 권한의 하부 이동을 얘기하는 것이 아니다. 둘째, 전체 파워 크기의 증대와 확산을 추구하는 파지티브섬(Positive-sum)관점이다. 셋째, 스스로 자기 능력을 키우고, 자긍심을 증대시키고, 일이나 책임에 대한 권한을 위양하는 방법 등을 통해 구성원들의 역량을 증대, 활용, 확산시키는 것이다.

임파워먼트는 의사결정단계의 축소, 고객지향적 경영, 구성원의 사기진작 측면에서 필요하다. 임파워먼트를 실행하기 위한 방안으로는 비전공유, 인정과 보상, 자긍심 고취, 능력촉진, 정당한 권한 부여 등이 있다.

임파워먼트를 통해 얻을 수 있는 효과는 다음과 같다.

① 구성원의 보유 능력을 최대한 발휘하여 직무몰입을 극대화한다.
② 업무수행상의 문제점과 해결방안을 가장 잘 알고 있는 실무자가 고객 응대를 수행함으로써 서비스 품질수준 제고가 가능하다.
③ 고객 접점에서의 시장 대응이 보다 신속하고 탄력적으로 이루어진다.
④ 지시, 점검, 감독, 감시, 연락, 조정 등에 필요한 노력과 비용을 절감할 수 있다.

05 chapter 경영통제

28 경영통제

경영관리의 기본적인 과정을 정리하면 계획, 조직, 지휘, 조정, 통제이다. 계획이 수립되면 이를 효과적으로 달성하기 위해 조직의 체계를 갖추게 된다. 이러한 활동을 조직화라 하고, 조직화는 조직전체 업무를 개인이나 집단에 논리적으로 할당하고 구성원들을 업무 성격에 따라 집단화하고 맡겨진 일을 수행하는데 필요한 권한을 적절히 배분한다. 조직의 여러 자원들을 효율적으로 활용하기 위해 여러 전문화된 기능별로 나누게 되면 각 부서간 이질성이 부각될 가능성이 있다. 이를 효과적으로 극복하기 위해 조정 활동이 필요하다. 즉 통제기능은 여러 가지 일들이 계획대로 이루어지고 있는지를 확인하고 편차가 있다면 그 편차를 수정하는 활동이다.

1 경영통제의 의의

경영통제는 경영의 관리기능인 계획, 조직, 지휘 등 일련의 과정에서 설정한 경영계획과 경영성과가 일치되도록 하는 관리행위이다.

2 경영통제의 기능

1) 감시기능

목표수준을 달성할 수 있도록 현 조직의 재활동을 감시하는 기능이다.

2) 비교기능

(1) 실제성과와 성과표준간의 일치정도를 활동시점과 활동시점을 떠나서 비교하는 기능이다(자료의 수집, 평가, 정보전파, 보고기능 포함).

(2) 편차범위의 파악이 중요하며 허용편차 수준을 정하여야 한다.

3) 편차의 수정

현재의 성과에 영향을 미치는 편차의 수정과 관련된 즉각적 수정행동과 미래의 성과에 영향을 미치는 기본적인 수정행동 기능이다.

4) 피드백 기능

미래 의사결정을 위한 피드백을 수행한다.

3 경영통제의 영역

1) 업무통제

조직목표의 달성을 위한 인적 · 물적 그리고 정보자원의 활용에 의한 업무수행과정 및 실적의 통제가 이에 해당한다.

2) 물적자원통제

물적자원의 계획과 실행에 대한 통제로서 물자의 구매에 대한 통제, 제품의 품질과 물적 유통에 대한 통제 등이 있다.

3) 인적자원통제

조직구성원의 해당분야에 대하여 적절한 지식과 업무수행능력을 가지고 맡은바 업무를 적절히 수행하였는지를 평가하는 것이다.

4) 정보자원통제

사전에 설정된 정보체계의 기능과 그 목표를 충분히 수행하고 있는가를 점검하는 통제이다.

5) 재무자원통제

기업활동에 필요한 운전자본과 시설자본을 경영계획에 의해 결정하고 경영활동의 진행에 따라 이러한 소요자본을 적절한 시기에 조달하였는지 여부를 평가하는 통제이다.

4 경영통제의 필요성

1) 경영환경의 변화

경영내부 및 외부환경의 변화에 적절히 대응하여 경영목표를 실현시키고 경영활동의 효율성을 높이는 데 기여한다.

2) 기업규모의 확대

기업규모의 확대에 따라 부문간 업무마찰, 구성원의 갈등에 대한 체계적 파악과 적절한 시정조치를 통한 성과 향상을 기여한다.

3) 실수에 대한 예방

통제조직의 형성을 통하여 조직원의 실수나 오류가 업무시행 이전에 발견되어 시정할 수 있다.

4) 권한위양의 증대

기업규모의 확대에 따른 권한위양이 경영효율의 제고로 이어지도록 적절한 통제가 필요하다.

5 경영통제의 과정

경영통제의 과정은 획일적이고 고정된 것이 아니고 주어진 상황에 따라서 차이가 있을 수 있다.

1) 통제영역의 결정

조직 활동의 모든 부분을 통제하는 데에는 비용이 많이 든다. 보통 경영자들은 조직목표나 목적을 설정하는 단계에서부터 통제할 영역을 결정한다.

2) 통제기준의 설정

(1) 달성해야 할 업적이 설정되지 않으면 조직 활동을 정확하게 측정, 평가할 수 없다.
(2) 조직단위로 나누어진 통제의 기준은 조직전체의 목표로 통합되며, 계량적으로 표현해야

한다.

(3) 예를 들어, 매출액을 전년도 대비 10% 이상으로 한다, 회사의 월간 이직률을 2% 이하로 한다, 서비스 처리시간을 10분 이내로 한다, 사고발생률을 백만 시간당 7건 이하로 한다 등이다.

3) 성과 측정

(1) 이 단계에서는 성과측정 방법, 성과측정 빈도를 결정해야 한다.

(2) 각 활동과정 단계별로 타당성을 가져야 한다. 즉 활동의 전 과정에서 투입단계에는 사전적(예방적) 통제, 공정단계는 동시적 통제, 그리고 산출단계에서는 사후통제(시정통제)가 이루어진다.

4) 차이분석

(1) 성과측정 후에는 측정된 성과와 설정한 표준을 비교하여 그 차이를 발견하는 과정이다.

(2) 통제가 효과적이기 위해서는 성과와 표준간의 비교가 잦을수록, 세부적일수록 좋다.

5) 성과인정

성과가 표준치를 초과하였을 때에는 종업원들에게 보너스, 훈련기회 제공, 승급, 급여인상 등의 혜택을 제공함으로써 성과인정을 반드시 해주어야 한다.

6) 수정조치 및 측정과 표준의 조정

(1) 성과 미달시 그 원인을 규명하고 수정조치를 마련해야 한다. 전략을 수정하거나, 보상제도를 바꾸거나, 교육을 강화하거나, 직무설계를 새로이 하는 식으로 조정할 수 있다.

(2) 필요한 경우 표준이 합리적으로 설정되어 있는가를 다시 검토해 볼 수 있다.

6 효과적인 통제시스템

1) 계획과 집행과정에 종업원이 직접 참여하고, 목표 또는 성과의 기준설정 등에서 종업원과 합의를 통해 도출한 통제시스템을 활용한다.

2) 계수적 편차에 지나치게 치중할 것이 아니라 상황요인도 함께 고려할 필요가 있다.

경영통제의 고려요인

◆ 통제의 공정성과 합목적성

◆ 통제의 적시성

◆ 통제의 경제성: 통제 대상의 선정은 비용-효익의 분석을 통하여 기업이 특정 대상의 통제에 의하여 손해보다 이득이 많음을 확인할 필요가 있다.

◆ 합리적 보상제도

29 경영통제의 유형

경영통제의 유형은 관리적 재량권, 시기나 내용, 목적, 대상, 방법 등에 따라 여러 가지로 분류될 수 있다.

1 관리적 재량권에 따른 분류

1) 사이버네틱스 통제

(1) 조직활동 중 발생하는 편차를 자동적으로 수정할 수 있는 내재적 장치(자기활동, 자기규제 시스템)의한 통제이다.

(2) 자동화 공장(표준화 통제), 과업과 과업수행 절차가 명확하게 정형화되어 있는 경우에 유용하다.

2) 비사이버네틱스 통제

(1) 표준화되어 있지 않은 통제시스템으로 경영자의 자유재량권에 의한 통제이다.

(2) 과업이 비일상적이고 비정형화되어 있거나 독창적인 경우에 적합한 통제시스템이다. (예 QC서클)

2 적용시기에 따른 분류

1) 사전통제: 경영활동이 시작되기 전에 실행되는 통제

경영목표의 적합성, 투입자원의 준비에 대한 사전 검토가 이에 해당된다.

(1) 관리적 차원: 투입방법의 선택, 예상되는 문제점 해결을 위한 정책, 전략의 개발에 대한 통제

(2) 전략적 차원: 장기적 조직목표 달성에 영향을 미치는 환경요인의 변화 여부를 점검하여 계획을 사전에 조정하는 통제

2) 동시통제: 업무나 작업의 진행 과정상의 통제

업무단위 또는 기간단위에 따라 수시로 통제하는 통제시스템이다.

(1) 관리적 차원: 작업이 적합하게 수행되는가 혹은 계획대로 진행되는가를 통제

(2) **전략적 차원**: 경영환경 변화에 입각하여 진행과정을 감독하고 필요한 조정을 실시하는 통제

3) 사후통제: 모든 업무활동이 종료된 뒤에 행해지는 통제

일정기간이 만료된 후 경영성과를 측정·분석하고 편차에 대한 인과관계를 규명하여 각 조직단위의 책임과 권한관계를 명백히 하여 미래의 계획수립에 필요한 근거자료를 제공하는 통제시스템이다.

(1) **관리적 차원**: 관리 조직단위의 효율성 평가정보를 제공하고, 조직구성원의 평가기준/보상기준으로 활용된다.

(2) **전략적 차원**: 경영성과의 인과관계를 분석하여 최고경영자에게 경영계획의 조정과 경영환경의 변화에 대응하는 전략수립에 필요한 정보를 제공한다.

3 목적에 따른 분류

1) 예방통제

문제점이나 불리한 사건의 발생이 일어나지 않도록 미연에 방지하기 위하여 필요한 조치를 미리 취함으로써 목표하는 것을 달성하고자 하는 통제. 통제의 비용이나 효과면에서 가장 바람직한 통제이나 이를 위해서는 문제발생의 개연성이나 가능성을 파악하고 대처방안을 정확하게 이해해야 한다.

2) 적발통제

일반적으로 완벽한 예방은 불가능하므로 관심의 대상으로서 문제점이나 위협요소가 가지고 있는 특성에 대한 이해를 기초로 그것들을 감지해내며 발생소지가 높은 대상이나 업무, 과정들을 주대상으로 설계된다.

3) 수정통제

적발통제를 통해 찾아낸 문제점을 시정, 바람직한 방향으로 바꾸어가는 통제가 수정통제이다. 수정통제는 미리 설정된 기준에 근거하여 수정이 이루어지며 적발통제와 연계적으로 작동한다.

30 예산통제와 비예산통제

예산이란 장래의 일정기간에 관한 각 부분의 활동을 조정하여 이를 구체적·화폐적으로 나타내고, 기업 전체의 이익 목표와 각 부문 활동의 달성목표를 명시하는 종합적이고 구체적인 집행계획을 의미한다. 예산통제의 특성은 이러한 예산을 편성하고 이를 수단으로 하여 경영활동 전반을 계수에 의하여 종합적으로 관리하는 방법이라고 할 수 있다. 제1차 세계대전 후 불황에 직면한 미국의 산업계가 처음으로 채용한 대응책으로서, 지금은 세계 각국에서 계수관리의 대표적인 수단으로 널리 채용하고 있다.

1 예산통제

1) 예산통제의 정의

예산통제는 미래 일정기간에 대한 예산을 편성하고, 예산과 집행 성과 차이를 분석함으로써 효율적 경영을 수행하고자 하는 제도이다.

2) 예산통제의 절차

(1) **예산의 편성**: 예산은 통제의 기준이 되고 경영활동의 목표, 기업의 업종 또는 조직규모 등을 고려하여 편성

(2) **예산의 집행**: 각 집행부문은 집행상황을 회계적 방법으로 명확히 기록하고 정기적으로 보고, 경영성과 반영

(3) **예산의 차이분석**: 예산과 그 집행결과를 비교·검토하여 차이가 있으면 그 원인과 인과관계를 규명하여 대책을 수립

3) 예산통제의 전제

(1) 최고경영자를 비롯한 조직구성원 전체가 예산통제의 의의와 내용을 충분히 파악하고 적극 협력하여야 한다.

(2) 예산통제를 위한 조직체계로서 예산 및 실적예산차이를 분석하는 전문조직과 경영성과를 측정하는 적절한 회계조직이 필요하다.

(3) 경영계획 및 예산의 수립과정에서 기업 내외의 경영환경 파악과 합리적인 예산편성과 신

축성 있는 통제기준이 수립되어야 한다.

(4) 문제점이 도출되었을 때는 신속한 대응능력과 체제가 필요하다.

2 비예산통제

1) 비예산통제의 정의

비예산통제는 통계자료 및 보고서의 분석, 손익분기점분석, 업무감사 및 개인적 관찰 등을 통해 이루어지는 통제이다.

(1) 통계자료에 의한 통제

① 기업활동의 여러 국면을 통계적으로 분석하여 경영활동의 성과를 예측하고 통제 여부를 사전에 결정하는 방법으로 사전통제에 이용된다.

② 통계자료에 의해 기업활동의 흐름이 경영목표를 달성하기 어려운 것으로 추정되면 경영계획이나 업무수행 방법을 수정하여 경영의 효율을 높이려는 것이 이 방법의 주요 목표이다.

(2) 재무통제

① 재무관리란 기업의 자본 조달과 운용, 자본시장, 현금의 흐름, 운전자금의 관리, 배당결정, 재무 분석 등의 이슈에 대하여 어떻게 하면 효율적이고 효과적으로 관리하고 통제할 것인가에 대한 의사결정의 과정을 의미한다.

② 재무관리(재무통제)를 통해 얻을 수 있는 기업의 이득으로는 기업가치의 극대화, 안전성의 확보, 유동성의 확보 등이 있다.

③ 재무통제 방법에는 재무제표분석, 재무비율분석, 손익분기점분석 등이 있다.

   (가) 재무제표분석

     – 현재 기업의 재무상태가 어떠하며 어떻게 운용되고 있는지를 파악할 수 있는 자료이다.

     – 조직 내 재화와 서비스의 흐름을 재무적으로 평가하고 재무상태를 알려주며 조직의 재무통제를 위한 기초적이고 결정적인 자료가 된다.

     (a) 대차대조표

       • 특정 시점에서 기업의 재정상태 및 자산상태를 살펴볼 수 있도록 나타낸

자료이다.

- 자산과 자본구성의 변화를 보는 것에 초점을 둔다.
- 재무적 유동성과 안정성 평가의 기초자료로 활용된다.

(b) 손익계산서

- 일정기간 동안의 기업의 경영성과를 집약적으로 표시한 자료이다.
- 특정 기간 동안의 경영성과를 표시하기 위하여 특정 기간 내에 발생한 모든 수익과 비용을 대비시켜 당해 기간의 순이익을 계산·확정하는 보고서의 형태이다.

(c) 재무 상태 변동표

- 일정 회계 기간 동안 재무 상태에 변화를 준 사건을 요약하여 나타낸 자료이다.
- 대차대조표는 특정 시점에서 기업이 보유한 자산, 자본, 부채를 표시한 정태적 보고서인 반면, 재무 상태 변동표는 특정 기간 동안 발생한 기업의 자금 흐름에 관한 정보를 나타내는 동태적인 보고서이다.

(나) 재무비율분석(〈표 1-10〉 참조)

〈표 1-10〉 주요 재무비율의 분석

재무비율	경제적 의미	주요재무비율
유동성 비율	기업의 단기채무지급능력, 자금사정을 나타냄	유동비율, 당좌비율, 순운전자본구성비율 등
레버리지 비율	장기채무지급능력, 안정성 등을 나타냄	부채비율, 이자보상비율, 현금흐름보상비율, 고정비율, 고정장기적합률 등
수익성 비율	투하자본에 대한 경영성과, 이익창출능력을 나타냄	총자산순이익률, 자기자본순이익률, 매출액순이익률 등
활동성 비율	자산이용의 효율성, 현금화 속도, 자산투자의 적절성 등을 나타냄	총자산회전율, 매출채권회전율, 재고자산회전율, 순운전자본회전율 등
생산성 비율	생산요소가 달성하는 경영능률, 성과배분의 적절성 등을 나타냄	부가가치율, 총자본투자효율, 설비투자효율 등
성장성 비율	기업의 외형적 수익력의 향상 정도를 나타냄	총자산증가율, 매출액증가율, 순이익증가율 등
시장평가 비율	기업의 과거의 성과와 미래의 전망에 대하여 증권시장(투자자들)이 어떻게 판단하고 있는가를 나타냄	주가수익비율, 주가대장부가치비율, 토빈의 Q비율 등

보충 레버리지(Leverage)

◆ 지렛대 효과를 의미 함
◆ 이는 타인 자본에 대한 의존도가 크면 클수록 경기상황(불경기 · 호경기)에 따라 재무적 위험이 엄청나게 급증할 수도 있기 때문

(다) 손익분기점분석에 의한 통제

손익분기점분석은 총수익과 총비용의 관계, 즉 총수입과 총비용이 동일해지는 매출액이나 매출량을 측정하며, 이 수입이 경비를 보상할 수 있는가를 분석한다. 손익분기점 분석방법을 발전시키면 목표이익을 얻기 위한 필요매출액이 산출되는데 이와 같은 목표이익과 필요매출액은 통제의 기준으로 활용된다(<그림 1-19> 참조).

① 손익분기점에서의 수량 $= \dfrac{\text{총 고정비}}{\text{단위 당 판매가격} - \text{단위 당 변동비}}$

② 손익분기점에서의 금액 $= \dfrac{\text{총 고정비}}{1 - \dfrac{\text{단위 당 변동비}}{\text{단위 당 판매가격}}}$

〈그림 1-19〉 손익분기점분석

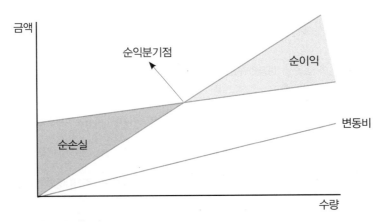

(3) 업무감사에 의한 통제

업무감사는 기업 내의 내부감사인이 회계, 재무 및 기타의 업무활동을 정기적이고 독립적으로 평가하는 것이다.

(4) 개인적 관찰에 의한 통제

생산현장이나 작업장에서 상급자가 개개인의 작업이나 행동을 관찰하고 필요한 경우 수정/지시함으로써 본래의 목표대로 작업이 진행되도록 통제하는 방법이다.

02
part

인사조직

01 조직과 경영조직

01 조직의 구조

조직의 구조에 중요한 요인들은 조직 규모, 관리직, 생산직, 판매직 등의 비율, 통제의 폭, 복잡성, 집권화, 공식화 등이 중요한 특성 요인이다.

1 복잡성

조직의 분화 정도를 의미한다. 분업화(specialization)나 부서화(departmentalization)가 이루어질수록 분화가 많이 된 것이기 때문에 복잡성(complexity)이 큰 조직이다.

분업화에는 기능적 분업화와 사회적 분업화가 있다. 기능적 분업화는 여러 구성원이 단순한 과제를 분담하여 수행하는 것이다. 사회적 분업화는 단순하고 일상적인 과업으로 세분화하기 어려울 때 전문가가 전적으로 맡아서 수행하는 분업화이다.

부서화는 분업화에 따라 생긴 업무와 과제들을 유사성과 차별성에 따라 묶어서 서로 다른 부서를 편성하는 것이다.

수직적 분화는 조직의 상하 위계 구조의 분화이다. 상하 계층 수가 늘어나서 조직의 상위 계층과 하위 계층 간의 거리가 긴 수직적 구조이다. 반면, 계층수가 적어서 계층 간 거리가 짧으면 수평적 구조이다. 수직적 분화와 수평적 분화는 서로 관련되어서 나타난다. 부서화 분업화가 진행되어 수직적 분화가 이루어지면 이어서 수평적 분화도 나타나게 된다.

2 집권화

집권화(centralization)는 조직의 상위자가 권한을 많이 갖는 조직이다. 집권화된 조직의 의사결정에는 하위자가 참여하기 어렵다. 분권화(decentralization)는 집권화의 반대이다. 분권화된 조직에서는 하위 구성원이 조직의 의사결정에 참여가 많아서 권한과 책임도 커지게 된다. 집권화된 조직에서는 상위자에게 정보가 집중되지만 정보처리를 위해서는 하위자가 필요하기 때문에 실질적인 집권화가 아닐 수 있다. 분권화는 상위자가 처리할 수 없는 정보를 하위자가 처리하고 이를 서로 소통하기 때문에 상위자 의사결정의 질이 증진될 수 있는 장점이 있다.

3 공식화

공식화(formalization)된 조직은 과업의 내용과 처리방법이 정형화되어 있는 조직이다. 조직의 과업이 절차와 방법이 표준화되고 명문화되어 있기 때문에 일상 과업의 경우 효율성이 높다. 공식화의 정도는 업무 규정, 조직 계층도, 경영관리체계, PERT 시스템 등으로 나타난다.

공식화는 조직관리의 경제성과 예측기능성을 높이고 비용도 절감된다. 의사결정자의 능력과 경험에 의해 의사 결정하지 않아도 되기 때문에 모호성이 줄게 되어 업무능률이 증가되는 것이 저비용 조직을 만든다.

조직의 복잡성이 증가하면 분업화가 높아서 집권화가 어렵다. 따라서 복잡성이 높으면 분권화되기 쉽다. 공식화가 높은 조직은 집권화되기 쉽다. 단순 업무를 수행하는 조직은 공식화되기 쉽고 그렇기 때문에 집권화해도 의사결정이 능히 이루어질 수 있다.

조직을 유형화하는 기준들인 조직의 목표, 지배 구조, 기술, 관련 환경 등에 따라 다음과 같은 예시가 있다.

1 파슨스의 AGIL 유형

파슨스(Parsons)는 조직의 목표 기준으로 다음과 같이 유형화하였다.

(1) **경제 조직**: 사회에 필요한 제품과 서비스를 생산하는 조직이다. 기업조직이 여기에 해당한다. 적응(Adaptation) 기능을 수행한다.

(2) **정치 조직**: 사회의 목표와 가치를 제시하는 조직이다. 목표달성(Goal attainment) 기능을 수행한다. 정부 조직이 그 예이다.

(3) **통합 조직**: 사회의 갈등을 조정하고 해결하는 정당, 법률 조직, 경찰 등의 조직이다. 통합(Integration) 기능을 수행한다.

(4) **체계 유지 조직**: 사회의 문화와 전통을 유지하고 긴장을 해소하는 역할을 하는 조직이다. 문화, 종교, 예술, 스포츠 등의 기능을 하는 조직으로서 잠재(Latency) 기능을 수행한다.

이러한 AGIL은 조직의 유형이기도 하지만 조직 내의 하위 수준에서도 개별 AGIL 기능이 존재한다고 본다.

2 베버의 유형

베버(Weber)는 지배 구조에 따라 다음과 같이 유형화하였다.

(1) **전통적 조직**: 전통적 권위의 바탕 위에서 지배 구조가 존재한다. 공식적 조직으로 영속성과 안정성이 있는 조직이다.

(2) **관료적 조직**: 합리적 권한, 권력, 법적 권위 등의 근거하에 존재한다. 공식적 조직으로 영속성과 안정성이 있다.

(3) **카리스마적 조직**: 카리스마(charisma)는 신으로부터 부여받은 초월적이고 초자연적인 능력이라는 뜻이다. 조직의 초기에 카리스마를 가진 지도자에 의해 만들어지지만 성장하면

서 전통적 조직이나 권위적 조직으로 전환된다.

3 블라우 스콧의 유형

블라우(Blau)와 스콧(Scott)은 조직의 주된 혜택을 보는 수혜자를 기준으로 유형화하였다.

(1) **호혜적 조직**: 조직의 일반적 구성원이 혜택을 받는 조직이다. 노동조합, 동창회, 동호인 모임 등이다.

(2) **기업 조직**: 조직의 소유주나 경영자가 혜택을 받는 조직이다. 대부분의 기업조직이다.

(3) **서비스 조직**: 조직의 서비스를 이용하는 소비자가 혜택을 받은 조직이다. 비영리 기관인 학교, 병원, 종교 단체 등이다.

(4) **공익 조직**: 국민과 시민이 혜택을 보게 되는 조직이다. 정부, 지방 정부, 군대, 경찰 등 이다.

4 에찌오니의 유형

에찌오니(Etzioni)는 통제방식과 구성원들의 순응을 기준으로 유형화하였다. 통계방식으로는 강제적, 경제적, 규범적 통제를 제시하고 순응은 소외, 이해타산, 도덕성 등의 기준을 제시하였다.

(1) **강제적 조직**: 강압적 통제는 소외적 순응을 유발하는 조직이다. 물리적으로 통제하기 때문에 구성원들은 진심이 아닌 소외적 순응을 보여준다. 교도소나 교정 시설 같은 조직이다.

(2) **공리적 조직**: 경제적 통제로 이해 타산적 순응을 유발하는 조직이다. 생산과 판매로 물리적 보상을 하면 조직 구성원이 이해 타산적 순응을 하는 기업조직이 그 예이다.

(3) **규범적 조직**: 규범적인 통제는 도덕성에서 우러러나는 순응을 유발하는 조직이다. 종교 단체나 사회봉사단체 등이 그 예이다.

5 우드워드, 톰슨, 페로우의 유형

우드워드(Woodward), 페로우(Perrow), 톰슨(Thompson)은 기술을 기준으로 유형화하였다. 여기서 기술은 단순한 기계적 기술이라기보다 기법, 제도, 방식, 장치를 의미한다.

(1) **우드워드**: 기술의 복잡성에 따라 소장생산조직, 대량생산조직, 연속생산조직으로 나누었다.

(2) **톰슨**: 기술의 상호 의존성의 정도에 따라 중개적 기술 조직, 연속적 기술 조직, 집약적 기술 조직으로 나누었다.

(3) **페로우**: 기술의 복잡성과 불확실성을 기준으로 일상적 임상적 기술 조직, 공학적 기술 조직, 장인적 기술 조직, 비일상적 기술 조직으로 나누었다.

민쯔버그(Mintzberg)는 조직의 기본적인 부분을 5가지로 나누었다.

① **전략 부분**: 조직의 전반적인 운영에 책임을 지는 최고 경영부분이다. 전략을 수집하는 부분이다.
② **핵심운영 부분**: 기업의 제품과 서비스 생산을 관리하는 부분이다.
③ **중간라인 부분**: 핵심운영 부분과 전략 부분 사이에서 두 기능을 연결 시켜준다.
④ **기술구조 부분**: 기업 내의 생산과정과 기술적인 측면을 담당하는 기술자, 연구원, 분석가 등의 역할이다.
⑤ **지원스탭 부분**: 기업의 기본적 과업 수행에 필요한 간접적인 지원활동을 담당한다.
   〈그림 2-1〉에 민쯔버그의 조직유형이 나타나 있다

〈그림 2-1〉 민쯔버그의 조직유형

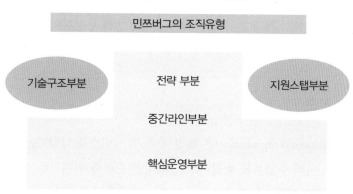

출처: 김인수 (1999), 거시조직이론, p.378, 무역경영사.

이러한 5가지 기본 부분은 조직의 기술, 전략과 전술, 환경적 특성에 따라 조직내에서의 중요도가 다르다. 특정의 부분이 중요하다면 그 부분이 조직내에서 규모나 영향력이 커질 것이다. 민쯔버그는 기본 부분의 조합으로 다음과 같은 조직 형태를 제시하였다.

1 기업가적 구조

기업가적 조직(entrepreneurial organization)은 단순조직과 같다. 초기 조직의 형태로 규모가 작다. 최고 경영자와 핵심운영 부분으로만 구성되고 여타 부분은 아직 생겨나지 않았다. 최고경영자가 조직 전체를 운영하며 분화할 업무가 없고 공식화할 사무가 아직 없다.

2 기계적 관료조직

기계적 관료조직(machine bureaucracy)은 과업이 대량으로 발생하고 반복적인 표준화로 작업이 이루어지는 생산조직에 맞는 형태이다. 생산의 표준화가 특징이기 때문에 작업 표준화를 설계하는 기술구조 부분이 지배적인 부분이 된다.

3 전문적 관료조직

전문적 관료조직(professional bureaucracy)은 전문 인력이 핵심적인 구성원인 조직이다. 로펌, 경영자문회사, 대학의 특정 전공 등을 핵심운영부분의 구성원이 자율적이고 통제 능력이 있다. 따라서 이들이 맡고 있는 핵심운영 부분이 가장 지배적인 부분이다.

4 사업부제 조직

사업부제 조직(divisional organization)은 특정 제품 및 서비스를 담당하는 독립 사업부가 여럿 모인 조직이다. 여러 사업부를 총괄하고 전체적인 관리를 위해서는 중간라인 부분이 가장 지배력이 높은 구조이다. 이 때 각각의 사업부는 기계적 단체조직의 형태일 것이다.

5 애드호크라시 조직

애드호크라시 조직(adhocracy organization)은 구성원 대부분이 전문가인 조직이다. 기업 조직의 중간라인 부분, 지원스탭 부분, 핵심운영 부분 각각이 모두 전문가이어서 분권화가 잘 되어 있고 수평적 의사소통이 이루어진다. 이런 조직은 핵심운영 부분과 지원스탭 부분이 지배력을 갖게 된다.

조직의 의사소통, 권력, 효율성을 결정하는 근거로 조직의 구조가 있다. 단순 조직, 라인 조직, 기능적 조직, 라인-스탭 조직, 사업부제 조직, 프로젝트 조직, 매트릭스 조직, 네트워크 조직, 애드호크라시(adhocracy) 등이다.

1 단순조직

단순조직(simple organization)은 복잡성과 공식화가 낮고 권한이 한 사람에게 집중된 조직이다. 소규모 사업의 초기형태에 주로 나타나며 의사결정이 비공식적이다. 분권화가 낮지만 규모가 작은 조직이어서 융통성과 신속성이 높은 것이 특징이다.

2 라인 조직

최고 경영자에서부터 중간관리자를 거쳐 최하위 관리자에게 이르도록 수직적으로 의사소통이 이루어지는 조직이다. 직계조직 혹은 군대식 조직이다. 상위자가 명령을 내리거나 정보를 전달해도 하위자는 이를 받아 수행하고 결과를 상위자에게 보고하는 형식이다. 라인조직의 형태는 <그림 2-2>와 같다.

<그림 2-2> 라인 조직

사 장
↓
부 사 장
↓
상 무
↓
부 장
↓
과 장
↓
대 리
↓
사 원

라인 조직은 지휘와 명령체계가 분명하고 단순하며 구성원들의 권한과 책임이 분명하다. 경영자가 지도력을 발휘하기 쉬운 조직이다. 조직 구성원들의 창의성이 반영되기 어려우며 각 부문 간의 업무 조정이 어려울 수 있다.

3 기능적 조직

기능적 조직(functional organization)은 각 부문별 관리자의 업무 영역과 책임을 분명히 정한 조직이다. 유사기능을 한 곳으로 모아서 부서를 구성함으로써 업무 중복을 피하여 효율성을 달성할 수 있다. 부서내 구성원간의 의사소통과 정보전달이 원활하여 상호작용의 효과가 생긴다. <그림 2-3>은 기능적 조직의 예시이다. 구성원 각자의 기능이 증진되고 부서별로 업무 전문화가 이루어진다. 전체적인 조정과 효율성 제고가 어렵다.

〈그림 2-3〉 기능적 조직

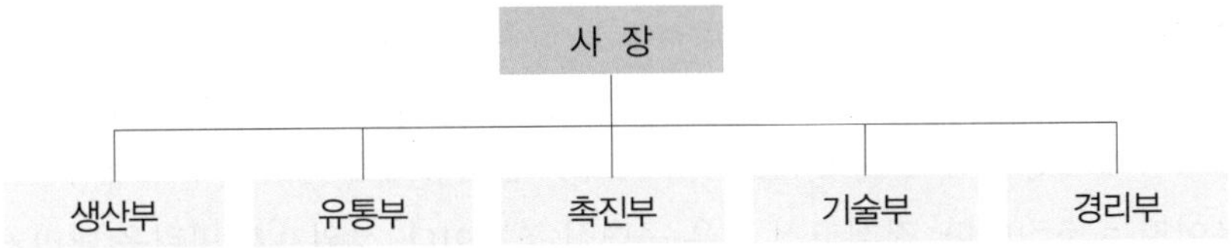

사 장
생산부
유통부
촉진부
기술부
경리부

4 라인-스탭 조직

원래의 라인 조직에 도움을 주는 전문가 역할인 스탭의 기능을 접목시킨 것이 라인-스탭 조직(line and staff organization)이다. 기업의 업무가 복잡해지고, 규모가 증대해지고, 전문성이 필요해지면 라인 기능에 기획조정실, 경영연구소, 기술 평가단 등의 스탭 기능이 추가적으로 보좌해야 한다. <그림 2-4>와 같은 구조가 된다.

〈그림 2-4〉 라인-스텝 조직

사 장
기획조정실
생산부
유통부
촉진부
기술부
경리부

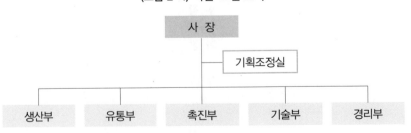

라인 조직은 지휘와 명령체계가 분명하고 단순하며 구성원들의 권한과 책임이 분명하다. 경영자가 지도력을 발휘하기 쉬운 조직이다. 조직 구성원들의 창의성이 반영되기 어려우며 각 부분간의 업무 조정이 어려울 수 있다.

5 사업부제 조직

사업부제 조직(multi-divisional organization)은 기업의 여러 사업이나 제품유형에 맞게 각 사업이나 제품에 독립적인 기능을 부여하는 형태이다. 자동차 기업이 대형차 사업부나 소형차 사업부를 둘 수 있고, 전자 기업은 컴퓨터 사업부, 가전 사업부, 핸드폰 사업부 등을 둘 수 있다. 각 사업부 별로 분권화됨으로써 최고 경영자의 경영부담이 절감된다. 대규모 기업에서 사업부별로 수평적 업무 조정이 어려울 수도 있다. <그림 2-5>는 사업부제 조직의 예이다.

〈그림 2-5〉 사업부제 조직

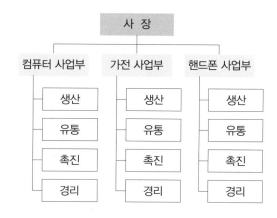

6 프로젝트 조직

기업이 특별한 과제를 수행하기 위해 일시적으로 구성하는 것이 프로젝트 조직(project organization)이다. 과제 수행이 종료되면 조직은 해체되고 프로젝트 팀의 구성원들은 원래 소속부서를 되돌아간다. 하나의 프로젝트를 위해 여러 기능 구성원들이 일시적으로 모인 형태이며 프로젝트 관리자가 라인의 장이 되어 경영의 권한과 책임을 진다. <그림 2-6>은 프로젝트 조직의 예이다. 인력을 탄력적으로 운영하고 책임과 평가도 프로젝트 단위로 명확하게 할 수 있다. 그러나 전체 조직의 결속력과 능률을 저해 할 수 있다.

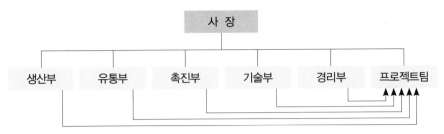

〈그림 2-6〉 프로젝트 조직

7 매트릭스 조직

기능적 조직과 프로젝트 조직의 장점을 합한 것 같은 형태이다. 한 사람이 두 개의 부서에 동시에 속하기 때문에 두 명 이상의 상급자의 지시를 받게 되어 혼란이 생길 수 있다. <그림 2-7>은 매트릭스 조직의 예이다. 인적자원을 효율적으로 관리할 수 있지만, 지휘계통의 혼선으로 작업호출이 저하될 수 있다.

〈그림 2-7〉 매트릭스 조직

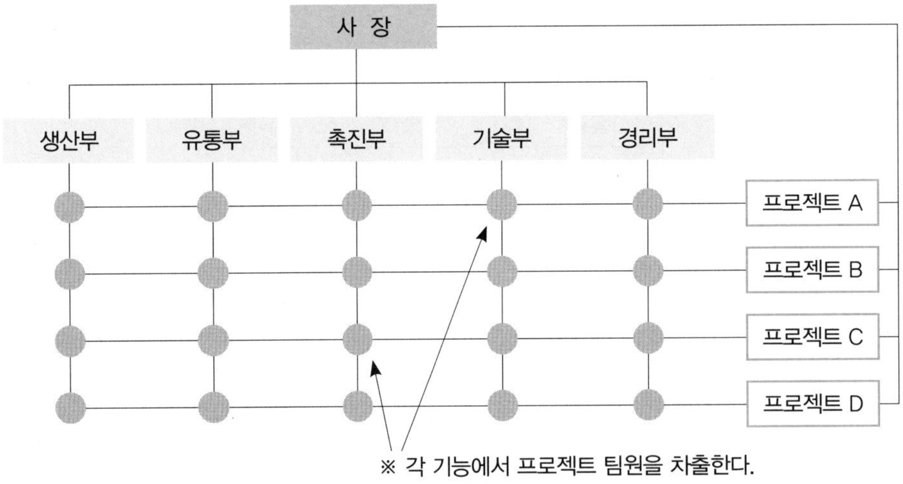

※ 각 기능에서 프로젝트 팀원을 차출한다.

8 네트워크 조직

네트워크 조직(network organization)은 여러 개의 조직이 결합하여 필요한 기능과 자원을 서로 교환하는 조직이다. 소규모 기업들끼리 수평적으로 연결되어 여러 조직이 서로 파트너가

되어 제품이나 서비스를 생산한다. 어떤 기업이 생산은 A기업에게 맡기고 판매와 유통은 B기업에게 맡기면서 디자인은 C기업에게 의뢰하고 광고는 또 다른 D기업에게 아웃소싱하여 본사는 그 제품을 실제로 손에 넣지도 않고 대단한 매출을 기록한 예도 있다. <그림 2-8>은 그 예이다.

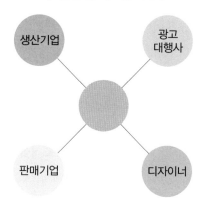

〈그림 2-8〉 네트워크 조직

고정비 투자를 최소화하더라도 서로 경영 활동을 효율적으로 수행할 수 있는 조직 형태이지만 불확실성이 발생하거나 지나친 의존성 문제 때문에 네트워크에 신뢰나 상호협력이 어려워지는 위험이 생길 수도 있다.

9 애드호크라시

전문적인 지식과 기술을 가진 전문가 중심의 조직 구조를 애드호크라시(adhocracy)라 한다. 전문가 체제로 운영되기 때문에 현장에 재량이나 책임을 위임하기 좋은 형태이다. 따라서 분권화와 수평적 문화가 크고 공식화와 집권화는 낮다. 구성원의 능력 발휘가 쉽도록 환경 적응력과 문제해결이 빠르고 강한 장점이 있다. 매트릭스 조직, 네트워크 조직, 방계형 조직, 태스크 포스, 위원회 조직, 대학형 조직 등이 있다.

1) 방계형 조직

방계형 조직(collateral organization)은 관료적 조직 안에 유기적 성격의 부속 조직을 추가시킨 형태이다. 거대한 관료 조직 안에 기업가 정신의 소규모 팀이나 사업 단위의 부속 조직을 소속시킨다. 그래서 관료적 본 조직이 표준화된 과업 수행을 하고 부속 조직은 혁신적 아이디어를 제안하고 실험적 활동을 수행한다. 따라서 부속 조직의 신규 프로그램이 실패하더라도 본 조직의 성과에는 타격을 주지 않을 수 있다.

2) 태스크 포스

태스크 포스(task force)는 특정 과업을 한시적으로 수행하기 위해 관련 부서에서 전문가를 모아서 과업 수행을 한 후 다시 원래 소속 부서를 복귀하는 조직이다. 변화하는 상황에 대처하기 위해 일시적으로 구성된 조직이다.

3) 위원회 조직

위원회 조직(committee organization)은 다양한 경험과 지식이 필요한 문제해결을 위해 여러 부서에서 차출된 구성원으로 운영된다. 일시적으로 운영되는 경우는 태스크 포스와 유사하지만 영구적이거나 장기적인 위원회 조직은 매트릭스 조직을 여러 아이디어에 적용하는 것이다. 다양한 부서간의 계획과 전략을 종합하기 때문에 의사소통, 판단능력, 사기진작이 긍정적으로 개선될 수 있다.

4) 대학형 조직

대학형 조직(collegial organization)은 대학이나 전문 연구소의 조직 형태이다. 대학의 학과 구성이나 실험실 팀구성이 여기에 해당된다. 분권화되고 의사결정의 민주적 운영이 가능하다. 학과 교수들은 학과의 의사결정에 동등한 권한과 발언권으로 참여하고 자유롭게 소통하여 결정을 내린다.

경영현장에서 성과를 높이기 위해 만들어진 조직이다.

◆ Sange: 학습조직은 진실로 필요한 성과 달성을 위해 새로운 능력을 지속적으로 배우는 조직.
◆ Garvin: 지식을 창조하고 습득하여 변화시켜서 조직 전체를 변화시키는 조직.
◆ Wishart: 잠재적 수준의 원칙과 이론을 실질적인 수준으로 증진 시켜서 새로운 도전에 효과적으로 적응하는 조직.

비판적 분석과 창조적 학습으로 조직의 역량을 극대화하고 변화를 추진하는 조직이다.

1 학습 조직의 특징

a. 지식 창조와 공유를 잘하는 조직이다. 조직 내외부 환경에 적응하기 위해 조직의 행동 방식을 창조적으로 혁신한다.

b. 창조적 변화를 통해 구성원과 조직 자체를 새롭게 만드는 조직이다. 학습을 통해 창조 능력을 배양한다.

c. 탈관료제를 지향한다. 관료제가 공식 문서와 규정을 강조한다면 학습 조직은 비공식적이고 신축성 있는 업무 패턴을 강조한다. 관료제가 계층적 구조와 집권제라면 학습 조직은 분권제, 구성원의 자율성, 상향적 소통을 강조한다. 관료제가 형식적, 비인간적 업무방식인 것에 반해 학습 조직은 실질적, 인간적 업무 방식을 강조한다. 관료제가 조직 전체를 하나의 기계로 본다면 학습조직은 조직을 살아 움직이는 생명체(유기체)로 이해한다.

d. 현실에 근거하여 변화를 추구하는 조직이다. 조직의 성공과 실패, 장점과 단점, 장단기 목표 등을 이해하여 올바른 변화의 방법을 탐색하고 선택한다.

e. 학습자 스스로가 주체가 되어 변화와 목표 설정을 주도한다. 개방적 학습 풍토가 강조된다.

f. 연속적인 학습으로 일회성과 단기 목표를 뛰어넘는다. 한번 학습 목표가 달성되면 새로운 학습 목표를 설정하여 지속적인 학습활동으로 도전한다.

g. 조직 내외부 이해관계자를 만족시킨다. 학습 조직은 결국 개선된 업무 성과를 조직, 조직구성원, 고객과 공유하는 것이기 때문에 능력개발, 창조적 활동, 환경 적응 등이 모두 이들 이해관계자의 만족 제고라는 입장에서 이루어진다.

02 chapter 동기부여 이론

06 동기부여(모티베이션, Motivation) 이론

동기부여는 욕구이론, 과정이론, 강화이론, 목표설정이론 등으로 구성된다. 욕구이론은 종업원을 자신의 내적 욕구를 충족할 욕망으로 인해 동기부여가 이루어진다는 이론이다. 강화이론은 종업원이 목표 달성을 위해 어떤 행동을 하는지를 설명하는 이론이다. 강화이론은 과거행동의 결과에 따라 다음 행동이 어떻게 달라지는지를 설명하는 이론이다. 목표설정이론은 목표를 설정하면 그 목표에 따라 동기가 유발된다는 이론이다.

1 욕구이론

1) 욕구다단계설

매슬로우(Maslow)는 인간의 욕구를 5단계로 나누어 설명하였다. <그림 2-9>에서처럼 가장 하위의 생리적 욕구에서 최상위의 자아실현 욕구까지로 구성된다.

〈그림 2-9〉 매슬로우의 욕구다단계설

자아실현의 욕구

자존의 욕구

사회적 욕구

안전의 욕구

생리적 욕구

출처: 신종국 (2010), 마케팅, p.136, 시그마프레스.

① **생리적 욕구**: 배고픔과 갈증을 해결하고 싶은 욕구이다. 의식주와 관련된 기본적 욕구로 인간은 가장 기본적으로 동기부여가 된다.
② **안전욕구**: 안전, 보호, 질서에 대한 욕구이다.
③ **사회적 욕구**: 교류, 소속감, 사랑에 대한 욕구이다.
④ **자존의 욕구**: 성공, 목적달성, 위신에 대한 욕구이다.
⑤ **자아실현의 욕구**: 성공을 바탕으로 사회와 세상에 공헌하려는 욕구이다.

이 이론의 핵심은 저차욕구가 충족되어야만 그 다음 상위 단계의 욕구를 희망하게 된다는 뜻이다. 인간은 배고픔을 해결하면 안전욕구를 희망하게 되고 안전이 해결되면 소속감을 원하게 된다. 이런 식으로 최고차 욕구까지 단계별로 인간은 동기부여된다는 이론이다.

2) X이론 Y이론

맥그리거(McGregor)는 인간을 전통적인 소극적인 미개발된 개체로 인식한 것이 X이론이다. 전통적인 조직과 초기 조직이나 전근대적인 조직에 맞는 것이 X이론적인 관리이다. X이론이 보는 인간성은 다음과 같다. 인간은 본래 일을 싫어하며 게으르다. 강제하고 명령하며 처벌하여 한다. 인간은 책임을 회피하고 야망이 적고 안전한 것을 좋아한다. 이에 반해 Y이론은 현대적이고 개발된 조직에 맞는 접근이다. Y이론이 보는 인간상은 다음과 같다. 인간은 놀이나 휴식처럼 일을 자연스럽게 받아들인다. 통제나 처벌 대신 인간은 스스로 목표지향적인 행동을 한다. 보상에 따라 인간은 동기부여가 된다. 인간은 문제해결을 위해 창의력을 발휘할 줄 안다.

3) 2요인 이론

허쯔버그(Herzberg)는 직무와 관련하여 인간을 만족시키는 만족요인(동기요인)과 불만족요인(위생요인)이 존재한다고 주장하였다. 만족요인은 그자체가 인간에게 긍정적으로 작용하기 때문에 동기요인(motivator)이라고 한다. 성취감, 인정받는 것, 보람, 업무 자체, 개인의 성장 등을 만족요인의 예이다. <그림 2−10>에서처럼 만족요인은 제로(0)에서 출발하여 만족이 증가하는 것이다. 반대로 불만족 요인은 그 자체가 인간에게 부정적으로 작용하기 때문에 위생요인(hygiene factor)이라고 한다. 화장실이 아무리 깨끗하여도 만족하기 보다는 불만족이 없는 것이라고 보는 견해이다. 작업장의 감독, 회사 정책, 임금, 타인과의 관계, 지위 등은 불만족 요인의 예이다. <그림 2-10>에서처럼 불만족요인은 제로(0)에서 출발하여 불만족이 증가하는 것이다.

<그림 2-10> 2요인 이론

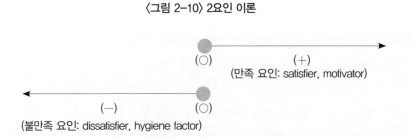

(만족 요인: satisfier, motivator)

(불만족 요인: dissatisfier, hygiene factor)

4) ERG이론

알더퍼(Alderfer)는 인간의 3가지 욕구를 구분하여 설명하였다. 매슬로우의 욕구다단계설과 다른 점은 3가지 욕구를 동시에 원할 수 있다는 것과, 저차욕구에서 고차욕구로 욕구가 단계를 형성해서 동기부여된다는 매슬로우 이론에 반해서 고차욕구에서 저차욕구로 내려가는 좌절 퇴행도 일어날 수 있다는 주장이다. (매슬로우의 만족 진행과 함께) 이러한 내용은 <그림 2-11>에서 설명되었다.

① 존재욕구(E: existence needs): 존재에 필요한 기본적 욕구로 물, 공기, 음식, 봉급 등이다.
② 관계욕구(R: relatedness needs): 세상과의 관계에 필요한 동료관계, 상하관계, 가족관계 등이다.
③ 성장욕구(G: growth needs): 인간의 성장을 위해서 필요한 생산적이고 창의적인 것에 대한 욕구로 공부, 욕구, 실험, 기술 습득 등이다.

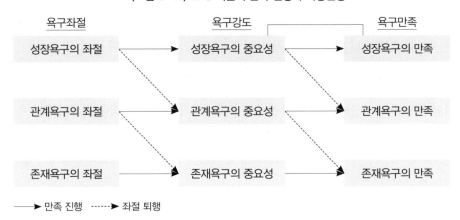

〈그림 2-11〉 ERG 이론의 만족 진행과 퇴행진행

출처: 오종석 · 김종관 (2014), 인적자원관리, p.417, 탑북스.

5) 학습동기이론

맥클리랜드(McClelland)는 인간의 욕구는 인간이 속한 사회와 문화에서 생기는 것이라 보았다. 성취동기, 친교동기, 권력동기로 분류하였다. 사람들은 이들 중 어느 하나를 특히 많이 가질 수도 있겠지만 일반인들은 세 가지를 적당히 욕구하는 것으로 측정되었다.

(1) 성취동기

보다 나은 결과를 달성하기 위해서 노력하는 욕구이다. 성취동기가 높은 사람은 다음과 같은 행동특성을 가진다.

① **과업지향성(task-orientation)**: 보상과 상관없이 일 자체에 매력을 느끼고 목표달성을 위해 노력하는 성향

② **모험성(adventuresome)**: 중간정도의 성공가능성을 가진 난이도에 도전하기를 좋아하는 모험적인 성향

③ **자신감(self-confidence)**: 성취가능성에 대해 남들보다 높은 자신감을 가진다.

④ **정열적/혁신적 활동(energetic and revolutional activity)**: 정열적이고 혁신적인 활동을 통해 목표를 달성하려는 성향.

⑤ **책임감(responsibility)**: 자신의 책임감을 남보다 크게 느끼고 자발적인 성향

⑥ **결과에 대한 지식(knowledge of the result)**: 노력의 결과를 알고 싶어 하는 성향

⑦ **미래 지향성(future-orientation)**: 미래를 대비하고 예측하여 행동하는 성향

(2) 친교 동기

다른 사람들과 원만한 관계를 맺고 유지하려는 욕구이다. 친교동기가 높은 사람들은 다른 사람과 접촉이 많은 부서에서 일하면 동기부여가 잘 될 것이다.

(3) 권력 동기

다른 사람에게 자신의 의지를 설명하고 설득시켜서 자신의 방식을 실천하려는 욕구이다. 개인적인 권력 동기는 자신의 능력으로 타인에게 영향을 미치는 욕구이며, 제도적인 권력 동기는 조직안에서 계층에 따라서 상위 계층에 속한 자가 하위계층에게 영향을 미치려는 욕구이다.

6) 직무특성 모형

핵크만과 올드함(Hackman & Oldham)의 직무특성 혹은 직무 충실 모형(job enrichment model)은 종업원을 동기부여시키고 직무만족을 증진시키려면 직무특성을 변화시켜야 한다는 이론이다. 종업원의 다음과 같은 세 가지 심리 상태가 동기부여에 영향을 미친다.

① **경험한 의미**: 자신의 작업이 가치있다고 인식하는 정도.
② **경험한 책임**: 자신의 직업이 책임이 중하다고 인식하는 정도.
③ **결과에 대한 지식**: 자신의 작업에 대한 평가를 알게 되는 정도.

이러한 세 가지 심리 상태는 기능 다양성, 과업 주체성, 과업 중요성, 자율성, 피드백 등의 직무특성의 영향을 받고 최종적으로는 만족이나 불만족의 형태로 나타나게 된다(<그림 2-12> 참조).

〈그림 2-12〉 직무특성모형

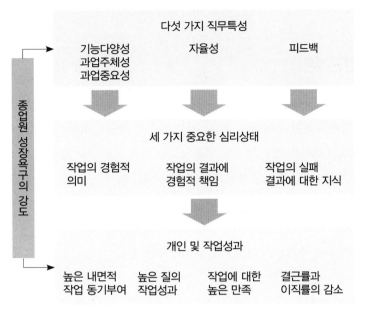

출처: 오종석 · 김종관 (2014), 인적자원관리, p.421, 탑북스.

1 초기 인간관계론

로버트 오웬(Robert Owen)은 노동력 혹사의 충격적 경험에서 온정적 관리를 강조하였다. 종업원에 대한 관심과 노동착취 반대를 주장하였다. 노동자 계급의 고통해소를 위해 노력하였다.

폴렛(Mary Parker Follett)은 개인과 집단 행동으로 조직을 설명하고 개인주의보다 집단윤리를 강조하였다. 인간적인 접근을 강조하였고 동기부여이론, 리더십, 팀워크, 권한과 권력 이론의 기초를 제공하였다.

버나드(Chester I. Bernard)는 뉴저지 벨 전화 회사 사장 출신으로 인간의 협동, 상호작용하는 사회적 관계, 경영자와 종업원의 의사소통 등을 강조하였다.

2 메이요 호손실험

호손 실험(Hawthorne Experiment)은 미국 일리노이주의 전기회사인 호손공장에서 시행되었다. 조명의 밝기와 생산성의 관계를 밝히려는 반복된 실험이었다. 초기 실험이 하버드 대학의 엘턴 메이요(Elton Mayo)교수와 동료들의 도움으로 성공하여 '인간관계론'의 토대를 제공하였다. 인간의 태도나 감정이 행동과 밀접한 관계가 있고 집단에서 정한 작업 표준이 작업자 개인의 생산성에도 영향을 미친다는 것이다. 실험결과의 의미는 집단표준, 집단 감정, 안전 등이 금전보다 생산성에 더 큰 영향을 미친다는 것을 설명하는 것이다. 단순한 조명의 밝기는 실험이 진행되면서 생산성 증대 효과가 감소하였으나, 작업자들에게 실험이 진행 중이라는 사실을 알리고, 누군가가 관심을 갖고 있다는 사실을 알렸을 때 동기부여된 작업자들의 생산성의 증가한 것을 입증한 실험이었다.

3 인간관계운동

종업원의 욕구 충족과 만족이 생산성에 영향을 미친다는 관점이다. 매슬로우(Maslow)는 욕구다단계설에서 인간욕구의 계층을 저차 욕구인 생리적 욕구에서 출발하여 안전, 소속감, 자존감을 거쳐 최고차의 자아실현의 욕구까지의 단계를 형성한다고 주장한다. 인간은 저차

욕구가 충족되어야만 그 다음 상위 욕구가 동기부여제의 역할을 한다는 것이 이 이론의 핵심이다. 생리적 욕구인 배고픔을 해결해야만 안전의 욕구가 동기부여제의 역할을 할 수 있다고 본다.

맥그리거(McGregor)는 X이론과 Y이론을 주장하였다. X이론은 인간을 부정적인 존재로 본다. 인간은 욕망이 없고, 게으르며, 무책임한 인간으로 상사의 지배가 필요한 유형이다. Y이론은 인간을 긍정적인 존재로 본다. 인간은 책임감이 강하고 부지런하며 자신의 능력으로 작업을 하려고 하는 유형이다. X와Y이론의 의의는 인간의 긍정적인 측면과 부정적인 측면에 따라 적당한 관리 방법을 찾아야 한다는 뜻이다.

4 행동과학자

조직의 행동을 심리학과 사회학에 근거하여 과학적 방법으로 설명한 연구자들이다. 피들러(Fiedler), 브룸(Vroom), 허쯔버그(Herzberg) 등은 심리학에 근거하며 리더십, 동기부여 이론 직무 설계에 대한 과학적 제안을 하였다. 페퍼(Pfeffer), 토마스(Thomas), 페로우(Perrow)등은 사회학에 근거하여 권력, 갈등, 조직 설계 등의 조직행동에 대한 과학적 설명을 남겼다.

03 chapter 경영환경과 전략 활동

08 경영환경

경영환경은 크게 거시환경(macro environment)과 미시환경(micro environment)으로 나눈다. 미시환경을 과업환경(task environment)이라고도 하며 기업 경영에 직접적인 영향을 미치는 요인들이다. 주요 미시환경요인으로는 고객, 주주, 노동조합, 경쟁자, 정부, 유통업자 등이다. 미시환경요인의 변화에 대응하기 위해 경영자는 각 미시요인의 변화의 트렌드를 파악해야만 한다. 예로서 최근 고객 환경은 소득수준의 증가, 빈부 양극화, 신인류(新人類: new rich)의 등장, 저관여 소비사회 등으로 특징지어진다.

주요 거시환경요인으로는 인구통계환경, 경제환경, 사회문화환경, 정치법률환경, 기술환경, 경쟁환경, 생태환경 등이 있다.

간편용어로 PEST(political/economic/social/technological: 정치, 경제, 사회, 기술환경) 또는 STEEP(socio-cultural/technological/economic/ecological/political: 사회문화, 기술, 경제, 생태, 정치환경)으로 설명하기로 한다.

경영자는 역시 거시환경요인의 변화를 주목하여 트렌드에 대비할 준비를 해야 한다. <그림 2-13>에 환경요인의 구성이 나타났다.

〈그림 2-13〉 경영환경 요인

1 주도적 환경접근과 소극적 환경접근

주도적 환경접근(proactive environmental approach)은 기업이 환경요인의 변화를 주도하면서 경영활동에 유리하게 이끄는 것이다. 대기업이 정치법률환경변화를 경영활동에 유리하게 유도하기 위해 입법기관에 정보를 제공하고 경제흐름에 필요한 제도적 법적 장치의 입안을 설득하는 것이 주도적 환경접근의 예이다. 반대로 소기업이 경영능력이나 인적구성 측면에서 아직 규모나 조직의 능력이 부족한 경우는 환경변화에 따라간다면 이는 소극적 환경접근이다.

2 선진국형과 후진국형 환경구성

장기적인 관점에서 기업활동의 현장은 생태환경이고 제품과 서비스의 종착지는 소비자 시장이기 때문에 생태환경과 사회문화 환경이 주도적인 역할을 하는 환경구성은 선진국형이다. 반면 경제 논리에 사로잡혔다면 개발도상국형 환경구성일 것이다. 정치법률 환경이 주도적이라면 이는 후진국형 환경구성이다.

3 시스템적 환경구성

환경요인들은 서로 시너지 효과를 내면서 하나의 유기체(organism)로 엮어져 있고 목표지향성과 전체성(wholism)을 갖고 있다고 보는 관점을 환경요인이 시스템적으로 구성되었다고 한다. 이때 시너지는 경영현장에서는 현실적으로 2 + 2 = 5와 같은 긍정적 시너지 효과(positive synergy effect)를 보일 것이다. 하나의 환경요인의 변화는 인체의 신경망과 핏줄처럼 연결된 유기체라는 가정하에서 모든 다른 요인에 영향이 퍼져나가 궁극적으로 기업경영에 다방면의 영향을 미치게 된다.

4 거시환경요인

1) 인구통계환경

시장의 주요 구성원인 사람에 대한 설명이다. 인구수, 인구분포, 인구밀도, 인구이동(이촌향도), 출생률, 결혼률, 이혼율, 종교별 분포 등이 중요한 인구통계적 환경 요인의 내용이다. 인구는 곧 구매력이며 노동시장의 공급원이기도하다.

2) 경제환경

경제환경의 내용은 실질 소득 증감, 경기 주기, 인플레이션, 물가 등이 주요 요인이다. 경제환경이 호전되면 소비자의 구매력이 증진되어 제품과 서비스의 소비가 촉진된다. 경기 주기는 호경기, 쇠퇴기, 불경기, 회복기의 4주기를 거치며 변동하는데 각주기에 경영이 적절히 대처해야 한다.

3) 생태환경

자연의 자원은 물과 공기뿐만 아니라 기업의 생산 자원인 석유, 석탄, 철강 등을 제공한다. 이러한 자원이 고갈되거나 오염되면 경영활동이 타격을 입는다. 경영자는 생태환경을 보전하는 정책으로 영구적인 존속 가능한 기업을 희망할 수 있다.

4) 기술환경

기술의 발전은 새로운 경영이 가능하게 한다. 신기술은 창조적 파괴(creative destruction)를 만든다고 슘퍼터가 주장한 것처럼 신기술과 신제품 등이 경영의 방식과 질서를 다시 만든다. JIT(just-in-time), POS(point-of-sale), EOS(electronic ordering system), EDI(electronic data interchange) 등이 기술 개발로 도입된 기법들이다.

5) 정치법률환경

입법부나 지방의회 등이 재정한 법률과 조례 등은 경영에 큰 영향을 미친다. 정치와 법률이 만들어낸 새로운 환경이 경영방식을 통제하거나 유도한다. 환경오염방치 관련법, 경제순환 및 왜곡을 막는 법, 제조물 책임법 등이 그 예이다. 제조물 책임법(PL법, product liability law)은 소비자 안전과 풍요로운 소비생활을 위해 필요한 법이다.

6) 경쟁환경

경쟁의 정도와 경쟁자의 유형에 따라 경영은 그 방식과 방향을 결정한다. 대규모 생산자 몇몇이 지배하는 경쟁은 시장 집중(market concentration)이다. 그 내용을 <표 2-1>과 같이 크게 독점(monopoly), 과점(oligopoly), 독점적 경쟁(monopolistic competition), 완전 경쟁(pure competition) 등이다.

〈표 2-1〉 시장 집중의 형태

경쟁 형태 특징	독점	과점	독점적 경쟁	순수경쟁
경쟁자 수	하나	여러 개	많음	대단히 많음
시장점유율	하나가 100%를 점유	다수가 높은 점유율	각자가 낮은 점유율	각자가 매우 낮은 점유율
고객 눈에 비친 상품차별화정도	단 하나의 독창적 상품	차별화 또는 비차별화 상품	거의 차별화되지 않음	아무런 차이 없음
촉진의 중요성	낮은 중요성	대단히 중요하거나 그렇지 않을 때도 있음	덜 중요함	전혀 중요하지 않음
가격 경쟁의 중요성	중요하지 않음	가격경쟁 피함	대단히 중요	중요하지 않음
중간상과의 관계	거래조건통제	상당한 영향력	제한된 영향력	영향력 거의 없음

출처: 이종호 · 신종국 (2005), 현대마케팅 p.35, 대명.

7) 사회문화환경

특정 사회 구성원의 규범, 도덕, 가치관, 생활 패턴 등의 공통점을 그 사회의 문화라 한다. 문화는 눈에 보이는 것과 안 보이는 것으로 나눈다. 전자는 집, 도로, 마을, 건물 기타 조형물 등으로 지역의 공동체의 의식을 반영한다. 후자는 언어, 습관, 음악, 법률, 제도, 놀이 등으로 대를 이어 계승되고 공동체의 내면을 지배한다.

문화는 크게 개인주의 문화(individualism)와 집단주의 문화(collectivism)로 나눈다. 서양이 주로 전자에 해당되고 한국을 포함한 동양은 후자의 문화로 본다. 개인주의는 예컨대 소비자가 구매 의사결정을 할 때 자기 자신의 기호나 필요를 가장 우선적으로 고려하여 특정 상표를 선택하는 것이다. 반면에 집단주의는 소비자가 자신의 주변인물, 가족, 친구 등을 염두에 두고 선택하는 것으로 나타난다.

09 **전략 활동**

전략 활동은 환경분석 → 필요한 전략 수립 → 실행의 단계로 진행된다.

◆ **환경분석**
  기업 내외부 환경을 분석하는 단계이다. 기업 내부의 강점(strength)과 약점(weakness), 기업 외부 환경 중에서 기회(opportunity)요인과 위협(threat)요인을 분석한다(SWOT analysis).

◆ **전략수집**
  환경의 분석을 토대로 대안 개발 → 대안 선택기준 결정 → 대안 선택의 순서로 진행한다.

◆ **실행**
  선택된 대안을 실행하는 단계이다. 대안 선택을 위한 자원의 배분 → 실행한 결과 평가 → 결과를 피드백하는 순서를 진행한다.

1 불확실성과 전략

전략 활동을 설명하는 핵심변수를 해치(Hatch)는 환경의 복잡성과 환경의 변화 속도로 발생 가능한 경우의 상황적 모형을 그려 보았다.

〈그림 2-14〉

환경의 복잡성		
	단순	복잡
변화 속도 · 느림	(a)	(b)
변화 속도 · 빠름	(c)	(d)

(a) 단순한 환경에 천천히 변하는 상황은 조직이 가장 쉽고 합리적으로 적응할 수 있는 경우이다.

(b) 환경이 복잡한데 변화가 느린 상황은 환경 복잡성에 대응할 수 있는 전문가가 필요하다.

(c) 단순한 환경이 빨리 변하기 때문에 변화 속도에 적응하는 능력이 필요하다.

(d) 복잡한 환경이 급속하게 변화하는 상황을 일반적으로 대처가 가장 어려운 경우이다. 환경 변화에 대한 이해와 함께 변화속도에도 적응하여야 한다.

2 전략과 조직구조

1) 챈들러의 전략과 구조

챈들러(Chandler)는 기업의 '구조는 전략에 따라 간다(structure follows strategy)'고 했다. 단일 품목 전략의 기업이 성장하여 다품종 전략으로 다각화되면 기업의 구조는 집권화/공식화/단순화 → 분권화/비공식화 복잡화된 기능적 구조나 사업부제 구조가 나타난다.

2) 마일즈와 스노우의 유형

마일즈(Miles)와 스노우(Snow)는 기업 전략을 방어형, 탐사형, 분석형, 반응형으로 유형화하였다.

(1) 방어형 전략: 방어형(defender) 전략은 환경이 안정적일 때 현재 시장을 지키는 안정성과 효율성에 목표를 둔다. 강력한 통제와 집권적 조직 구조가 특징이다.

(2) 탐사형 전략: 탐사형(prospector) 전략은 신제품과 새로운 시장 진출 기회를 꾸준히 탐색하는 전략이다. 환경이 역동적이기 때문에 기업목표가 유연하다. 분권적 조직으로 느슨한 구조를 갖는다.

(3) 분석형 전략: 분석형(analyzer) 전략은 변화하는 환경에서 위험 최소화와 이윤 극대화를 지향하는 전략이다. 방어형과 탐사형 중간 정도로 적당한 집권화와 느슨한 구조를 갖는다.

(4) 반응형 전략: 반응형(reactor) 전략은 환경 변화와 타기업의 전략 등에 시시때때로 적당히 대응하는 전략이다. 반응형 전략의 뚜렷한 특징적인 조직구조는 없다.

방어형 전략을 취한다면 경영자가 환경을 안정적으로 인식한다는 의미이고, 탐사형 전략을 취하는 경영자는 환경이 역동적으로 변화한다고 인식한다는 뜻이다.

3) 포터의 전략 유형

포터(Poter)는 기업은 자신이 가장 경쟁력 있는 분야에 힘을 집중한다고 설명한다. 이것이 경쟁 우위 전략(competitive strategy)이다.

(1) **비용우위 전략**: 경쟁기업보다 저비용으로 제품과 서비스를 생산하고 유통하는 것에 집중하는 전략이다. 생산 효율성, 규모의 경계, 풍부하고 값싼 원재료 확보 등이 가능해야 성공하는 전략이다.

(2) **차별화 전략**: 경쟁기업의 제품과 서비스와 차별적인 품질을 생산하고 소비시키는 것에 집중하는 전략이다. 신기술, 참신한 디자인, 서비스, 브랜드 가치 등으로 자사 제품 차별화가 가능하다. 제품 차별화, 기술 차별화, 가격 차별화 등이 있다.

(3) **집중화 전략**: 특정 시장이나 소비자에게만 집중적으로 비용우위 전략이나 차별화 전략을 시행하는 전략이다. 특정 제품이나 시장에만 차별적 제품을 제공하는 것이 집중화 전략의 예이다.

4) 밀러의 전략유형

밀러(Miller)가 제시한 전략은 혁신 전략, 시장차별화 전략, 영역 전략, 비용통제 전략이다.

(1) **혁신전략**: 신제품이나 서비스를 혁신적으로 개발하는 전략이다.

(2) **시장차별화 전략**: 경쟁자와 다른 제품과 서비스로 특정 시장에서 차별화된 기업 이미지를 제공하는 전략이다.

(3) **영역 전략**: 특정시장, 지역, 고객 계층 등 기업이 경쟁할 영역(breath)을 정하여 경쟁하는 전략이다.

(4) **비용통제 전략**: 불필요한 부분의 비용을 줄이고 가격대비 성능 및 품질을 향상시키는 전략이다. 창고형 도소매점포는 광고비와 물류비를 최소화하여 저가제품을 공급하는 비용통계 전략을 취한다.

이러한 4가지 전략을 수행하는 조직의 구조는 공식화, 집권화, 복잡성 등의 정도가 서로 다르다.

04 chapter 인사관리

10 ● 근대적 인사관리

제1차 세계대전은 정치적, 사회적, 경제적, 문화적으로 급속한 변화를 초래했다. 노동조합의 촉진과 강화를 노동자 위상 증진으로 사용자에 대응한 상대를 인식되어 산업 민주주의 이념이 탄생하였다. 따라서 과거 온정적 혹은 전제적 관리가 과학적 합리주의와 산업 민주화의 원리로 변하게 되었다.

1 과학적 관리론

1) 테일러의 과학적 관리론

테일러(F. W. Taylor)의 과학적 관리론(principles of scientific management)에 의해 근대적 관리이론이 시작되고 테일러는 과학적 관리론의 아버지라 불린다.

테일러의 관리 4대 원칙은 1. 개인의 작업 요소 과학화 2. 작업자를 과학적으로 선발, 교육, 훈련 3. 작업이 개발된 과학적 방식에 따라 수행될 수 있도록 작업자와 협력 4. 관리자와 작업자는 작업과 책임을 동일하게 분담한다 등의 내용이다.

테일러는 선철 실험(pig experiment)에서 선철을 운반하는 작업자의 작업 절차, 기법, 도구 등을 과학적으로 분석한 동작 연구(motion study), 시간 연구(time study) 등으로 작업 능률 개선 방안을 제시 하였다. 작업 능률개선, 생산비 저하, 임금상승 등의 효과를 낳게 되었다.

2) 길브레스의 동작 연구와 시간 연구 및 간트 차트

테일러 이후 길브레스 부부(Frank and Lillian Gilbreth)는 작업에서 필요없는 손과 몸 동작을 제거함으로써 벽돌 쌓기의 생산성 향상을 제안하였다. 서브릭(therbligs: Gilbreth라는 알파벳 순서를 거꾸로 하여 창안) 부호 17가지를 개발하였다. 이것으로 불필요한 동작제거와 동작 시간을 측정하여 과업을 과학적으로 측정하였다.

간트(Henry C. Gantt)는 출장 공장에서 자극 임금제(incentive wage system) 개발의 기초를 마련하였다. 표준 시간보다 일찍 과업을 달성한 자에게 보너스(incentive)를 제공하는 자극임금 지급방법을 제안하였다. 작업 능률향상을 도모하게 되었다.

계획과 통제 활동간의 관계를 측정하는 도표인 간트차트(Gantt Chart)의 개발로 작업 관리를 과학화하였다.

2 일반 관리론

1) 페이욜의 일반관리론

프랑스의 페이욜(Henry Fayol)은 경영(관리)을 계획 → 조직 → 지휘 → 조정 → 통제의 과정 이론으로 설명하였다. 효율적인 경영이 되려면 먼저 생산과 작업을 계획하고, 인력을 조직한 후, 과업 수행을 지휘하여, 계획과 성과 차이를 조정하고, 최종결과를 확인하고 다음 계획을 수정하는 통제의 과정을 거쳐야 한다고 제안하였다.

이를 위해, 분업 권한, 징계, 명령 일원화, 지휘 통일, 일반 이해의 우선, 보상, 권한 집중, 계층적 조직 질서 공정성, 직업 안정, 창의 단결의 14개 원칙을 제시하였다.

2) 막스 베버의 관료제론

막스 베버(Max Weber)는 가장 이상적인 조직 형태가 관료제(Bureaucracy)라고 했다. 관료제의 특징은 분업, 명확한 계층 구조, 상세한 규칙과 규정, 비인간적인 관계 등이다. 이상적인 형태의 관료제는 현실적으로 존재하기 어렵다. 전통적이고 권위적인 행정조직은 관료제에 가깝다.

3) 포드의 경영이론

테일러의 과학적 관리법의 문제점을 개선하고 영리주의를 부정하고 봉사주의를 강조한다. 포디즘(Fordism) 또는 포드시스템은 봉사를 실천한 경영활동의 결과 이익이 달성된다고 보았다. 포디즘은 소비자의 구매력과 생산력 향상을 위해 저가 제품 공급과 고임금 지급의 필요성을 제시하였다. 생산 표준화, 이동식 조립법, 제품표준화, 부품 규격화, 공장 전문화, 기계 및 공구 전문화, 작업 표준화, 컨베이어 시스템 등을 통해 작업 능률 향상이 가능하다고 보았다.

11 직무분석

직무분석을 하려면 직무(job)의 내용과 개념을 알아야 한다. 직무란 목적이나 수준이 유사한 과업(task)의 집합이다. 직무의 3요소는 과업, 책임, 의무 등이다. 직무와 관련된 용어는 다음과 같다.

- ◆ 요소(element): 업무의 최소 단위이다. 어떤 동작이나 기본적 작업 단위이다.
- ◆ 과업(task): 요소들이 모여서 하나의 업무가 된 것이다.
- ◆ 의무(duty): 어떤 작업자가 수행하는 일련의 과업들의 합이다.
- ◆ 책임(responsibility): 어떤 직무라도 하나 이상의 의무가 모여서 책임이 된다.
- ◆ 직위(position): 종업원 각자가 수행하는 일이며 하나 이상의 의무로 이루어진다. 직위의 수는 종업원의 수와 같다.
- ◆ 직무(job): 여러 가지 직위가 모여서 하나의 직무가 된다.
- ◆ 직군(job family): 관련 과업을 포함하는 여러 직무들의 합이다. 생산직, 판매직, 사무직 등이 있다.

1 직무분석의 개념

직무에 대한 정보를 수집하고 분석하여 직무별 목표와 업무영역을 정하고 책임과 직무 수행방식을 제시하기 위한 작업이다. 인적자원관리의 기본업무이며 직무분석으로 직무기술서, 직무명세서, 직무분류체계를 작성할 수 있다.

직무분석으로 종업원의 모집, 선발, 교육, 훈련, 인사고과 등을 합리적으로 수행할 기반을 마련할 수 있다.

2 직무분석 절차

1) 사전 준비

주로 인사업무 담당자가 직무분석을 수행할 담당부서와 담당자를 선발하고 행정적인 절차를 준비하는 단계이다.

2) 예비적 직무분류

조직도, 작업흐름도(공정도), 직무기술서 등을 검토하여 직무 분류의 원칙을 정한다. 각 업무간의 유사성과 이질성을 감안하여 예비적으로 직무를 분류한다.

3) 직무조사

직무조사방법을 결정하여 담당자에게 이를 교육한다. 직무관련 정보 수집의 양식을 만든다. 직무의 기본 사항, 목적, 역할, 책임, 직무수행 요건 등을 기준으로 직무조사를 한다.

4) 직무기술서 작성

직무조사 결과를 바탕으로 표준직무의 목적, 책임, 활동 직무수행요건 등을 기술한 직무기술서, 직무 명세서, 직무분류체계를 만든다.

5) 확정과 관리

직무기술서와 직무명세서를 담당자와 함께 검토하여 수정, 재작성, 갱신, 보완하여 유지하고 관리한다.

3 직무분석의 방법

1) 설문지 방식

직무분석에 필요한 정보를 설문지를 작성하여 과업 담당자와 관리자에게 배부하여 수집한 후 분석하는 방식이다. 설문지의 유형은 자유응답형(open-ended method), 예스-노 방식(yes-no method) 리커트형 5점척도(likert type 5 point scale: 주어진 문장에 응답자가 동의하는 정도를 체크하게 하는 방식. 이 과업은 수행에 전문적 기술이 매우 필요하다. 1점: 아주 그렇지 않다, 3점: 보통이다, 5점 아주 그렇다. ①——③——⑤) 수집된 정보를 통계 처리하여 의미 있는 해석을 한다.

2) 인터뷰 방식

인터뷰를 통해 직무분석자는 업무 담당자에게 질문과 응답으로 직무 내용, 책임, 수행 요건 등을 알아낸다. 개별면담, 여러 업무담당자를 대상으로 동시에 수행하는 집단면담, 감독자와의 면담 등의 방식이 있다.

인터뷰 방식은 면접자와 피면접자간의 관계가 동등하고 자유로워야 정확한 정보 수집이 가능하다. 서로 협력적이어야 하고 정형화된 질문과 평가법을 사전에 준비하여야 한다. 피면접자가 짧은 면접시간 동안 강박적인 상태에서 대답한다면 결과가 왜곡될 수 있다. 반대로 피면접자가 위선적인 태도로 답변하면 왜곡된 정보수집이 될 수 있다는 점은 인터뷰 방식의 한계이다.

3) 관찰 방식

관찰은 직무담당자의 작업을 관찰하여서 정보를 수집하는 것이다. 사람의 눈으로 관찰하여 분석 할 수도 있지만 기계적 작동이 가능한 카메라, 인지기능이 가능한 첨단 장비 등을 이용 할 수도 있다. 관찰이 진행되는 동안 피관찰자가 왜곡된 직무수행으로 유리한 평가를 받게 되는 한계가 있다.

4) 녹화 방식

장시간 작업을 관찰하기 어려운 경우에 작업 과정 전체를 녹화하여 직무 수행자와 함께 화면을 분석하면서 정보를 수집하는 것이다. 촬영장비와 전문가의 조력이 필요하다.

5) 기타 방식

직무담당자가 자신의 업무를 일기로 작성한 후 이를 분석하는 종업원 기록법이 있다. 또한 5W1H 법이 있다. 작업에 대한 내용과 방법, 절차, 요건 등을 who(누가), what(무엇), why(왜), where(어디서), when(언제), how(어떻게)라는 조건에 따라 기술하여 분석하는 방법이다.

4 직무기술서와 직무명세서

직무분석에 의해 수집된 정보는 직무기술서와 직무명세서의 형태로 나타난다. 이들은 직무 평가(job evaluation)의 기초 자료가 된다.

1) 직무기술서

직무의 과업, 책임, 의무를 기록한 문서이며 직무담당자가 어떤 일을, 어떻게 수행하여, 어떤 조건을 수용해야 하는지 적고 있다. <표 2-2>는 직무기술서의 예이다.

직무구문	직무번호	직무명	소속본부	팀명
	10131	인사관리	경영지원본부	인사팀

직무요약	전직원의 인사업무를 경영상의 필요와 규정에 따라 공정하고 효율적으로 수행하여 경영목표달성에 기여한다.

과업내용	구분	업무명	업무내용
	1	인사기획	인사제도 문제점 파악, 자료분석 개선방안 수립
	2	인사제도 개선업무	선진 인사제도에 대한 연구 및 당사에 적용가능성 검토
	3	책임지급 인사관리	이동, 승격, 병가, 휴직자 관리, 인사 관련 상담
	4	종합근무 평정	연간 1회 근무평정 및 승격명부 작성
	5	자기신고서 관리	자기신고서 작성 및 입력, 정기 이동시 참고자료 작성
	6	업무지원	본부직원의 영업점 지원
	7	인력동원	대외기관 관련 인력지원(재해복구 등)
	8	인사MIS	발령 및 근태에 관한 전산입력 확인
	9	증명서 관리	경력증명서 발급, 조직기능도표 관리
	10	휴가	휴가관리, 병가관리, 연월차 관리
	11	보상관리	기본급 및 성과급 관리

권한관계	의사결정권한	인사제도 개선안 발의
		채용, 이동, 승진, 승격 등의 운영 시행안 발의
		적정인력 규모의 결정권
	예산관련권한	인사업무 관련 예산의 기안 및 시행

감독의 범위	보고자	피감독자
	경영지원본부장	인사팀장 및 팀원

작업환경	대부분이 실내에서 이루어짐

출처: 오종석 · 김종관 (2014), 인적자원관리, p.121, 탑북스.

2) 직무명세서

직무기술서가 제시한 직무를 수행하기 위해 필요한 직무를 수행하기 위해 필요한 직무 수행자의 자격과 능력을 기술한 문서이다. 여러 가지 양식으로 작성가능하며 각 근로의 형태와 생산 제품 및 서비스 유형에 따라 창의적인 도식으로 만들 수 있다. <표 2-3>은 직무명세서의 예이다.

〈표 2-3〉 직무명세서의 예

직무구분	직무번호		직무명	소속본부	팀명	
	10131		인사관리	경영지원본부	인사팀	
직무요약	회사의 전반적 인사관리					
인적요건	신체적 요건조건			최적연령범위		
	필요 지식/기술/능력			요구수준		
				상	중	하
	• 인사관리에 대한 기본지식					
	• 해외 채용상담회 파견을 위한 외국어 능력					
	• 조직관리, 관련부문과의 업무협의 및 조정능력					
	• 원활한 대인관계를 위한 의사소통 능력					
	• 한글, 워드, 파워포인트 및 인터넷 등 PC활용능력					
	•					
	정상적 직무 수행을 위한 소요기간			6개월		
	최소학력	대졸		전공	상경, 법정 및 어문계열, 기타 인문계열	
	필요자격/면허	없음		권장 자격/면허	공인 노무사	

출처: 오종석 · 김종관 (2014), 인적자원관리, p.122, 탑북스.

12 채용관리

채용관리는 필요한 노동력을 모집(recruiting)하여 모집에 응한 사람 중에서 선발(selection)하는 일이다.

1 모집

예상되는 결원을 충원하기 위해 잠재적 후보자를 적시에 발견하고 이를 모집하는 것이다. 필요한 자원의 수와 근무하는 근로의 형태를 기초로 모집을 시작한다. 잠재적 후보자의 공급원은 내부 공급원과 외부 공급원이 있다.

(내부 공급원)

(1) 승진

기업 내부의 종업원을 승진시키는 방법이다. 이미 내부 환경과 업무에 적응한 종업원은 소속감이 높고 동기부여가 잘 될 것이다. 시간, 비용, 편의성에서 유리하나 내부에 적임자가 없다면 최적의 자원을 찾을 수 없다는 한계도 있다.

(2) 전직

기업 내부의 다른 업무 종업원을 이동시켜서 자원을 확보하는 것이다. 잠재력으로 종업원이 타부서로 전직하면서 승진되는 것으로 매력적일 수 있다.

(3) 직무순환

기업 내부의 다른 직무를 경험하게 하는 공식적인 방법이다. 여러 가지 직무를 익힐 수 있게 하여 장차 경영자로 성장시킬 수 있다.

(4) 재고용과 재소환

불경기에 해고했거나 이직한 종업원을 경기가 회복해도 다시 불러들이는 재고용과 재소환은 저비용일 뿐만 아니라 신뢰를 줄 수 있는 기업문화를 만들 수 있다.

(외부 공급원)

(1) 종업원의 추천을 통한 모집

　　현재 근무하는 종업원의 추천으로 잠재 후보자를 응모하게 한다. 자사의 종업원이 업무 환경과 추천할 후보자의 능력을 감안해서 적당한 사람을 찾을 것이기 때문에 효율적인 방법이다.

(2) 예상밖의 모집

　　모집공고를 하지 않아도 수시로 이력서를 제출하여 구직을 희망하는 자원이 있다. 기업의 평판과 이미지가 알려지게 되면 비상시적인 응모자가 생긴다.

(3) 직업 소개소

　　정부나 공공기관이 공적으로 운영하는 기관과 사설로 운영되는 기관이 있다. 전자는 주로 군대 제대자, 대학 졸업생, 기술 및 전문직에 대한 모집이며 후자는 주로 관리직과 미숙련공에 대한 모집이다.

(4) 교육기관

　　전문적인 교육, 기술교육, 대학 교육 등을 받은 자를 모집하는 것은 가장 공개적이고 공식적인 방법이다.

(5) 특수 조직과 노동조합

　　협회, 연합회, 협의회, 중앙회 등의 집단이나 노동조합을 통해 모집하는 것이다.

(내부 모집방법)

(1) 공고와 입찰

　　직무 공고는 필요한 종업원의 업무, 자격, 보상 등을 공고하여 응모하도록 하는 것이다. 직무 입찰은 공고한 직무에 경쟁력 있는 종업원이 지원하게 하는 방식이다.

(2) 기능저장시스템

　　기업 내부 종업원들의 능력과 정보를 저장하여 두고 필요한 경우에 찾아서 활용하는 시스템이다. 과거의 인사 파일이 전산화되어 현재는 인적자원정보시스템(HRIS: human resource information systems)으로 이용되고 있다.

(외부 모집방법)

(1) 매스컴

　　TV, 라디오, 신문, 잡지 등을 통해 동시에 수많은 잠재 자원 집단에 정보를 전달하는 방법이다.

(2) 상시 모집

　　일년 내내 종업원을 모집하는 창구를 마련하여 수시로 지원자가 응모할 수 있는 제도이다. 우수 인력 확보와 응시 기회 확대 등의 이점이 있다.

(3) 인력풀

　　상시모집에 응시한 잠재 자원의 정보를 정보시스템에 저장하여 두고 다음에 모집이 필요할 때마다 지난번에 선발하지 못한 인력에게 다시 연락하여 응모할 기회를 주는 제도이다.

(4) 온라인 채용

　　인터넷과 정보기술의 발달로 인터넷 기반의 다양한 장치와 시스템이 개발되어 인력 채용의 방편으로 이용된다. 인터넷으로 입력된 지원자의 정보는 기업이 활용하고 재고로 두었다가 재사용하거나 실시간으로 무한 재생산할 수 있는 장점이 있다.

(5) 인턴사원제도

　　고등학교, 직업학교, 대학교 등의 졸업예정자가 기업현장에서의 실무 경험을 쌓는 방법으로 현장 적응 능력을 평가 받고 졸업 후 입사하는 방식이다.

(6) 추천제도

　　기업의 전현직 실무 종사자가 주변의 잠재적 지원자에게 정보를 제공하여 모집에 응시하게 하는 방식이다. 상시채용의 편의를 도모하고 사전정보로 지원자를 어느 정도 평가한 후 권유하게 되기 때문에 효율적이다.

2 선발

　선발은 모집 과정에서 응시한 지원자 중에서 직무명세서가 요구하는 가장 적합한 사람을 선택하는 것이다. 개인적 특성, 개성, 배경적 특성 등이 선발의 기준으로 이용된다. 개인적 특성으로 성별, 연령, 결혼유무 등이 있고 개성으로는 인내심, 성실성, 책무감, 외향성, 친화력 등을 이용하며, 배경적 특성으로는 교육, 경력, 사회적 경험 등을 이용한다.

(1) 선발 절차

선발 절차는 <그림 2-15>에서 보는 것처럼 예비면접을 시작으로 최종합격까지의 단계로 실시된다.

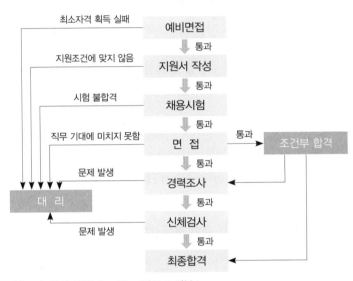

〈그림 2-15〉 선발절차의 예

출처: 오종석 · 김종관 (2014), 인적자원관리, p.191, 그림 5-4, 탑북스.

(2) 예비면접

예비면접에서는 지원자가 직무명세서가 요구하는 기본적인 능력과 기준에 부합하는지를 알려주고 이를 기준으로 지원자를 평가하게 된다.

(3) 지원서 작성

지원자의 개인적 특성, 개성, 배경적 특성 등 예로써 능력, 경력, 자격증, 가족관계 등을 입사지원서에 기록하여 제출하게 한다.

(4) 채용시험

• 필기시험: 전공 능력, 어학능력, 업무처리능력을 측정하기 위한 시험이다.

- **심리 테스트**: 지능 검사, 적성 검사, 인성 검사, 흥미 검사, 성취도 검사, 심리 능력 검사 등이 있다.

(5) 면접

면접은 짧은 시간 안에 면접자가 피면접자를 평가한다는 한계가 있음에도 가장 널리 이용되는 지원자 평가 방법이다. 피면접자는 압박감을 이겨야 하고 본인의 능력과 개성을 과장되게 진술할 수 있지만 면접자는 진위여부를 판단하기 어렵다.

① **형식적 면접**: 사전에 준비된 질문항을 중심으로 진행한다. 직무명세서의 내용을 근거로 질문이 작성된다.

② **비형식적 면접**: 질문항을 준비하지 않고 면접을 진행한다. 피면접자가 자유롭게 정보를 제공할 수 있는 다양한 이슈에 대한 질의응답이 진행될 수 있다.

③ **기타 면접**

- **블라인드 면접**: 지원자의 학력과 경력을 인지하지 않고 선입견 없이 유능한 지원자를 선발하기 위한 면접
- **스트레스 면접**: 압박감을 갖는 연출된 상황에서 지원자의 대응 능력을 평가하는 면접
- **집단 면접**: 여러 명의 지원자가 토론에 참여하게 하여 문제 해결 능력을 평가하는 면접
- **패널 면접**: 여러 명의 전문가로 구성된 패널 집단이 피면접자 한사람을 대상으로 여러 측면의 질의응답으로 진행하는 면접

13 ◈ 임금 수준 관리

임금 수준(wage level)은 어떤 나라의 근로자가 일인당 임금을 수령하는 금액이다. 국가별, 산업별, 기업별 임금 수준이 있다. 경영자는 임금을 근로자의 평균노무비로 인식하고 종업원은 생활수준으로 본다.

1 임금 수준의 결정요인

◆ **피고스와 마이어스의 요인**
근로자의 자질, 타기업에 대비한 근로자의 상대적 경쟁력, 기업의 지불 능력, 정부의 최저 임금 제도, 타기업 동종 직무의 임금수준, 생계비 변동.

◆ **이반체비히의 요인**
기업 내부요인과 외부요인: 내부요인은 기업의 규모, 역사, 임금에 대한 경영자 인식 등이 있고 외부 요인으로는 종업원의 태도, 정부의 통제, 최저임금법, 노동조합, 경제 및 경쟁환경, 노동시간 여건 등이다.

1) 시장의 임금 수준

동일 업종의 타기업의 임금 수준에 따라 자사의 임금을 결정하는 것이다. 경쟁 기업의 임금 수준에 못 미치는 임금을 지급하면 양질의 노동력을 갖추고 유지하기 어렵다.

2) 지불능력

기업재정상태가 허락하는 한도에서 임금을 지급할 수 있다. 우월한 재정상태를 갖추었을 때 양질의 노동력을 확보할 수 있다.

3) 생계비

근로자의 생계비에 필요한 정도의 임금을 지급해야 한다. 인플레이션이 실질 임금을 인하시키는 효과가 있기 때문에 임금 상승 요구로 이어질 수 있다.

4) 법률

정부는 근로자 권익 보호를 위해 법률이나 행정제도를 통해 최저 임금제 등으로 임금 수준을 유지하기 위하여 노력하고 있다.

2 임금 수준의 조정

경기 변동, 물가, 연공 및 인사고과에 따라 임금이 조정된다. 일반적으로는 상향조정되지만 경기가 쇠퇴기나 침체기인 경우 하향 조정되기도 한다.

1) 승급과 승격 및 베이스 업

승급은 동일 직급에서 직무의 길은 그대로인데 임금 수준이 상승하는 점이다. 정식승급, 특별승급, 임시승급 등이 있다. 대부분의 기업은 1년 1회 정기 승급을 실시하고 이는 호봉이 자동으로 승급되고 임금도 따라서 인상된다.

승격은 직무나 직능의 질이 향상됨에 따라 직위가 상승될 때 임금수준이 향상되는 것이다. 직위승진과 자격승진 등과 함께 임금이 상승하는 것이다.

승급이 기본급이 증액되는 것이라면 베이스 업(base up)은 기본급의 수준 자체를 상향이동시킨 것이다. <그림 2-16>에서 기본급의 임금 곡선 자체가 (A에서 A'로, B에서 B'로) 상승한 것이 베이스 업이다.

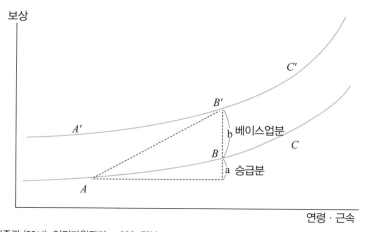

〈그림 2-16〉 승급과 베이스 업의 관계

출처: 오종석 · 김종관 (2014), 인적자원관리, p.288, 탑북스.

3 최저임금제

최저임금제(minimum wage system)는 국가 사용자로 하여금 일정액 이상의 임금을 근로자에게 지급할 것을 법으로 명시하는 제도이다. 근로자의 생계비, 유사 근로자의 임금 수준,

기업의 재정상태와 지불능력, 노동생산성과 소득분배율 등에 따라 산업별로 정해진다. 최저임금심의위원회가 심의하여 노동부장관이 정하게 된다.

우리나라는 1988년 1월 1일부터 시행하였다. 이 제도로 근로자 생활안정, 노동력의 질적 향상, 국민 경제의 건전한 발전에 기여하게 되었다.

4 임금체계

임금의 구성항목과 임금의 결정 기준을 임금체계라고 한다. 결정기준으로는 연공급, 직무급, 직종급, 직능급이 있으며, 구성항목은 기본급과 부가급이다. 결정기준이 먼저 정해지면 그에 따라 구성항목이 결정된다. 결정기준은 기본급이 어떤 기준으로 결정되는가에 따라 정해진다. 예로써, 연공급이 정해지고 나면 구성항목으로 기본급과 수당을 포함시킨다.

1) 연공급

연공급은 근속년수를 기준으로 임금의 격차를 두는 제도이다. 근로자의 학력, 연령, 성별 등을 감안하여 근속년수가 높을수록 기본급도 많아지게 된다. 일본과 한국은 주로 연공급을 유지하고 있다. 이는 동양의 속인적 특징을 중시하는 문화를 반영하는 것이다. 산업화의 후발주자인 나라에서 노동이 공급과잉인 까닭으로 저임금으로 시작되는 연공급이 제격이었다. 산업화 초기 낮은 기술과 노동의 품질도 근속년도에 따라 향상되었기 때문에 연공급이 어울리는 제도였다.

2) 직무급

직무의 가치에 따라 차별적인 임금을 지급하는 제도이다. 직무분석과 직무평가로 직무의 상대적 가치를 계산하여 임금을 결정한다. 속인적 요소 대신에 직무의 질과 양에 따라 임금이 결정되기 때문에 누가 그 업무를 하든 그 직무에 정해져 있는 임금을 지급하게 된다. 배후에서 주로 채택되는 임금체계라서 미국형 직무급이라고도 한다. 미국은 직무급 임금이 70%, 직종별 임금이 30% 정도 이용되고, 유럽은 반대로 직종별 임금이 70%, 직무급 임금이 30% 정도 이용되고 있다.

3) 직종급

직무가 아닌 직종(trade)을 기준으로 만들어진 임금체계이다. 직종급은 노동시장의 임금률에 따라 정해지기 때문에 직무급과는 다르다. <그림 2-17>에서처럼 하나의 직업은 성질, 형태, 과업수행에 필요한 지식, 기능 등의 측면에서 몇 가지의 직종으로 나눌 수 있다. 직종을 분할하여 단순화하고 전문화하여 나온 작은 직업 단위가 직무(job)이다.

〈그림 2-17〉 직업, 직무, 직종

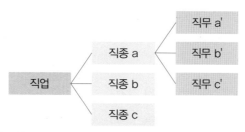

출처: 오종석 · 김종관 (2014), 인적자원관리, p.294, 탑북스.

4) 직능급

직능(직무수행능력)을 기준으로 근로자의 임금이 지급되는 체계이다. 근로자의 능력을 직능고과로 측정하여 그 결과에 따라 임금을 지급한다. 동일한 직종에서도 숙련도에 따라 숙련공, 반숙련공, 미숙련공으로 구분하여 지급하는 임금체계이다. 직능급은 직무급처럼 직무에 근거한 임금체계가 아니기 때문에 표준화와 명확화가 부족하다. 일본과 한국의 경영문화에서 생긴 임금체계이다. 변화가 빠른 경영환경에서 근로자의 능력향상을 장려하는 임금체계로서의 의미가 크다.

1 고과절차

인사고과(performance evaluation)는 직무 담당자의 직무 수행 실태와 능력을 평가하고 측정하는 것이다. 고과과정의 6단계는 다음과 같다.

① 직무의 업적표준과 고과기준 결정
② 고과의 시기, 횟수, 고과방법, 방침 결정
③ 피고과자(종업원)의 업적 관련 자료 수집
④ 고과자의 피고과자에 대한 업적고과
⑤ 고과결과에 대해 고과자와 피고과자간 토의
⑥ 고과의 정리 및 의사결정

2 고과기준의 결정

인사고과에는 다음과 같은 원칙적 기준이 있다.

① **신뢰성**: 신뢰할 수 있어야 한다. 누가 고과하여도 같은 결과인가?
② **상호관련성**: 직무와 상호 관련된 고과이어야 한다.
③ **식별성**: 피고과자의 능력의 차이를 식별할 수 있는 기준이어야 한다.
④ **실용성**: 측정가능하고 자료 수집이 효율적이어야 한다.

인사고과의 주 목적은 다음과 같다.

① 업적 측정과 업무 개선
② 승진의 근거
③ 봉급 및 임금 조정 자료

3 고과자에 의한 고과방법

1) 위원회에 의한 고과

작업에 관련된 감독 및 지휘자들이 구성한 위원회가 고과하는 방식이다. 한 사람의 편견을 피할 수 있고 다양한 정보를 이용할 수 있다.

2) 동료에 의한 고과

동료가 다른 동료를 고과하는 방법이다. 고과자와 피고과자가 서로 신뢰할 수 있어야 하고 서로 경쟁관계에 있으면 안 된다. 동료간에 접촉이 많은 조직에 유용한 고과방법이다.

3) 부하에 의한 고과

학생이 선생을 평가하는 것이 그 예이다. 승진이나 임금에 반영하는 정보로 활용하면 안된다. 능력개발이나 대안 제시의 방법으로 이용되어야 한다.

4) 제3자에 의한 고과

작업장 밖의 전문가가 평가하는 방식이다. 중요한 직무 담당자를 평가하는데 필요한 방법인데 고비용이라는 단점이 있다.

5) 자기 평가

종업원 스스로가 자신을 평가하는 방식이다. 인사고과를 개선하기 위해서는 필요한 방법이지만 객관적 평가가 되기 어렵기 때문에 신뢰성이 떨어진다.

6) 여러 방법의 조합

경우에 따라서는 위의 여러 가지 방법을 동시에 혼합하여 사용하는 것이 더 효율적이고 정확한 평가가 될 수 있다.

4 고과의 오류

1) 헤일로 효과

헤일로 효과(halo effect) 혹은 현혹(후광)효과는 피고과자의 여러 특성 중에서 하나의 요소를 보고 다른 요소에도 동일하게 적용하여 평가하는 오류이다. 종업원이 출퇴근 시간을 잘 지키니까 업무수행도 성실할 것이라고 미루어 짐작하여 평가하는 오류이다.

2) 관대화 오류

고과자가 피고과자를 관대하게 평가하는 경향을 관대화 오류(leniency error)라고 하며, 그 반대의 경우는 엄격화 오류(harshness rating error)이다. 너무 관대하면 업적을 과대평가하게 되고 너무 엄격하면 업적을 과소평가하는 오류가 발생한다.

3) 중심화 오류

고과자가 극단적인 평가를 우려하여서 편하게 평균적인 업적이라고 평가하는 경향을 중심화 오류(central tendency error)라고 한다. 고성과자와 저성과자의 구분이 모호하게 만들어서 평가가 무의미하게 만드는 오류이다.

4) 편견에 의한 오류

고과자의 연령, 성별, 교육 정도, 인간관계 등에서 나온 편견으로 타당성 없는 고과가 되는 것을 편견 오류(personal bias error)라 한다. 연령이나 성별에 대한 편견을 가진 자가 고과하면 젊은 사람이 잠재력이 클 것이라거나 남자가 더 책임감이 강할 것이라는 오류가 발생한다.

5) 유사성 오류

고과자가 자신의 지각 수준에 근거하여 피고과자를 평가하는 것을 유사성 오류(similarity error)라 한다. 자신의 지각을 피고과자에게 투사(project)해서 평가하는 것이다. 공격성을 가진 고과자는 피고과자의 공격적인 측면을 관대하게 지각하여 고평가하게 되는 것이다.

05 chapter 노사관계와 노동쟁의

15 노사관계의 발전 과정

인적자원관리의 발전, 노동환경의 변화, 노동조합의 목적의 변화에 따라 발전하였다.

1 전제적 노사관계

권위주의적 노사관계이며 사용자의 일방적이고 전제적인 운영의 노사관계이다. 18세기 영국의 산업 혁명 때의 유형으로, 출자자가 소유와 경영을 겸하였고 소규모 경공업 위주의 산업이었다. 특징으로 노동력 과잉 공급, 부녀자와 연소자 노동력, 노동조합이 아직 결성되지 않은 것 등이 있다. 채용과 해고가 경영자의 자의로 이루어지고 임금, 노동시간, 노동조건 등은 경영자의 일방적 결정이었다.

2 온정적 노사관계

친권적 노사관계이며 경영자의 온정적이고 가부장적인 운영이 특징이다. 19세기 중엽부터 제1차 세계대전까지의 노사관계로 공장생산 발달, 기업 규모 확대, 노동력 수요 증대에 따라 노동조합이 형성되었던 시기이다. 과거 전제적 노사관계가 유지되기 어려워서 자연히 온정적 노사관계로 발전되었다.

3 근대적 노사관계

완화된(relaxed) 노사관계이며 과학적 관리법에 근거한 합리주의적 노사관계이다. 제1차 세계 대전부터 제2차 세계대전 사이에 과학적 관리법의 합리주의의 등장에 힘입은 것이다. 미국 중심의 제조 기업, 기업 규모 확대, 노동조합의 발달이 시대적 특징이다. 소유와 경영의 분리로 전문경영자가 나타나고 산업민주주의를 발달시켰다.

4 현대적 노사관계

민주적 노사관계이며 2차 대전이후 지금까지 민주적으로 운영되는 노사관계이다. 소유와 경영이 급속히 분리되어 전문경영자가 실질적 경영 지배를 하고 소유경영자는 투기자본가가 되기로 한다. 노동조합의 규모와 조직률이 급증하였다. 노동조합이 세계적 규모, 국가적 규모, 산업별 조직, 기업별 조직으로 발달하였다.

16 ● 크락커의 노사관계 유형

크락커(Clark Kerr)는 경영권의 강도를 기준으로 노사관계를 4가지로 유형화한다.

1 권위주의적 노사관계(authoritarian system)

노동조건을 사용자(고용주)가 일방적으로 결정하는 노사관계이다. 임금, 노동시간, 취업규칙, 근무방식 등을 사용자가 일방적으로 결정하거나 일방적으로 실행한다. 구소련과 중국에서 흔하다.

2 온정주의적 노사관계(paternalistic system)

가부장적 노사관계라고도 한다. 가장과 자녀간의 관계처럼 노동자와 사용자의 관계가 형성된다. 사용자에 대한 종업원의 충성과 복종이 강조되며 종업원의 가족과 같은 역할이 기대된다. 노동조합이 있더라도 기업내에서 큰 역할을 하기 어렵다. 아랍 연방국에서 볼 수 있다.

3 경쟁적 노사관계(competitive system)

단체교섭을 통하여 노사관계의 문제를 토론하고 해결하는 유형이다. 사용자와 종업원의 관계는 기업 생산과 갈등해결을 위해 서로 노력한다. 미국과 영국의 노사관계가 이런 것이다.

4 계급 투쟁적 노사관계(class-conscious system)

사용자와 종업원이 자신들의 이익을 위해 서로 적대적으로 다른 계급으로 인식하며 투쟁하는 경우이다. 노동자는 자신의 이익과 평등을 주장하며 노동조합에 소속되며 투쟁으로 목적달성을 노린다. 프랑스와 이탈리아의 노사관계에서 이런 예가 많다.

노동조합(labor union)은 근로자의 생활을 유지하고 개선하기 위해 만들어진 항구적 단체이다. 노동조합의 주체는 임금 노동자이며 노동조합의 목적은 근로자의 생활 유지와 개선이다. 노동조합은 일시적 모임이 아닌 항구적 조직이다. 노동조합은 상호보험(mutual insurance), 단체교섭(collective bargaining), 입법활동(legal enactment)을 통해 근로자 생활을 유지하고 개선한다.

노동조합은 다음의 정의와 관련된다.

◆ 노동조합의 주체는 근로자 자신이다.
◆ 노동조합의 목적은 근로자의 경제적, 사회적 지위 향상이다.
◆ 노동조합은 개별단체나 연합단체의 형태로 조직된다.

1 노동조합의 기능

1) 경제적 기능

노동조합의 가장 기본적인 기능이다. 근로조건 개선과 고충처리를 한다. 경제적 기능을 수행하는 대표적 수단은 단체교섭과 경영참가제도이다. 노동조합은 그들의 주장이 받아들여지지 않으면 단체행동권을 발동하고, 노사 당사자의 분쟁이 실력행사가 되면 노동 쟁의(labor disputes)가 발생한다. 경제적 기능의 평화적 형태는 단체교섭과 경영참가이고 투쟁적 형태는 쟁의 행위이다.

2) 공제적 기능

상호부조와 복지증진의 기능이다. 조합원의 질병, 재해, 사망, 실업 등에 대비하여 상호부조를 위한 기금을 마련하는 등의 공제 기능이다.

3) 정치적 기능

노동조합은 권익을 보호받기 위해 조합원이 직접 정치에 참여하거나 정당을 지원하는 등 정치활동에 참여한다. 노동조합이 정치적 활동을 하는 이유는 국가나 지방자치단체를 상대로는 노동조합이 교섭하기 어렵기 때문이다. 노동3권(단결권, 단체교섭권, 단체행동권), 최저 임금제, 노동시간 단축, 공해, 환경오염 방지 등의 문제를 포함한다.

4) 교육 및 문화적 기능

노동조합은 근로자의 지적 능력 향상과 의식 수준 개선을 위한 교육적 기능이 필요하고 근로자의 문화적, 예술적 욕구 충족에도 기여하게 된다. 정치적, 경제적 기능이 더 강조되는 것은 후진국의 노동조합이라면 선진국의 노동조합은 교육적, 문화적 기능을 강조하게 된다.

2 노동조합의 조직유형

1) 직종별 조합

직능별 조합이라고도 하며 영국에서 확립된 최초의 노동조합 형태이다. 숙련공들의 조합으로 동일 직종이나 직능을 가진 조합원 모임이다. 직업 독점과 공급 독점으로 기득권을 보호하고, 자신들을 보호하기 위해 도제 제도(apprenticeship system)와 신규입직을 강화하고 상호부조와 사회적 지위 안정화를 주모한다.

2) 일반 조합

직종이나 산업과 상관없이 모든 노동자가 가입할 수 있는 노동조합이다. 반숙련공들에게 최저 생활 보장과 이의 입법화를 위한 정치 활동도 한다. 중앙집권적인 조직으로 전국적 확대를 필요로 한다.

3) 산업별 조합

일반조합이 단체교섭과정에서 일반적 노동조건을 결정하기 어렵기 때문에 산업별로 노동조합이 개편되었다. 기업을 조율하여 동일 산업내 모든 노동자로 구성된다. 하나의 산업에 하나의 노동조합이라는 지향점을 갖는다.

4) 기업별 조합

하나의 기업에 있는 근로자들로 조직되는 노동조합이다. 그렇기 때문에 그 운영의 주도권을 장악하고 독립된 노동조합이다. 독자적 규약, 같은 기업의 종업원이 간부가 되며, 독자적

재정을 갖는다. 조합원의 구성원이 모두 단일 기업 조업원이어서 단체교섭이 용이하며, 기업 사정에 밝아서 교섭 제시가 합리적이며, 사용자와 노동조합이 대립보다 공동체의식이 생긴다는 것 등의 장점이 있다. 단점으로는 노동조합의 힘이 약하고, 어용노동조합이 될 가능성이 크고, 복수 노동조합의 발생가능성이 크다.

〈표 2-4〉 노동조합의 유형

	직종별 조합	일반 조합	산업별 조합	기업별 조합
조직성원의 질과 양	• 숙련공 • 직능별로 한정	• 반숙련공 • 모두에게 개방	• 반숙련공 • 소속산업에 한정 (일 산업 일 조합)	• 전 종업원 • 일 기업 일 조합
조합의 목표	• 기득권 옹호	• 최저생활조건의 보장	• 산업별 표준의 확보	• 통일적 근로조건 유지
목표달성기능	• 노동력 공급 독점 상호공제	• 파업을 이용한 입법 활동	• 산업별 · 공장별 단체 교섭	• 기업별 단체 교섭
동기부여기능	• 직업에 대한 권리 확보	• 인간으로서의 최저 생활 보장	• 노동조건의 사회적 표준화	• 기업단위의 근로 조건
통합기능	• 입직제한 • 공통적 규칙 • 직종별 통일	• 포괄적 새방주의 • 중앙 집권주의	• 일 산업 일 조합주의 • 산업별 통일	• 일 기업 일 조합주의 • 기업별 통일

출처: 오종석 · 김종관 (2014), 인적자원관리, p.488, 탑북스.

3 숍 시스템

노동자가 노동조합에 많이 가입할수록 노조의 힘이 커진다. 가입방법 즉 숍 시스템(shop system)에 따라 노동조합의 규모가 결정된다.

1) 오픈 숍(open shop)

노동조합 가입여부와 상관없이 기업은 종업원을 채용하는 제도이다. 조합에 가입하든 안하든 종업원이 될 수 있다.

2) 클로즈드 숍(closed shop)

종업원으로 채용되려면 조합원이 되어야 한다. 채용되는 시점부터 노동조합 가입이 의무화되는 제도이다.

3) 유니온 숍(union shop)

앞의 두 가지의 중간 형태로, 채용 시에는 조합원 여부가 상관없으나 채용 후 일정시기 이후에는 종업원은 조합원이 되어야만 하는 제도이다.

4) 에이전시 숍(agency shop)

종업원을 노동조합에 강제로 가입시키지는 않는다. 그러나 비조합원도 노동조합에 조합원의 조합비만큼 납입하게 하는 제도이다.

5) 메인터넌스 숍(maintenance shop)

조합원 유지 숍제도이다. 단체 협약이 체결된 이후에 가입한 조합원도 협약의 유효기간 중 조합원의 자격을 부여받는 제도이다.

6) 프레퍼렌셜 숍(preferential shop)

기업이 종업원을 채용할 때 조합원을 우선 채용하는 방식이다. 조합원이 비조합원에 비해 채용에 혜택을 갖게 된다.

18 단체협약

1 단체협약의 의의

단체교섭의 결과 사용자와 노동조합간의 합의 내용을 문서화한 것을 단체협약(collective agreement)이라 한다. 근로조건, 근로자의 경제적 혹은 사회적 처우, 상호간의 합의와 채권 및 채무를 정리한 협약서이다. 노동조합 및 노동관계 조정법 제31조(단체협약의 작성)에는 다음의 규정이 있다.

a. 단체협약은 반드시 서면 작성하고 당사자 쌍방이 서명 또는 날인하여야 한다.
b. 단체협약의 당사자는 단체협약 체결일로부터 15일 이내에 이를 행정관청에 신고하여야 한다.
c. 행정관청은 단체협약 중 위법한 내용이 있는 경우 노동위원회의 의결을 거쳐 그 시정을 명할 수 있다.

2 단체협약의 효력과 유효기간

1) 효력

(1) 규범적 효력

임금, 임금지급방법, 근로시간, 유급 휴가, 상여금 지급, 경조금 지급 및 후생에 관한 협정, 재해 보상의 종류 및 산정, 누진 퇴직금의 지급 협정, 정년제에 관한 협정 등 근로 조건과 근로자 대우에 관해 정한 기준은 규범적 효력을 지닌다.

(2) 채무적 효력

평화의무 및 평화조항, 유일교섭단체 조항, 조합활동에 관한 조항, 숍 조항, 단체 교섭의 절차 및 기타 규칙, 시설 이용, 노동쟁의행위에 관한 조항 등은 단체협약으로 노동자와 사용자가 상호부담하게 되는 채권과 채무에 관해 정한 것이다.

(3) 조직적 효력

조합원의 해고 협의 및 동의, 경영협의회, 고충처리기구 등 조직과 운영에 관한 조항은 조직적 부분이다.

(4) 일반적 구속력과 지역적 구속력

단체협약은 노동조합의 구성원에게만 효력을 미치고 비조합원에게는 효력이 없다. 이 원칙에 두 가지 예외가 일반적 구속력과 지역적 구속력이다.

① 동법35조(일반적 구속력)

하나의 사업장에서 상시 작업하는 동종 근로자 반수 이상이 하나의 단체협약의 적용을 받을 때 동일 사업장의 여타 동종 근로자에게도 그 단체 협약이 적용된다. 조합원과 비조합원 간에 근로조건 등이 상이하여 문제가 발생할 수 있기 때문에 일반적 구속력 제도는 단체협약의 효력을 비조합원에게도 확장하여 동일하게 적용하자는 취지이다.

② 동법 36조(지역적 구속력)

동일 지역의 동종 근로자 2/3 이상에게 적용되는 단체협약은 해당관청이 당사자 쌍방 또는 일방의 제의에 의하거나 그 직권으로 노동위원회의 의결을 얻어 당해 지역 여타 동종근로자와 사용자에게도 그 단체협약을 적용한다. 조합원은 보호하고 동일 지역에서 동일 노동, 동일 임금의 원칙을 적용하자는 취지이다.

2) 유효 기간

동법 32조(단체협약의 유효기간)은 단체협약이 2년을 초과하는 유효기간을 정할 수 없도록 하고 있다. 유효기간을 정하지 않았거나 2년을 초과하여 정했다면 유회기간은 2년이 된다. 유효기간이 만료될 때 쌍방이 단체 교섭으로 단체협약을 체결하지 못하면 종전의 단체협약이 효력만료일로부터 3개월까지 계속 효력을 갖는다.

노동쟁의(labor disputes)란 사용자와 노동자간에 임금, 근무시간, 복지, 해고, 기타 대우 등 근로조건에 관한 주장이 불일치하여 발생한 분쟁상태이다. 노동조합 및 노동관계조정법에서 노동정의의 조정에 관한 규정을 둔다.

1 노동쟁의의 종류

1) 파업

파업(strike)은 근로자가 근로조건 유지 및 개선을 위하여 조직적이고 공동적으로 노동제공을 거부하는 행위이다. 이는 개선된 근로조건하에서 노동을 계속할 것을 전제한다. 참가자 범위에 따라 부분 파업과 총파업이 있고 조직에 따라 조합원 파업과 비조합원 파업이 있다.

2) 태업

태업(soldering)은 근로자들이 여럿이 단결해서 작업능률을 떨어뜨리는 행위이다. 게으른 노동을 하는 것이다. 실제로는 작업을 쉬거나 완만하고 조잡한 작업을 하는 경우이다. 사보타지(sabotage)는 생산과 사무를 방해하고 경우에 따라서는 생산설비를 파괴하기도 하는 단순한 태업 이상의 행위이다.

3) 불매운동(보이콧)

불매운동(boycott)에는 1차와 2차 보이콧이 있다. 1차 보이콧은 사용자에 대항하여 압력 행사를 위해 상품이나 서비스 불매운동을 하고 대중에게 동참을 권하는 행위이다. 2차 보이콧은 원재료 공급자와 같은 쟁의와 관련이 없는 제 3자에게 사용자와의 거래를 중단하도록 요구하는 행위이다. 이를 거부하며 그 원재료 불매운동까지 벌인다.

4) 피켓팅

피켓팅(picketing)은 동맹파업을 수행하기 위한 부수적 수단으로 이용된다. 구두, 문서, 통보, 길거리 모임 등으로 표지를 들고 가두 행진을 하는 노동쟁의행위로 작업 능률을 저하시키는 것이다.

5) 생산관리

쟁의 목적달성을 위해 사용자의 명령을 따르지 않고 근로자들이 집단적으로 노동조합의 뜻대로 기업경영을 하는 행위이다.

6) 준법 투쟁

준법 투쟁(law-abiding)은 법을 지키면서도 게으른 작업을 통해 생산성을 저하시키는 행위이다. 단체협약상 의무 사항이 아닌 조기출근, 잔업, 휴무근무 등을 거부하기도 한다.

7) 직장 폐쇄

직장 폐쇄(lock-out)는 사용자가 근로자의 쟁의 행위에 대항하는 유일한 쟁의 행위이다. 사용자가 근로자를 작업장 밖으로 내몰고 노동제공을 받기를 거절하고, 임금지불을 하지 않는 행위이다. 경영폐쇄와 공장폐쇄도 같은 범주이다.

20 노동쟁의의 조정

1 조정

조정(mediation)은 노동위원회가 만든 조정위원회가 당사자 의견을 듣고 조정안을 만들어서 수용하기를 권하는 것이다. 법적인 강제력은 없는 것이어서 조정안을 받아들일 것을 양 당사자에게 설득한다. 노동위원회는 사용자 대표, 근로자 대표, 공익을 대표하는 자(변호사, 교수, 연구자 등) 각 1명으로 구성한다. 조정은 원칙적으로 일반 사업장에 대해서는 10일, 공익 사업장에 대해서는 15일 이내에 종료하여야 한다.

2 중재

중재(arbitration)는 가장 강력한 조정방법이다. 중재 위원회의 중재재정서는 서면 작성되어야 하고 중재재정서가 당사자에게 도착하면 단체협약서의 효력을 지닌다. 쌍방이 신청하거나 일방이 단체 협약에 의해 중재 신청을 하면 중재 절차가 개시된다. 중재 개시 이후 15일간은 노동쟁의를 할 수 없다.

3 공익사업의 쟁의조정

공익사업은 국민의 일상생활이나 국민 경제에 영향이 큰 사업이나 공익사업 중에서 정지나 폐지가 다중의 생활에 크게 타격을 주거나 국민 경제에 손해를 주는 사업이다. 여객운수사업, 항공운수사업, 수도사업, 전기사업, 가스사업, 석유정제 및 석유공급사업, 공중위생사업, 의료사업, 혈액공급사업, 은행 및 조폐사업, 방송 및 통신사업 등이다.

일반 사업의 노동쟁의 보다 우선적으로 신속히 처리하기 위해 특별조정위원회가 담당한다. 그 위원은 노동위원회의 공익위원 중에서 선임하며 조정기간은 15일이다.

4 긴급 조정

쟁의행위가 공익사업에 관한 것인 경우와 국민 경제에 미치는 위해가 현저한 경우에 고용노동부장관이 중앙노동위원회 위원장의 의견을 반영하며 긴급조정을 명할 수 있다. 긴급조정이 내려지면 쟁의 당사자는 즉시 쟁의 중지하여야 한다. 공표일로부터 30일 안에는 쟁의행위를 재개할 수도 없다. 조정안을 당사자가 수락하거나 중재결정이 내려지면 조정안과 중재재정은 단체협약과 같은 효력을 지닌다.

21 부당노동행위

노동조합 및 노동관계조정법 31조는 부당노동행위에 대한 규정이다. 노동3권 보장을 위해 부당노동행위 제도를 만들었다. 사법적 심사의 시간과 비용을 감안하여 대신에 행정기관에서 구제받는 제도이다. 부당노동행위에는 다음 5가지가 있다.

1 불이익 대우

동법 81조에서 "근로자가 노동조합에 가입 또는 가입하려고 하였거나 노동조합을 조직하려고 하였으나 기타 노동조합의 업무를 위한 결정한 행위를 한 것을 이유로 그 근로자를 해고하거나 그 근로자에게 불이익을 주는 행위"를 부당노동행위로 간주한다. 예로서, 해고, 전근, 배치전환, 출근정지, 휴직, 복직거부, 계약갱신거부, 고용거부, 차별승급, 강등, 복지시설의 차별적 이용 등이다.

2 황견 계약

동법 81조에서 "근로자가 어느 노동조합에 가입하지 아니할 것 또는 탈퇴할 것을 고용조건으로 하거나 특정 노동조합의 조합원이 될 것을 고용조건으로 하는 행위"는 부당노동행위로 간주한다. 예외적으로 "노동조합이 당해 사업장에 종사하는 근로자의 2/3이상을 대표하고 있을 때에는 근로자가 그 노동조합의 조합원이 될 것을 고용조건으로 하는 단체협약의 체결은 예외이며, 이 경우 사용자는 근로자가 그 노동조합에서 제명될 것 또는 그 노동조합을 탈퇴하여 새로 노동조합을 조직하거나 다른 노동조합에 가입한 것을 이유로 근로자에게 신분상 불이익한 행위를 할 수 없다"고 명시하고 있다. 이 단서는 노동조합의 유니언 숍(union shop)제도를 인정하는 것이다.

3 단체교섭 거부

동법 81조에서 "노동조합의 대표자 또는 노동조합으로부터 위임받은 자와의 단체협약 채결이나 기타의 단체교섭을 정당한 이유 없이 거부하거나 해태하는 행위"를 부당노동행위로 간주한다. 단체교섭을 거부하는 것은 노동조합을 인정하지 않는 것이다.

4 지배개입 및 경비원조

동법 81조에서 "근로자가 노동조합을 조직 또는 운영하는 것을 지배하거나 이에 개입하는 행위와 노동조합의 전임자에게 급여를 지원하거나 노동조합의 운영비를 원조하는 행위"를 부당노동행위로 간주한다. 다만, "근무자가 근로시간 중에 협의 또는 교섭하는 것을 사용자가 허용함은 무방하며, 또한 근로자가 후생자금 또는 경제상의 불행 기타 재액의 방지와 구제 등을 위한 기금의 기부와 최소한의 규모의 노동조합사무소의 제공은 예외로 한다"고 정한다. 운영비 원조는 전임자의 급여 지급, 조합운영비 지급, 출장비 지급, 쟁의기간 중의 임금 지급 등이다.

5 보복적 불이익취급

동법 81조에서 "근로자가 정당한 단체 행위에 참가한 것을 이유로 하거나 또는 노동위원회에 대해서 사용자가 이 조의 규정에 위반한 것을 신고하거나 그에 관한 증언을 하거나 기타 행정관청에 증거를 제출한 것을 이유로 그 근로자를 해고하거나 근로자에게 불이익을 주는 행위"를 부당행위로 간주한다.

6 부당노동행위의 구제

동법 82조에서 "사용자의 부당노동행위로 인하여 그 권리를 침해당한 근로자 또는 노동조합은 노동위원회에 그 구제를 신청할 수 있다"고 정하고 있다. 구제신청은 부당노동행위가 있은 날(계속되는 행위의 종료일)로부터 3개월 이내에 행하여야 한다. 구제신청을 받은 노동위원회는 지체 없이 필요한 조사와 당사자 심문을 하여야 하고, 부당노동행위가 맞다고 판정하면 사용자에게 구제명령을 발하게 된다.

03
part

마케팅

01 chapter 마케팅 기본개념

01 ◆ 마케팅 개념의 진화

마케팅에서 중시하는 개념은 생산지향 → 제품지향 → 판매지향 → 마케팅지향 → 고객 및 사회적 책임 지향의 단계로 진화하였다.

1 생산지향의 시대

가장 초기 생산지향의 시대에는 제품을 생산할 능력의 유무가 기업의 성패를 판가름한다. 생산능력, 기술 능력, 자본 등이 중시되는 시대이다.

2 제품지향의 시대

제품의 품질이 강조되는 시대이다. 생산능력이 있더라도 차별적이고 고성능의 제품을 생산할 수 있는 기업이 우월한 시대이다.

3 판매지향의 시대

시장에 수많은 경쟁자가 동일한 품질의 제품과 서비스를 제공하는 시대이기 때문에 판매 능력이 관건이 되는 시대이다. 우월한 판매자와 판매 기업은 매출 증가와 재고문제를 해결하고 시장점유율을 증대시켜 시장 지배력을 갖게 된다.

4 마케팅지향의 시대

판매+알파(α)=마케팅. 이 공식에서 알파에 해당하는 활동이 강조되는 시대이다. 고객 욕구 확인과 다양한 전략적 마케팅 활동이 개발되는 시대이다. 시장조사 기법으로 고객을 이해하고 단순한 판매를 뛰어넘는 마케팅 기법(판매촉진, 광고, 유통기법, 가격전략 등)이 필요하다.

5 고객 및 사회적 책임지향의 시대

고객만족(customer satisfaction)을 우선시하는 시대이다. 아울러 마케팅 기업은 판매와 마케팅에 따르는 사회적 책임도 부담해야 한다. 다양한 고객만족 활동을 펼치는 것은 물론, 자원 고갈, 환경오염, 질병, 기근과 가난, 지역 및 사회적 불평등, 인권 등 다양한 사회적 및 인간적 문제를 마케팅이 주목해야 할 시대이다.

마케팅 기능은 기업의 4대 기능 영역 생산관리, 재무관리, 인사·조직관리, 마케팅 관리 중의 한 부분이다. <그림 3-1>은 마케팅 기능이 점차 강조하고 확장되면서 최종적으로 '소비자 중심의 마케팅 기업'이 되는 과정을 보여준다. 첫째 그림은 네 가지 기능의 중요성이 비슷한 초기 기업 형태이다. 두 번째 그림은 시장에 진입하는 경쟁자의 수가 증가 되어 마케팅 활동의 내용 즉 판매, 시장조사, 유통관리, 고객만족 등의 기능이 더욱 많아지고 복잡해지는 모습이다. 세 번째 그림은 마케팅 기능이 경영기능의 중심이 되어서 마케팅 기능이 기업 의사 결정의 기준이 된 것이다. 네 번째 그림은 소비자의 욕구 충족을 위해서 네 가지 기능이 조화롭게 수행되는 모습이다. 마지막 그림은 소비자 욕구와 소비자 만족 즉 오로지 소비자를 최고의 기업 가치 중심으로 인식하며 고객 창조와 고객유지, 고객관계관리(CRM: Customer Relationship Management)와 전사적(全社的) 마케팅(Total Marketing) 활동을 수행하여 기업의 경쟁력을 최고로 유지할 형태이다.

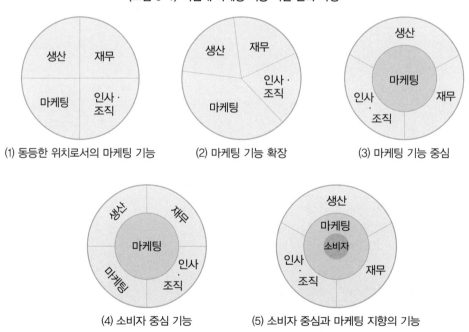

〈그림 3-1〉 기업내 마케팅 기능 역할 변화 과정

(1) 동등한 위치로서의 마케팅 기능

(2) 마케팅 기능 확장

(3) 마케팅 기능 중심

(4) 소비자 중심 기능

(5) 소비자 중심과 마케팅 지향의 기능

과거에는 기업이 판매를 강조 했으나 지금은 마케팅을 더 강조한다. 판매는 제품과 서비스를 소비자에게 판매하는 것에 초점을 맞춘다면 마케팅은 판매+알파(α) 활동이다. 판매를 위한 소비자시장 조사, 수요예측, 제품 개발, B/S(before−sale service, 판매전 서비스), A/S(after−sale service) 등이 알파에 해당하는 것들이다. 마케팅 활동의 핵심 중의 하나가 판매이다. 그렇지만 판매만으로는 성공적인 마케팅이 될 수 없다는 뜻이다.

판매와 마케팅을 비교하면 다음 <표 3−1>과 같다.

〈표 3−1〉 판매와 마케팅

	출발점	초점	수단	목적
판매 (sale)	공장	제품	판매 및 판매촉진	판매량 당성을 통한 기업이익
마케팅 (marketing)	시장	고객의 필요	여러 가지 마케팅 활동 (시장조사, 4Ps, 고객만족 활동)	고객만족과 기업이미지 제고를 통한 기업이익

드러커(P. Drucker)는 "판매의 필요성은 항상 존재한다. 그러나 마케팅의 목적은 그 판매를 불필요하게 하는 것이다"라고 마케팅의 중요성과 포괄성을 설명하였다. 판매 개념과 마케팅 개념을 비교한 <표 3−2>이다.

〈표 3−2〉 판매 개념과 마케팅 개념

판매	마케팅
제품 생산 강조	고객요구 충족 강조
일단 제품 생산 후 어떻게 판매할지를 생각한다	고객욕구를 파악한 후 그 욕구충족이 가능한 제품의 생산과 판매를 생각한다
경영은 판매량 지향적	경영은 이익지향적, 고객지향적
계획은 현재 제품 및 시장에 대해 단기지향적	계획은 신제품, 미래 고객과 시장 및 성장에 대해 장기 지향적
판매자의 필요에 중점	구매자의 욕구와 만족에 중점

02 chapter 소비자의사결정

04 소비재의 분류

코플랜드(Copeland)의 소비재 분류는 편의품(convenience goods), 선매품(shopping goods), 전문품(specialty goods)으로 나뉜다.

편의품은 소비자가 제품이나 서비스 구매에 특별한 시간과 노력 투입없이 어느 점포에서나 손쉽게 구매의사 결정을 할 수 있는 제품이다. 연필, 볼펜, 복사지가 그 예이다.

선매품은 편의품보다 구매시간과 노력이 더 필요하며 여러 제품이나 점포를 경험하여 비교하여 선택하는 제품이다. 커피나 의류가 그 예이다.

전문품은 전문적인 식견이 있어야만 구매를 할 수 있는 제품이다. 고가, 고성능, 첨단 제품일 가능성이 크다. 첨단 전자제품이나 보석이 그 예이다. 코플랜드 이후 비탐색품(unsought goods)이 하나의 유형으로 등장한다. 평소에는 제품 구매를 염두에 두지 않지만 꼭 필요한 경우에만 찾아서 구매하는 제품이나 서비스이다. 장례관련 제품, 이혼 관련 서비스가 그 예이다.

편의품, 선매품, 전문품의 분류가 시간이 흐를수록 많은 제품이 편의품으로 분류되게 된다. 소비자가 구매에 시간과 노력을 덜 투입하게 되는 저관여 소비사회(low involvement society)가 되기 때문이다. 제품의 제조업자나 브랜드 네임만을 보고도 구매의사결정을 하는 시대가 되기 때문에다. 따라서, 최근에는 코플랜드의 분류 대신에 <그림 3-2>과 같은 탐색재(search goods), 경험재(experience goods), 신용재(credence goods) 등의 분류가 나타났다.

탐색재는 제품 풀질 평가가 가장 용이한 유형으로 소비자가 그 제품을 탐색해내기만 하면 구매가 가능하다는 뜻이다. 자동차, 주택, 의류는 가격 고하를 막론하고 탐색재이다.

경험재는 제품 속성과 서비스 속성이 모두 포함된 것으로, 경험을 해 보아야만 구매의사 결정을 할 수 있는 유형이다. 이발 및 미용 서비스나 호프집의 맥주는 이러한 유형에 해당된다.

신용재는 서비스 속성이 대부분으로 구성되어 있기 때문에 무형재 혹은 서비스재라고 한다. 품질평가가 셋 중 가장 어렵다. 경영자문, 변호사 변론, 치과의사의 진료 등이 여기에 해당한다. 이들은 말 그대로 믿고 이용할 수밖에 없다는 뜻에서 신용재이다.

<그림 3-2> 제품 및 서비스 속성으로 나눈 소비재 분류

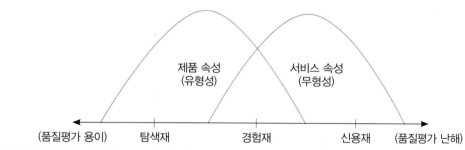

출처: 신종국 (2010), 마케팅, p.188, 시그마프레스.

05 소비자 구매의사결정과정

소비자가 시장에서 제품이나 서비스를 구매하는 과정을 일반화하면 <그림 3-3>과 같다.

〈그림 3-3〉 소비자의 구매 과정

문제 인식 ➡ 정보 탐색 ➡ 대안의 평가 ➡ 구매 결정 ➡ 구매 후 행동

소비자의 구매의사결정을 간단한 예로 소개해 보자. 배가 고픈 소비자의 문제해결과정이다. '문제 인식' 단계에서 소비자는 배고픔을 느낄 것이다. 혹은 시계를 보고 식사시간이니까 밥을 먹어야 한다고 문제를 인식한다. '정보 탐색' 단계에서는 어디서 무엇을 먹을까 생각하는 것이다. 기억 속의 정보를 쉽게 탐색 할 수도 있고 인터넷 검색이나 전화를 해볼 수도 있다.

'대안의 평가' 단계에서는 세 가지 메뉴 a, b, c를 결정하여 각각을 평가하는 것이다. 각 메뉴의 가격, 맛, 식당의 분위기, 거리(접근 가능성), 소비자의 선호 등의 항목으로 평가를 한다. 이런 평가를 실제로 소비자가 계산하면서 결정하지 않지만 무의식적으로 혹은 경험적으로 이런 평가를 이미 했기 때문에 식사 시간마다 소비자는 실제로 대안을 평가하는 셈이다.

'구매 결정' 단계는 소비자가 그 식사 가격을 지불하고 구매하는 단계이다. '구매 후 행동' 단계는 소비자가 구매한 제품이나 서비스를 경험한 후 일어나는 행동들이다. 만족하거나 불만족한 소비자가 불평행동을 하거나 주위 사람들에게 긍정 혹은 부정적인 구전을 하는 것이다. 심지어는 반품을 요구하거나 소비자 상담실에 문제 제기를 하기도 한다.

고객관계관리(CRM: Customer Relationship Management)

고객관계관리에는 과거 거래적 마케팅(transactional marketing)의 범위와 전략을 능가하는 새로운 마케팅 전략인 관계 마케팅(relational marketing)전략이 있다. 거래적 마케팅과 관계 마케팅을 비교하면 <표 3–3>과 같다.

〈표 3–3〉 거래적 마케팅과 관계 마케팅 비교

	거래적 마케팅	관계 마케팅
촛점	판매(거래량)	고객과의 관계(relationship)
수행방법	일회적 판매	일대일 마케팅(one to one marketing) 데이터 베이스 마케팅(data–based marketing)
장단점	고객의 상표 전환(brand switching)과 점포 전환(store switching)	고객의 상표 충성도(brand loyalty) 및 반복 구매(repurchase)

관계 마케팅은 고객 정보 수집과 분석으로 고객 욕구를 발견하고 시장을 세분화하여 각 세분시장에 알맞는 마케팅 전략을 펼친다. CRM의 관계 사다리(relational ladder)는 <그림 3–4>처럼 고객은 용의자(suspect), 잠재 고객(prospect), 사용자(user), 고객(customer), 옹호자(advocate)로 나누고, 기업이 고객 지향적 마케팅 활동을 통해 용의자 수준의 고객을 점차 높은 단계의 고객으로 전환시켜 궁극적으로는 자사의 마케팅 활동에 가장 우호적이고 의견 선도자(opinion leader)가 되는 옹호자로 만들어야 한다는 논리이다.

〈그림 3–4〉 관계 사다리

출처: 신종국 (2010), 마케팅, p.91, 시그마프레스.

03 chapter STP 전략

07 시장 세분화(Market Segmentation)

STP(segmentation/target marketing/positioning) 전략은 시장 세분화, 목표시장 전략, 포지셔닝 전략이 순서적으로 진행되기 때문에 만들어진 합성어이다.

기업이 제품과 서비스를 어떤 소비자에게 어떠한 방식으로 판매 및 마케팅 할지를 결정하기 위해 시장을 분류해 보는 것이 필요하다. 이러한 시장 분류를 시장 세분화라고 부른다. 남자와 여자, 청년과 노년, 도시와 농촌 시장에 마케팅하는 것이 달라야 하기 때문에 시장 세분화가 필요하다. 아래 <그림 3-5>의 시장 세분화 예시에서는 9개의 세분시장(segment)이 도출되었다.

〈그림 3-5〉 시장 세분화의 예시

교육＼소득	상	중	하
상		30명	
중	50명	800명	20명
하		100명	

출처: 신종국 (2010), 마케팅, p.98, 시그마프레스.

이 그림에서는 소득수준과 교육수준이라는 2개의 기준으로 시장을 세분화하였다. 특정 점포에서 구매한 한달간의 1,000명의 고객을 분석한 결과 교육과 소득 수준이 중간 정도인 고객이 대부분이었다. 따라서 이러한 시장 세분화를 통해 목표 시장(target market)을 발견하게 되었다. 여기서의 목표 시장은 800명+100명의 세분시장을 목표 시장(표적 시장)으로 공략하면 된다. 시장 세분화의 기준은 아래 <표 3-4>와 같다.

기준		대표적 구분 형태	
지리적 특성	지방	중부지방, 영남지방, 호남지방 등	
	군 단위 규모	A, B, C, D	
	도시 규모	인구 5만 이하 인구 10만~30만 미만 인구 50만~100만 미만	인구 5만~10만 미만 인구 30만~50만 미만 인구 100만 이상
	인구밀도	도심, 도시교외, 농촌	
인구통계적 특성	연령	6세 미만, 6~11, 12~19, 20~34, 35~49, 50~64, 65세 이상	
	성별	남, 여	
	가족규모	1~2, 3~4, 5명 이상	
	가족생활주기	결혼초기, 중년기, 노년기(독신, 무자녀 부부, 자녀를 둔 부부, 아동기 자녀, 노년기 부부)	
	소득	월 30만원 미만 월 50~100만원 미만 월 150~200만원 미만	월 30~50만원 미만 월 100~150만원 미만 월 200만원 이상
	직업	전문, 기술직, 관리, 경영직, 공무원, 주부, 사무직, 학생, 판매원, 직능공, 농업종사자, 실업자, 은퇴자	
	종교	불교, 유고, 기독교, 천주교 등	
정신심리적 특징	사회계층	하류층, 중류층, 상류층	
	생활양식	편의주의형, 성취동기형, 전통주의형, 변화추구형 등	
	성격	충동적, 권위주의적, 야심적, 공격적, 이타주의적	
행태적 특성	구매 계기	정기적 구매, 특별구매	
	효익	품질, 서비스, 전략	
	사용경험여부	사용 경험이 없는 사람 사용가능성이 있는 사람 정규적으로 사용하는 사람	사용 경험이 있는 사람 처음으로 사용해본 사람
	사용량	소량 사용자, 보통사용자 다량 사용자	
	애착도	없음, 보통, 강함, 절대적	
	구매태세단계	인식, 관심, 평가, 시험, 수용	
	제품에 대한 태도	열광적, 적극적, 무관심, 부정적, 적대적	

출처: 신종국 (2010), 마케팅, p.98, 시그마프레스.

시장세분화의 이점을 다음과 같다.

(1) 시장기회의 발견이 용이하다.

가장 큰 세분시장을 발견하는 것이 가능하다. 그 세분시장에 맞는 제품과 서비스, 제품과 서비스의 제공방식을 찾게 된다. 뿐만 아니라 틈새시장(niche market)을 발견할 수 있다. 틈새시장이란 세분시장이 존재하는데도(수요가 있는데도) 그 시장에 맞는 적절한 제품이 공급되지 않는 시장이다.

(2) 마케팅 믹스를 효과적으로 조합할 수 있다.

각 세분시장에 알맞는 제품, 가격, 촉진, 유통 믹스와 그 하위 믹스의 조합을 만들어 내게 된다.

(3) 시장의 수요변화에 신속히 대처할 수 있다.

시장 세분화는 일회적으로 일시적으로 수행해서는 안된다. 정기적인 마케팅 조사와 시장 분석을 통해 매년 혹은 매 분기별로 반복적으로 진행해야 한다. 이러한 반복 수행의 종단면적 연구(longitudinal study)를 통해 소비자의 욕구 변화의 추세를 예측하게 된다.

목표시장 전략 혹은 표적 시장 전략은 <그림 3-6>처럼 비차별적 마케팅(undifferentiated marketing), 차별적 마케팅(differentiated marketing), 집중적 마케팅(concentrated marketing)의 세 종류가 있다. 이들 세 가지 중 가장 마땅한 하나의 전략을 선택하여 시행하는 것이 목표시장 전략이다.

〈그림 3-6〉 목표시장 전략

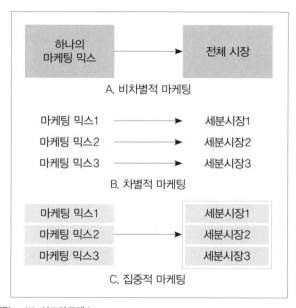

출처: 신종국 (2010), 마케팅, p.111, 시그마프레스.

1 비차별적 마케팅

기업의 마케팅 믹스를 차별화하지 않고 하나의 마케팅 믹스(제품, 가족, 유층, 촉진)만으로 전체 시장을 공략하는 것이다. 경쟁자가 없는 초기 시장에서 흔히 있는 전략이다.

2 차별적 마케팅

고객 욕구가 다양해지고 경쟁자 수가 증가하면 각 세분시장에 맞는 마케팅 믹스를 여러 가지 개발하여 각각의 시장에 맞게 구사하게 된다. 복수세분시장 마케팅(multi-segment marketing)으로서 여러 시장에서 모두 경쟁력이 있는 기업에서 맞는 전략이다.

3 집중적 마케팅

비차별적 마케팅과 차별적 마케팅이 전체 시장을 공략하는 전략이지만 집중적 마케팅은 세분시장 중에서 기업이 가장 경쟁력이 큰 세분시장만을 공략하는 전략이다. 그림에서처럼 2번 마케팅 믹스로 자사가 가장 비교 우위가 있는 2번 세분시장을 공략하는 전략이다.

포지셔닝 전략(Positioning Strategy)

포지셔닝 전략은 기업이 소비자의 마음 속 어딘가에 자사의 이미지 혹은 브랜드의 이미지를 심어주는 것을 말한다. 소비자 마음 속에 강력한 기업, 착한 기업, 성실한 기업, 도덕적인 기업, 소비자 지향적 기업, 성공적인 기업 등의 이미지로 각인하는 것을 포지셔닝(positioning)한다고 말한다. 일반적으로 소비자의 심리에 기업들이 자리 잡은 모습은 <그림 3-7>과 같다.

<그림 3-7> 심리적 지각도(perceptual map)

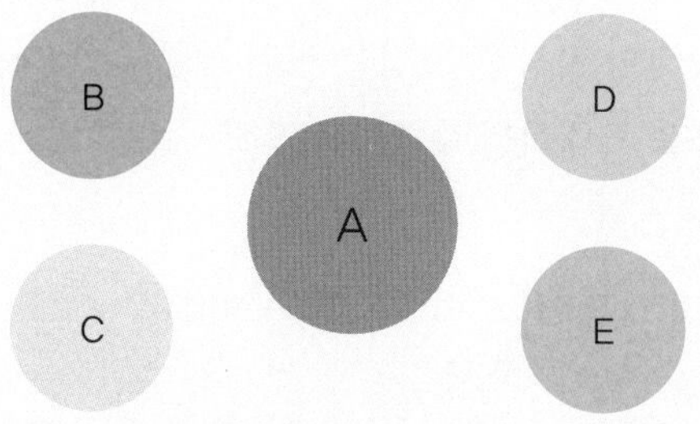

<그림 3-7>에서 A 기업이 소비자의 마음 속에 가장 가운데에 크게 자리 잡고 있으므로 가장 성공적으로 포지셔닝한 기업이다. 성공적인 포지셔닝 전략의 기법은 다음과 같다.

1 먼저하기

<그림 3-7>에서 A 기업이 소비자 심리 가장 한가운데 자리잡은 것은 그 제품군에서 아마도 소비자가 가장 먼저 세상에서 경험한 제품일 것이다. 우리는 흔히 신제품을 처음 개발한 기업이나 성장기에 처음 접한 기업이나 브랜드 명을 A의 위치에 심리적으로 지각하고 있는 것이다. 삼성전자, 보잉사, 디즈니랜드, 대한항공(KAL) 등은 그렇게 포지셔닝 되어 있을 것이다.

2 차별화하기

만약 냉장고 산업에서 어떤 기업이 B, C, D, E 보다 후발 주자인 F라면 이 <그림 3-7>에서 포지셔닝할 마땅한 자리가 없다. 이때 A는 김치 냉장고 혹은 화장품 냉장고처럼 제품 차별화를 시도해야 한다. 소비자가 김치 냉장고와 화장품 냉장고가 기존 냉장고의 권역(threshold)을 벗어나는 신제품이라고 인식한다면 이들 신제품은 소비자의 지각도에 가장 중심에 새로운 A제품으로 자리잡게 된다.

3 복수 세분시장 공략하기

포지셔닝 전략 수행 시 한 계층의 고객에만 집중하다 보면 다른 계층이나 시장의 고객을 놓칠 수가 있다. 따라서 능력이 가능한 기업은 여러 세분 시장(segments)을 동시에 공략하면 시장지배력과 시장 점유율을 극대화할 수 있다.

4 제살 깎아먹기에 대한 대비

한 기업의 두 제품이 지각도 상에서 가까운 곳에서 위치하게 되면 제살 깎아먹기(cannibalism)가 생긴다. 이는 시장이 중복되어 마케팅 노력대비 성과가 감소하는 것이다. 그렇기 때문에 복수 세분시장을 공략하는 경우에는 자사 브랜드의 차별적 혜택을 갖추어서 제살 깎아먹기를 막아야 한다.

04 chapter 제품관리

10 마케팅 믹스(Marketing Mix, 4P's)

마케팅 활동의 가장 기본적인 요소가 마케팅 믹스(marketing mix)이다. 마케팅 믹스의 가장 전형적인 것은 4Ps이다. 제품믹스(product mix), 가격믹스(price mix), 유통믹스(place mix), 촉진믹스(promotion mix) 등이다. 믹스라고 부르는 이유는 그 활동 내용을 다양하게 섞어서 마치 커피믹스처럼 그냥 쉽게 이용할 수 있는 구성요소로 만들어졌다는 뜻이다. 각각의 믹스는 그 영역의 의사결정(decision-making)의 유형이다. 제품믹스의 내용은 신제품 개발, 브랜드 네임 개발, 생산 방식과 기술, 제품 디자인, 생산 제품의 품질과 품종의 숫자 등이다.

가격믹스는 시장에 판매할 제품이나 서비스의 가격 책정(price setting)이 가장 중요한 의사결정이다. 가격할인, 판매원가 계산, 시장 침입시의 가격, 출시 가격, 다양한 가격 책정 등이다.

유통믹스는 생산자 → 도매상 → 소매상 → 소비자에게 제품과 서비스로 이동시키는 것과 관련되는 의사결정이다. 유통경로 구성원(도·소매상)결정, 유통 방식(직접 유통 vs 간접 유통[중간상을 거치는 유통]), 유통경로 관리, 다양한 유통방식 개발(전자 상거래, 복합채널, 옴니 채널 등) 등의 의사결정을 포함한다.

촉진믹스는 생산한 제품과 서비스를 판매 및 소비시키는 것과 관련된다. 판매촉진(소비자 촉진과 유통업자 촉진), 광고, 퍼블리시티, PR, 판매원 판매 등의 영역이 있다. 소비자 촉진으로는 가격을 할인해주거나 흥미를 유발시켜서 제품을 알리는 방법이고, 유통업자 촉진은 생산자가 유통업자에게 인센티브를 제공하거나 공동마케팅, 교육과 훈련 실시 등으로 촉진시키는 것이다.

BCG 매트릭스

보스톤 컨설팅 그룹(BCG: Boston Consulting Group)이 여러 사업 유형에 대해 조언하기 위해
만든 매트릭스이다. 개별 기업이 자사의 사업부에 대한 조언을 보스톤 컨설팅 그룹으로부터
얻을 수 있다. 저희 기업을 평가해 주세요라고 물으면 BCG는 <그림 3-8>과 같은 매트릭스
를 그려서 그 기업이 가져온 사업을 분석하고 평가해준다는 것이다.

〈그림 3-8〉 BCG 매트릭스

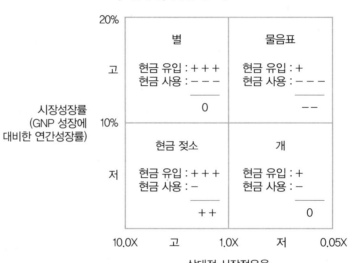

출처: 신종국 (2010), 마케팅, p.196, 시그마프레스.

이 그림에서 가로축 상대적 시장 점유가 클수록 현금유입이 크다. 시장점유율이 경쟁자보
다 크니까 장사가 잘되어 기업 내부에 현금이 축적된다. 세로축 시장 성장은 그 산업이 성장
하는 정도를 의미한다. 특정 산업이 성장하면 현금을 사용(유출, 투자)하게 된다. 따라서 시장
성장이 크면 현금 사용이 크게 된다.

기업이 BCG에게 묻는 사업부를 SBU(Strategic Business Unit: 전략적 사업 단위)라고 부른다.
여기서 SBU는 네 개이다. 가장 불리한 것부터 개 → 물음표(혹은 문제아, 들고양이) → 별 → 현
금 젖소 순서이다.

개(dog)는 전망이 없고 현금만 소모시키게 된다. 이 사업 단위에 대한 전략적 제안을 주로

처분(divest)전략이나 철수(withdrawal)전략이다. BCG가 이런 사업에 대해서는 처분하거나 그만하기를 권한다는 뜻이다.

물음표(question mark)는 현금흐름상으로 지출이 많지만 성장산업이기 때문에 이 사업에 대한 전략적 제안은 육성(build)전략이다.

별(star)은 아직 이익이 많이 발생하지는 않지만 희망적인 사업이다. 따라서 육성(build)전략을 제안한다.

현금 젖소(cash cow)는 시장의 주도자이고 안정적인 사업이다. 이 사업은 계속 현금이 유입되는 최고의 사업이기 때문에 보존(hold)하면서 수확(harvest)하라는 전략을 권할 것이다.

현금 젖소에서 생긴 현금 초과분을 '별'이나 '물음표'에 투자하고, 이들 SBU는 장차 물음표 → 별 → 현금 젖소로 성장시켜야 한다(<그림 3-9> 참조).

〈그림 3-9〉 BCG 분석에 따른 이상적 제품개발과 자금의 내적 효율

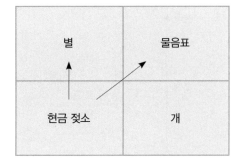

12 제품수명주기(Product Life Cycle)

시장의 제품도 사람처럼 태어나서 성장하고 성숙하고 성숙한 후 사라진다는 가정이다. (제품이 시장에 출시되어 판매가 증가하여 최고로 잘 팔리다가 결국 사라지는 것을 인간의 생명사에 빗댄 이름이다.) 제품수명주기 곡선이라도고도 한다. <그림 3-10>에서는 보는 것처럼 도입기 → 성장 → 성숙기 → 포화기 → 쇠퇴기의 과정을 거친다. 최근 교과서에서는 포화기를 생략한 그림이 많다. 혹은 포화기를 잠시 거치는 것으로 소개한 것도 있다. 두 개의 곡선 중 크기가 크게 그려진 것은 매출 곡선이고 낮은 곡선은 이익 곡선이다. 성장기 이후에 이익이 발생하고 성숙기에 매출이 최고점에 도달할 때 이익도 최고가 된다. 각 단계별 특징은 <표 3-5>와 같다.

〈그림 3-10〉 제품수명주기

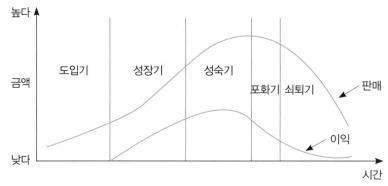

출처: 신종국 (2010), 마케팅 p.190, 시그마프레스.

<表 3-5> 제품수명주기 단계별 특징

단계 / 부분	도입기 (introduction stage)	성장기 (growth stage)	성숙기 (maturity stage)	쇠퇴기 (decline stage)
1. 성장률	성장하기 시작함	급격한 성장, 신규 고객 발생, 경쟁자 등장으로 성장 가속	성장률 둔화	성장 감소, 수요 감소
2. 제품라인	최초라인으로 초기 고객 욕구에 대응	급속한 확장	증가 둔화	수익성 없는 제품 라인 도태
3. 경쟁자수	경쟁자 거의 없음	경쟁자 수 급증	경쟁자 수 증가 둔화	경쟁자 쇠퇴하기 시작
4. 시장점유	불안정, 아직 낙관할 수 없음	안정적 증가, 경쟁자와 시장 점유율 경쟁	높은 시장 점유 확보	시잠점유 감소 및 경쟁기업간 분산
5. 고객 안정성	초기 고객의 사용시도	상표 충성도가 있는 고객 등장	상표 충성도가 높은 고객들의 반복 구매 증가	고객이 다른 제품으로 구매 전환, 고객감소
6. 시장참입(market entry)의 용이성	정상적으로 용이함	점점 참입이 어려워짐	시장 선도자가 생기기 때문에 참입이 더욱 어려움	참입의 잇점이 거의 없음

제품수명주기의 형태는 <그림 3-11>에서 보는 것처럼 금방 성숙기에 도달하는 형태(a), 적당한 시간이 걸려서 성숙기에 도달하는 형태(b), 아주 천천히 성숙기에 도달한 후 금방 사라지는 형태(c) 등이 있다.

<그림 3-11> 제품수명주기의 형태

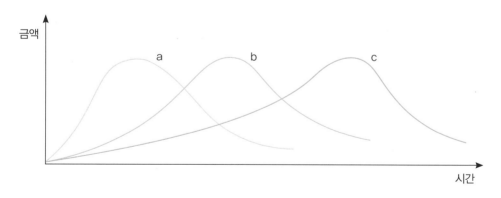

하나의 기업이 한 제품으로 영원히 경영을 할 수는 없다. a제품이 수명을 다하고 사라지면, b제품이 시장에 출시되어야 하고, 뒤이어 c제품이 또 그 기업의 매출액 수준을 지켜야 한다. 이러한 제품수명주기의 포트폴리오는 <그림 3-12>에 소개하였다.

〈그림 3-12〉 제품수명주기의 포트폴리오

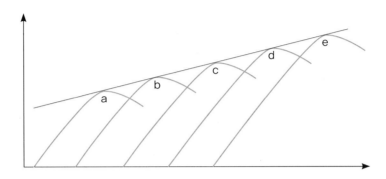

시장에 신제품이 출시되는 모든 소비자가 다 알게 되고 구매하게 되기까지 시간이 필요하다. 신제품이나 신기술 혹은 서비스가 시장에 널리 전화되는 과정을 <그림 3-13>에 표시하였다.

〈그림 3-13〉 신제품 수용과정

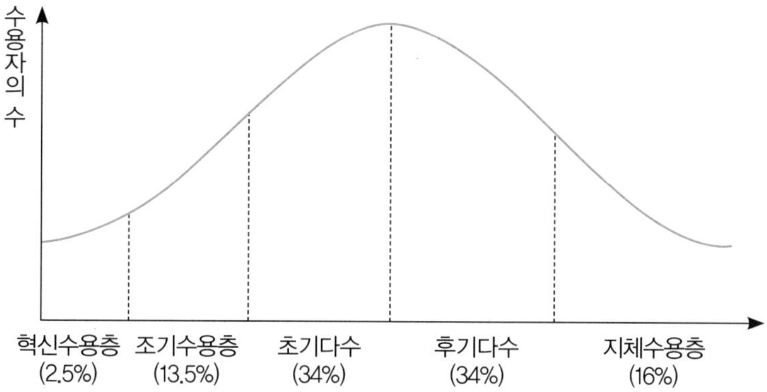

출처: 신종국 (2010) , 마케팅, p.241, 시그마프레스.

혁신자(혁신수용층, innovator)는 신제품을 최초로 구매하는 소비자 계층이다. 모험심이 강하고 학식이 높고 정보가 많은 소비자들이다. 조기수용자(조기수용층, early adoptor)는 사회적으로 어느 정도 지위를 가지며 혁신자 다음으로 모험심과 구매력이 있는 계층이다. 혁신자와 조기수용자 계층은 주로 그 사회의 의견선도자(Opinion Leader)이다. 초기다수(early majority)는 매우 보수적이고 평균보다 약간 지위가 높고, 사리분별력이 있는 계층이다.

후기다수(late majority)는 교육과 경제력이 평균 이하이고, 연령은 평균 이상이어서 늦은 시기에 사회적 압박으로 신제품을 수용하는 계층이다.

지체수용층(laggard, nonadoptor)은 지위, 소득, 경제력이 낮아서 인생을 후회하며 살거나 구매력이 매우 약한 계층이다. 혁신자로부터 지체수용층까지의 5계층을 구분짓는 일반적 기준은 사회적 계층(social class), 소득(income), 개성(personality)의 조합이라고 보면 된다.

05 chapter 가격관리

14 가격관리의 기초개념

가격은 제품, 유통, 촉진과 함께 마케팅 믹스의 4P 중 하나로, 마케팅과 총 제품제공물의 개발에 매우 중요하다. 특히, 가격은 소비자의 제품 평가에 있어서 결정적인 요소이기 때문에 중요하다. 여기서는 총 제품제공물의 한 요소이자, 전략적인 마케팅 도구로서 가격을 살펴보기로 한다.

1 가격의 개념과 중요성

가격이란 제품이나 서비스를 소유 또는 사용하는 대가로 지불해야 하는 금전적 가치를 의미한다. 경제학적 관점에서는 가격을 제품이나 서비스의 가치를 화폐단위로 나타낸 것, 제품이나 서비스를 소유·사용하기 위해 지불해야 하는 화폐의 양으로 개념화하고 있다.

가격결정이 중요한 이유로 첫째, 가격이 수익을 실현하는 유일한 변수이기 때문이다. 수익은 단위당 가격과 판매량의 곱(수익 = 단위당 가격 × 판매량)으로 계산되며, 가격은 수익에 직접적인 영향을 미친다. 둘째, IMF사태 이후 소비자들의 가격민감도가 증대하였다. 셋째, 재고관리와 매출증대를 위해 가격할인 활용빈도가 증가하고 있다. 넷째, 권장소비자가격이 없어지면서 점포간 가격경쟁이 심화되었다.

2 가격결정의 목적

기업이 가격전략을 수립할 때 여러 가지 목적을 염두에 둔다. 만일 한 기업이 새로운 채식주의자용 상품의 가격을 결정할 때 마케팅 관리자는 제품의 이미지를 촉진하려고 할 것이다. 예를 들어, 가격을 높게 결정하고 적절한 촉진을 하게 되면 인기있는 채식주의자용 상품으로 만들 수 있다. 이때는 어떤 목표 이익이나 투자수익률을 달성하는데 초점을 두고 가격을 높게 결정한다. 이와 반대로, 빈곤층이나 노인층도 이러한 건강식을 구입할 수 있도록 경쟁자보다 저렴한 제품가격을 결정할 수도 있다. 이러한 경우는 사회적인 또는 도덕적인 관점에 초점을 두고 가격을 결정한 것이다. 결국, 기업은 경영환경과 자사의 마케팅 목표에 따라 다양한 가격결정 목표들을 가질 수 있으며, 전체적인 가격전략을 개발하기 전에 이러한 목표들을 체계적으로 결정하여야 한다. 주로 활용되는 목표는 다음과 같다.

1) 목표 이익이나 투자수익률의 달성

궁극적으로 마케팅 목적은 소비자들에게 제품과 서비스를 제공하여 이익을 얻는 것이다. 거의 모든 기업들의 장기적 가격결정 목표는 이익을 최적화하는 것이다.

2) 소비자 유인

슈퍼마켓은 종종 소비자들을 점포로 유인하기 위해 어떤 제품을 원가이하로 판매한다고 공고한다. 이러한 제품들은 유인제품(loss leaders)으로 불린다. 장기적인 목적은 소비자 획득을 통해 이익을 창출하는 것이다. 예를 들어, 인터넷 포털업체인 야후(Yahoo)는 이베이(ebay)와 경쟁하기 위해 경매 서비스를 한때 무료로 제공하였다. 왜 이러한 서비스를 무료로 제공하였을까? 그 이유는 더 많은 사람들이 야후의 다른 서비스에 대한 이용률을 높여 광고 수익을 증가시키기 위해서이다.

3) 시장점유율의 증대

한국의 자동차 산업은 시장점유율을 두고 치열한 국제경쟁에 있다. 시장점유율을 증대하기 위한 방법으로는 낮은 금리, 저렴한 임차료, 리베이트 등을 들 수 있다.

4) 이미지 형성

시계, 향수 등과 같은 고관여적이고 가시적 특성을 갖는 제품들은 희소성과 사회적 지위를 나타내는 이미지를 제공하기 위해 높은 가격을 책정한다.

5) 사회적인 목적 추구

어떤 기업은 경제적으로 여유가 없는 사람들도 제품을 살 수 있도록 제품가격을 저렴하게 결정하기도 한다. 또한 정부는 종종 농산물 가격의 결정에 개입하여 모든 사람들이 필수품을 저렴하게 구입할 수 있도록 한다.

3 가격결정시 고려사항

한 기업이 가격결정을 하는데 있어 중요하게 고려하는 사항으로는 마케팅 전략, 마케팅 목표, 수요예측, 원가예측 등이 있다.

1) 마케팅 전략

가격은 마케팅 목표를 달성하기 위한 마케팅믹스 중 한 가지 요소이다. 일관되고 효율적인 마케팅 전략을 개발하기 위해서는 가격결정은 제품전략, 유통전략, 촉진전략의 결정과 조화를 이루어야 한다. 따라서 여타의 마케팅믹스가 변화함에 따라 가격이 달라질 수 있으며, 기업은 마케팅전략 수립 시 모든 마케팅믹스에 대한 결정을 함께 고려해야 한다.

(1) 제품포트폴리오상 각 제품의 역할

개별제품에 대한 가격결정시 그 제품에 대해 요구되는 전략적 역할을 고려해야 한다. 예를 들어, BCG 성장률-점유율 매트릭스 분석을 통해 도출된 제품별 전략적 역할을 확인하고 이를 바탕으로 적절한 가격을 결정하게 된다.

(2) 제품계열 내 각 품목의 상대적 위치

기업은 다양한 소비자 욕구를 충족시키기 위해 동일 제품군내에 다양한 제품을 출시한다. 이때 기업은 표적소비자층이나 제품품질의 차이에 따라 가격을 조정할 필요가 있다. 또한 자사의 상표잠식을 최대한 줄일 수 있는 가격전략을 도출할 필요가 있다.

(3) 포지셔닝 전략

국내 자동차들의 포지셔닝 전략을 살펴보면, 마티즈의 포지션은 저렴하면서 품질이 괜찮은 자동차이고, 에쿠스의 포지션은 최고급 상표를 지향하는 높은 가격의 자동차이며, 아반떼의 포지션은 중가시장을 겨냥한 자동차이다. 이처럼 제품의 포지셔닝 전략에 따라 가격에 대한 결정은 영향을 받게 된다.

2) 마케팅 목표

마케팅 목표가 명확할수록 가격 설명은 쉬워진다. 목표에는 이익극대화, 시장점유율 극대화, 최고의 제품품질 추구, 기업존속 등이 있을 수 있다.

(1) 이익극대화

이익극대화 목표는 수요와 원가예측을 정확하게 할 경우를 전제한다. 이 목표를 세울 때 주의할 점은 현재의 성과만 강조한 나머지, 여타의 마케팅믹스 효과와 경쟁자의 반응을 간과함으로써 발생되는 장기적 손실을 초래할 수 있다는 점이다. 이익극대화 목표하에 주로 사용되는 방법으로는 충분한 수요가 있고 초기 고가격이 추가적인 경쟁자들을 시장에 유인하지 않고 고가격이 우수한 제품이미지를 전달할 수 있을 때 고가전략을 사용한다.

(2) 매출 또는 시장점유율의 극대화

주로 신제품을 출시하거나 새로운 시장을 개척하는 경우에 주로 선택된다. 시장이 가격에 매우 민감하고 판매유통비용이 생산경험에 따라 감소되고 저가격이 잠재적 경쟁을 방지할 수 있을 때 시장침투 가격전략(저가전략)을 채택할 수 있다.

(3) 최고의 제품품질 추구

기업의 목표가 최고의 제품품질 추구일 경우에는 많은 투자로 인해 높은 제품원가가 발생하므로 고가전략을 실시하게 된다.

(4) 기업존속

기업존속 목표는 시장경쟁이 격해졌거나 소비자 욕구가 급격히 변하는 경우에 세우게 된다. 예를 들어, 치열한 시장경쟁 상황에서 기업들은 무리한 시설투자와 과잉재고 발생으로 인해 판매촉진 경쟁을 벌이게 된다. IMF사태와 2008년 글로벌 경제침체기에 국내 기업들이 시장생존을 위한 목표로 경쟁적으로 가격을 인하하였다. 하지만 이는 단기적인 목표이므로 기업은 제품가치를 증가시키기 위한 방안을 강구하여야 한다.

3) 수요예측

점차적으로 많은 기업들은 제품에 대한 소비자의 지각된 가치(perceived value)에 입각하여 가격을 결정한다. 지각된 가치에 따른 가격결정방법은 판매자의 비용이 아닌, 구매자의 지각된 가치를 기준으로 삼는다는 점이 가장 큰 특징이다. 기업은 소비자가 지각한 제품에 대한 가치에 맞춰 가격을 결정하게 된다. 이를 위하여 소비자 조사를 통해 가격탄력성, 표적고객의 수용가능한 가격, 소비자들의 구매의도 등에 대한 정보를 획득하여 가격결정의 기초로 삼아야 한다.

(1) 가격탄력성을 토대로 소비자 반응의 검토

가격과 수요의 관계는 제품의 가격이 높을수록 수요가 줄어드는 반비례 관계로 우하향 곡선을 그린다. 즉 수요곡선은 가격과 그 가격에서 판매될 수량과의 관계를 나타내는데 이 곡선은 각기 다른 가격탄력성을 지닌 개인들의 평균적인 반응이다. 수요를 예측하는 첫 단계는 가격탄력성에 무엇이 영향을 미치는지를 파악하는 것이다. 수요의 가격탄력성은 제품의 가격이 1% 변화할 때 판매량이 몇 % 변화하는지를 나타내는 지표이다.

<그림 3-14>는 자동차 제품의 가격에 따른 수요의 변화를 보여주고 있다. (A) 소형 경 승용차는 수요의 가격탄력성이 높은 경우로서 가격 변화에 따라 수요가 매우 민감하게 변하였음을 알 수 있다(탄력적 수요). (B) 대형 고급승용차는 수요의 가격탄력성이 낮은 경 우로서 가격의 증감에 따라 수요가 크게 변하지 않았다(비탄력적 수요).

〈그림 3-14〉 탄력적 수요와 비탄력적 수요

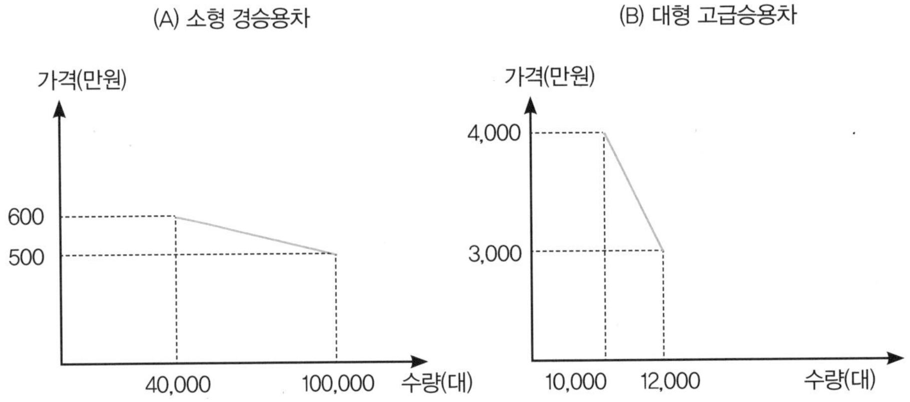

(A) 소형 경승용차

(B) 대형 고급승용차

(2) 개별 소비자의 가격에 대한 심리적 반응의 검토

① 준거가격(reference price)

소비자는 어떤 제품을 구입하고자 할 때 자신이 심리적으로 적정하다고 생각하는 가격수준을 지니고 있는데 이 가격을 준거가격(reference price)이라 한다. 자주 구매되는 상표의 가격, 과거에 지불했던 가격, 유사제품의 평균가격 등을 이용하여 준거가격이 형성된다. 준거가격과 실제가격을 비교하여 준거가격이 더 높은 경우 이득을 느끼고, 실제가격이 더 높은 경우 손실을 느끼게 된다. 판매자는 고급스러운 진열 등을 통해 준거가격을 높임으로써 소비자의 마음 속에 이득을 느끼도록 하여 쉽게 구매하도록 유도할 수 있다.

② 유보가격과 최저수용가격

유보가격(reservation price)은 소비자가 어떤 가격에 대해 지불할 의사가 있는 최고가격을 말하고, 최저수용가격(lowest acceptable price)은 너무 싸면 소비자는 제품에 하자가 있는 것으로 판단하고 구매를 거부하는 수준의 가격을 말한다. 일반적으로 소비자는 준거가격을 중심으로 유보가격과 최저수용가격 내에서 제품을 구매하게 된다.

4) 원가예측

원가는 기업이 책정할 수 있는 가격의 최저수준이다. 물론 재고처리나 기업정리 등의 특별한 상황에서는 가격을 원가보다 낮출 수도 있지만 그것은 예외적인 경우이고, 일반적으로

〈그림 3-15〉 손익분기점(BEP: Break Even Point) 분석

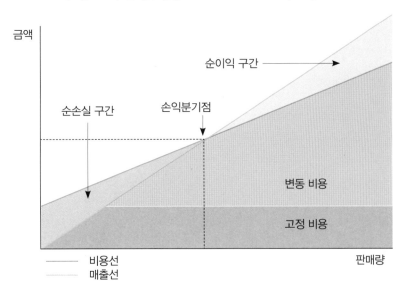

예 변동비 = 6,000원, 고정비 = 10,000,000원, 제품가격 = 8,000원

$$손익분기매출량 = \frac{10,000,000원}{8,000원 - 6,000원} = 5,000개$$

가격은 원가보다 낮을 수는 없다. 제품의 생산원가는 크게 변동비와 고정비로 구성된다. 변동비는 부품비나 판매수수료와 같이 생산량에 따라 달라지고 생산과 직접적으로 관련된 비용들을 말한다. 고정비는 설비비, 임대료, 급여와 같이 생산량이나 매출과는 직접적인 관련이 없는 비용들을 말한다. 총비용은 주어진 생산수준에서 고정비와 변동비의 합이며, 평균비용은 총비용을 생산량으로 나눈 값이다. 가격결정 시, 총생산비용을 능가하는 수준의 매출을 달성할 수 있도록 가격을 설정해야 한다. 또한 기업은 제품생산과 유통판매에 소요된 비용뿐만 아니라 그에 대한 노력과 위험부담에 대한 수익도 원한다. 따라서 기업이 가격책정 시, 가능한 가격범위의 하한선을 파악하기 위해 원가는 중요한 고려대상이 된다.

15 ◖ 가격결정의 목표와 방법

■1 가격결정의 목표

기업의 가격결정의 목표에는 매출중심적 가격목표, 이윤중심적 가격목표, 현상유지적 가격목표, 기타 여러 가격결정 목표가 존재하며, 주요 가격목표의 구체적인 내용은 다음과 같다.

1) 매출중심적 가격목표

매출증대나 시장점유율 확대와 같은 매출중심적 가격목표를 추구하는 기업은 제품단위당 마진을 낮추고 판매량을 늘림으로써 총이윤을 증대시킨다. 이러한 매출중심적 가격목표를 달성하기 위해서 기업은 일반적으로 초기저가전략인 시장침투가격전략(penetration pricing)을 채택한다.

2) 이윤중심적 가격목표

이윤중심적 가격목표에서는 여러 가지 형태의 이윤목표를 달성할 수 있도록 제품가격을 책정한다. 이윤중심적 가격목표를 추구하는 기업들은 대체로 가격보다는 제품의 품질이나 독특함 또는 사회적 지위 등을 중시하는 소비자들을 표적으로 초기고가전략(skimming pricing)을 추구한다.

3) 현상유지적 가격목표

현상유지적 가격목표는 현재 시장에서 좋은 위치를 차지하고 있어서 더 이상의 변화를 원하지 않는 것을 목표로 둔 기업이 설정하는 가격수준이다. 현재의 시장점유율 유지, 경쟁제품의 가격균형유지를 가격결정의 목표로 삼는다.

4) 기타 가격책정의 목표

기업생존 목표는 치열한 경쟁, 소비자들의 기호변화, 급격한 시장축소 등과 같은 어려움에 처해 있는 기업에서 주로 설정하는 가격목표이다. 그 외에도 소득수준에 따라 다른 가격을 책정하는 공공가격(social price)이 있다.

☑ 가격결정 방법

가격결정 방법은 가격의 근거를 어디에 두고 있느냐에 따라서 크게 비용중심적 가격결정, 소비자중심적 가격결정, 경쟁중심적 가격결정 등의 가격결정 방법이 있다.

1) 비용중심적 가격결정(Cost Based Pricing)

비용중심적 가격결정은 제품의 생산과 판매에 들어가는 모든 비용(고정비용과 변동비용)에 목표이익을 더하는 것으로, 아래와 같이 4가지 유형의 가격결정 방식이 있다.

(1) 비용가산 가격결정(Cost-Plus Pricing)

비용가산 가격결정방법은 사전에 결정된 목표이익을 총비용에 가산함으로써 가격을 결정하는 방법으로써 가격을 결정하는 가장 손쉬운 방법이다.

$$가격 = \frac{총고정비용 + 총변동비용 + 목표이익}{총생산량}$$

(2) 가산이익률에 따른 가격결정(Markup Pricing)

가산이익률에 따른 가격결정은 먼저 제품 한 단위당 생산비용이나 구매비용을 계산한 후 판매비용의 충당과 적정이익을 남길 수 있는 수준의 가산이익률을 결정하여 가격을 책정하는 방법이다.

$$가격 = \frac{단위비용}{(1 - 가산이익률)}$$

(3) 목표투자이익률에 따른 가격결정(Target Return Pricing)

목표투자이익률에 따른 가격결정은 기업이 목표로 하는 투자이익률을 달성할 수 있도록 가격을 설정하는 방법으로, 자본집약적 산업에서 주로 활용한다.

$$가격 = \frac{투자비용 + 목표투자이익률(\%)}{표준생산량} + 단위비용$$

(4) 손익분기점 분석에 의한 가격결정(Break-Even Analysis Pricing)

　　손익분기점 분석에 의한 가격결정은 주어진 가격 하에서 총수익이 총비용(고정비+변동비)과 같아지는 매출액이나 매출수량을 산출해 이를 근거로 가격을 결정하는 방법이다.

$$손익분기점(판매량) = \frac{총고정비용}{가격 - 단위당\ 변동비용}$$

2) 소비자중심적 가격결정(Consumer Based Pricing)

　소비자중심적 가격정정방법은 제품에 드는 비용보다는 표적시장 소비자들의 제품에 대한 평가와 그에 따른 수요를 바탕으로 가격을 결정하는 방법으로 최근 들어 많이 활용되는 가격결정 방식이다. 이는 소비자들에게 직접 지각된 제품 가치를 물어보는 방법으로 소비자가 느끼는 가치를 토대로 가격을 결정한다. 소비자의 가치를 높일 수 있다면 비용중심적 가격결정보다 더 높은 가격을 책정하더라도 소비자는 그 가격을 쉽게 수용할 수 있다.

(1) 직접가격 평가법(Direct Price-rating Method)

　　직접가격 평가법은 소비자들에게 지각된 상품가치를 직접 물어보는 방법으로, 실제로 자주 활용되는 방법이다.

(2) 직접지각가치 평가법(Direct Perceived Value-rating Method)

　　직접지각가치 평가법은 상품의 상대적인 지각가치를 직접 조사하는 것으로, 여러 개의 상품들에 대해 소비자가 직접 점수를 부과하여 가치를 평가하게 하는 방법이다.

(3) 진단적 방법(Diagnostic Method)

　　진단적 방법은 소비자들로 하여금 조사제품에 대하여 제품속성의 중요도와 속성별 신념을 평가하도록 하여 소비자의 지각된 상품가치를 조사하는 방법이다.

3) 경쟁중심적 가격결정(Competition Based Pricing)

　경쟁중심적 가격결정방법은 경쟁사들의 가격을 가격결정의 가장 중요한 기준으로 간주하는 방법으로 일반적으로 가장 많이 활용되고 있는 방식이다.

(1) 시장가격에 따른 가격결정(Going-rate Pricing)

시장가격에 따른 가격결정은 자신들의 비용구조나 수요보다는 경쟁자의 가격을 보다 중요하게 생각하며, 보통 주된 경쟁자의 제품가격과 동일하거나 비슷한 수준에서 다소 높게 또는 낮게 책정하는 방법이다.

(2) 경쟁입찰에 따른 가격결정(Sealed-bid Pricing)

경쟁입찰에 따른 가격결정은 2개 이상의 기업들이 각각 독자적으로 특정 제품이나 서비스, 프로젝트 등에 대한 가격을 제시하는 방법이다.

이 외에도, 통합적 가격결정방법(Combination Pricing)이 있으며 이는 비용중심적 가격결정, 소비자중심적 가격결정, 경쟁중심적 가격결정을 모두 종합적으로 고려하는 것이 바람직하다고 보는 가격결정 방식하다.

기업은 적합한 제품을 설정하였다면 그에 맞는 가격전략을 수립해야 한다. 가격전략이란 기업이 시장의 수요에 따라 자신의 제품과 서비스의 가격을 결정하는 방식이다. 마케팅믹스 전략의 중요한 요소 중 하나인 가격전략은 가격 측면의 포지셔닝 전략(방향)을 설정하는 과 정으로 이해할 수 있다. 주요 가격전략으로는 신제품 가격전략(초기고가전략과 시장침투전략), 심리적 가격전략(단수가격, 준거가격), 가격조정전략(가격할인과 공제, 가격 차별화), 제품결합 을 통한 가격전략(가격계열화, 2부제 가격, 제품 묶음가격) 등이 있다.

1 신제품 가격전략

1) 초기고가전략

초기고가전략(skimming pricing)은 신제품을 시장에 내놓을 때, 우선 그 제품에 대해 높은 가격을 지불할 의사가 있는 초기 세분시장고객을 대상으로 가격을 높게 책정하는 전략이다. 초기에 높은 가격을 수용하는 계층은 일반적으로 혁신자(innovator) 계층으로서 이들은 가격 에 민감하지 않으며 다른 사람들보다 신제품을 먼저 사용하고자 하는 욕구가 있는 소비자들 이다. 이 전략은 연구개발비 또는 생산설비투자에 대한 비용의 빠른 회수를 위해 초기에 많 은 이윤을 확보해야 할 경우 주로 사용된다.

2) 시장침투전략

시장침투전략(market penetration pricing)은 일반대중 및 대량 소비자층을 흡수하기 위하여 신제품에 대하여 낮은 가격을 설정하는 것으로 규모의 경제가 존재하거나 단위당 이익이 낮 을지라도 대량판매를 통하여 높은 총이익을 확보할 목적으로 사용되는 가격정책이다.

다음의 <표 3-6>은 시장여건에 따라 적합한 신제품 가격전략에 대해 제시하고 있다.

<표 3-6> 시장여건에 따른 가격전략의 비교

시장여건	초기고가전략	시장침투전략
가격탄력성	비탄력적	탄력적
생산 및 마케팅비용	높다	낮다
규모의 경제	작다	크다
경쟁자의 진입의 용이	어렵다	쉽다
제품의 혁신성	크다	작다
제품의 확산속도	느리다	빠르다
표적시장	작다	크다
기업의 생산 및 마케팅능력	작다	크다

출처: 안광호 · 하영원 · 박흥수 (2014), 마케팅원론, p.29, 학현사.

2 심리적 가격전략

심리적 가격전략은 최종가격 선정 단계에서 가격에 대한 소비자의 지각을 반영하는 방법으로, 단수가격결정, 준거가격 등이 이에 해당한다. 단수가격결정(odd pricing)은 제품에 대한 가격 책정시 100원, 1000원 등으로 하지 않고, 95원, 999원 등의 단수를 붙여 판매하는 가격전략으로, 이 전략의 가장 큰 효과는 가격 자릿수 하나가 줄어들기 때문에 소비자가 저렴하다고 인식하게 된다. 준거가격(reference price)이란 소비자가 특정 제품에 대한 가치평가를 하는 기준가격을 말한다. 이러한 준거가격을 활용한 대표적인 사례인 도요타의 경우, 목표시장 소비자들이 벤츠, BMW를 자사의 경쟁차종으로 인식하도록 해 렉서스의 준거가격을 높였다.

3 가격조정전략

1) 현금할인

현금할인(cash discount)은 제품대금을 외상이나 어음이 아닌 현금으로 지불할 경우 가격을 깎아주는 것으로 수량할인, 거래할인, 계절할인 등이 이에 해당된다. 수량할인(quantity discount)은 대량으로 구매하는 소비자에게 가격을 할인해 주는 것이고, 거래할인(transactional discount)은 판매, 보관, 장부정리 등과 같은 판매업자가 해야 할 일을 대신 수행하는 중간상에 대해 이루어지는 가격할인을 말하며, 기능적 할인이라고도 한다. 계절할인(seasonal discount)은 계절이 지난 제품이나 서비스를 구매하는 소비자에 대해 할인해 주는 것을 말한다.

2) 공제

공제(allowances)는 기존제품을 신형제품과 교환할 때 기존의 제품가격을 적절하게 책정하여 신제품의 가격에서 공제해 주거나, 제조업자의 광고나 판매촉진 프로그램에 참여하는 유통업자들에게 보상책으로서 가격을 할인해 주거나 일정금액을 지급하는 것이다.

3) 가격차별화

가격차별화는 서로 다른 세분시장에 대해 상이한 가격을 책정하는 것으로, 가격변화에 비탄력적인 세분시장에 대해서는 고가격을, 탄력적인 시장에 대해서는 저가격을 제시하는 정책이다. 즉 가격차별화 전략은 소비자에 따라, 제품에 따라, 구매시점이나 장소 등에 따라 사용하는 전략으로, 특히 서비스산업에서 고객이 집중되는 시간과 한가한 시간에 따라 서로 다른 가격을 책정하는 형식의 가격차별화 전략을 활용하고 있다. 국제전화의 심야할인, 영화관의 조조할인, 호텔 숙박료의 평일과 주말의 차이, 공연 좌석 위치에 따른 입장표 가격차이 등이 가격차별화 전략의 예로 볼 수 있다.

4 제품결합을 통한 가격전략

1) 가격계열화

가격계열화(price line pricing)은 한 제품에 대하여 단일가격을 설정하는 것이 아니라 품질이나 디자인의 차이에 따라 가격대를 설정하고 그 가격대내에서 개별 상품에 대한 구체적 가격을 결정하는 전략이다.

2) 2부제 가격

2부제 가격(two-part pricing)은 가격체계를 기본가격과 추가적인 사용가격으로 구분하여 2부제로 부가하는 가격전략이다. 놀이공원의 경우, 기본 입장료를 내고 들어가서 놀이시설 개당 사용료를 지불하게 되는데 이러한 경우가 2부제 가격전략의 예이다.

3) 제품 묶음가격

　제품 묶음가격(product-bundle pricing)은 기본적인 제품과 선택사양, 서비스 등을 묶어서 하나의 가격을 제시하는 것으로, 묶음가격이 개별 구성요소들 가격의 합보다 저렴하게 설정하여 소비자가 묶음형태의 제품을 구매하도록 유도하는 전략이다. 개별제품의 경쟁력이 약한 기업들은 최적의 제품묶음을 형성하여 저렴한 묶음가격을 제시함으로써 경쟁우위를 획득할 수 있다.

06 chapter 유통경로관리

17 유통관리의 기초개념

1 유통과 유통경로의 개념

　기업이 아무리 적정한 가격의 좋은 제품을 만들고 촉진활동을 한다고 해도 실제로 고객들이 구매하고자 할 때 적절한 장소에서 적절한 시기에 원하는 서비스를 받지 못한다면 기업과 소비자 사이의 교환활동은 원활하게 일어나지 못할 것이다. 따라서 최종 소비자의 상품이나 서비스에 대한 욕구를 효과적으로 충족시키기 위해서는 제조업자, 도매상, 소매상, 그 밖의 유통관련 기관의 적절한 조합을 통합 기관간의 상호협조가 원활하게 이루어져야 한다. 이렇듯 기업이 고객에게 가치를 전달하기까지 유통의 역할은 매우 중요하다.

　유통(distribution)이란 최종 소비자가 제품 또는 서비스를 구매하기까지의 다양한 조직들을 연결시키고 주문, 거래협상, 지불, 금융 및 수용, 보관과 같은 마케팅 기능의 흐름을 촉진시켜 주는 활동을 의미한다. 또한 유통산업이란 도매상, 소매상, 물적유통기구 등과 같이 유통기능을 수행하고 지원하는 유통기구들의 집합체를 말한다. 이 때 제조업자→도매상→소매상→소비자로 이어지는 수직적 연결시스템을 유통경로(distribution channel)라 한다(<그림 3-15> 참조).

　유통경로는 편리한 장소에서 고객이 원하는 물량, 품질, 그리고 가격으로 재화와 서비스를 공급해 줌으로써 수요를 만족시켜줄 뿐만 아니라 경로구성원들의 촉진활동을 통해 수요를 자극한다. 요컨대, 유통경로는 생산과정을 통해 얻어진 상품의 사용가치에 추가적인 효용(시간효용, 장소효용, 소유효용, 형태효용)을 부가함으로써 상품의 교환가치를 높여서 완전한 상품이 되게 하고시장에서 상품으로 거래될 수 있도록 한다.

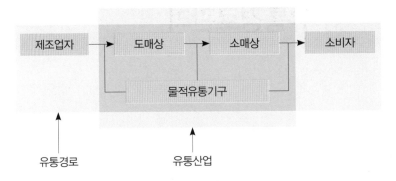

〈그림 3-15〉 유통산업과 유통경로

유통경로에서 중간상이 필요한 이유는 다음 몇 가지 원리로 설명할 수 있다.

첫째, 총거래수 최소의 원리(principle of minimum total transaction)이다. 생산자와 소비자 간의 직접거래에 비해 중간상이 개입함으로써 거래의 수를 최소화하고 그로 인한 거래비용도 낮출 수 있다. 〈그림 3-16〉에서처럼 중간상이 없으면 $3 \times 3 = 9$개의 거래가 발생하지만 중간상이 개입하면 $3 + 3 = 6$개의 거래로 거래수가 최소화된다. 이처럼 m개의 생산자와 n개의 소매상의 총거래수는 $m \times n$개이지만 그림에서처럼 도매상 하나가 존재하면 총거래수는 $m + n$개로 최소화된다. 1회 거래비용을 a원이라 한다면 도매상이 없는 경우는 $a(m \times n)$원인데 도매상이 있는 경우에는 $a(m + n)$으로 줄게 된다.

〈그림 3-16〉 생산자와 소비자 간의 거래횟수

둘째, 변동비 우위의 원리(principle of variable cost superiority)이다. 유통분야는 제조분야에 비해 변동비의 비중이 상대적으로 크므로 유통분야를 키워서 중간상이 개입하더라도 고정비 증가가 크지 않고 시장여건에 따라 축소시킬 수 있는 장점이 있다.

셋째, 집중저장과 불확실성 풀의 원리(principle of massed reserve and of pooling uncertainty)이

다. 중간상의 개입은 사회전체 보관(storage)의 총량을 감소시킨다. 특정 상권안에 도매상이 없다면 각 10개의 소매상은 100개의 재고를 가져야 하지만, 인근에 도매상이 재고를 가지고 있다면 소매상은 50개의 재고만 가져도 된다. 도매상이 없을 때 그 상권의 총 재고량은 100개×10개 점포=1,000개이지만, 도매상이 존재하면 도매상 재고 200개를 가정할 때 총재고량은 200+(50×10)=700개로 총재고량이 감소하였다. 그렇게 함으로써 도매상이 그 상권의 불확실성을 묶어 두는 기능을 하게 된다.

넷째, 분업의 원리(principle of division of work)이다. 유통경로에서 수행되는 기능들, 즉 수급조절, 보관, 위험부담, 정보수집 등을 제조업자가 모두 수행하기 보다는 전문성을 갖춘 유통업체에게 맡기는 것이 경제적이다.

2 유통경로가 창출한 효용

경제학에서 효용(utility)이란 제품이 소비자에게 이전보다 더 유용하거나 접근하기 쉽게 만들어질 때 제품에 부가되는 욕구충족 능력이나 가치를 말한다. 유통경로가 잘 갖추어져 있다면 소비자는 원하는 시간에, 편리한 장소에서, 적은 현금(유동성)으로도 상품을 구매할 수 있다. 소비자는 자신이 필요로 하는 제품을 취급하는 중간상을 찾음으로써 효율적으로 원하는 바를 탐색한다. 따라서 유통경로를 통해 창출할 수 있는 주된 효용으로는 형태 효용, 시간 효용, 장소 효용, 소유 효용 등이 있다.

1) 형태 효용(form utility)

생산자가 원재료를 유용한 제품으로 변화시킴으로써 형태 효용을 제공한다.
예 스타벅스는 고객이 원하는대로 커피를 만들어 제공

2) 시간 효용(time utility)

소매상과 같은 중간상은 소비자가 제품을 필요로 할 때 구매할 수 있도록 함으로써 제품에 시간 효용을 더해준다.
예 편의점의 24시간 영업, 대학들이 주간/야간 클래스 운영

3) 장소 효용(place utility)

사람들이 원하는 장소에 제품을 둠으로써 제품에 장소 효용을 더한다.

에 은행들은 현금자동인출기(ATM)를 편리한 장소에 비치, 청량음료를 자판기에서 쉽게 구입

4) 소유 효용(possession utility)

신용제공을 포함하여 한 쪽에서 다른 쪽으로 소유권을 이전하는데 필요한 일을 함으로써 소유 효용을 추가한다. 소유 효용에는 배달, 설치, 보증, 사후서비스 등을 포함한다.

에 자동차 딜러들은 구매자에게 대출을 알선, 백화점에서 옷을 구입 후 신용카드로 결제

5) 정보 효용(information utility)

마케팅 참가자들 사이에 정보에 대한 쌍방향 흐름을 개설하여 정보 효용을 추가한다.

에 델(Dell) 컴퓨터 웹사이트는 PC 구매자에게 조언을 제공, 지방정부 지도는 여행자의 위치를 알려 줌

6) 서비스 효용(service utility)

판매 중과 판매 후에 서비스를 제공하고, 소비자에게 제품을 가장 잘 사용하는 방법을 가르쳐주어 서비스 효용을 추가한다.

에 PC 생산자와 소매상은 구매자에게 필요한 도움 제공 및 소프트웨어 업데이트 서비스 제공

3 유통경로의 기능

유통경로는 편리한 장소에서 고객이 원하는 물량, 품질, 그리고 가격으로 재화와 서비스를 공급해 줌으로써 수요를 만족시켜줄 뿐만 아니라 경로구성원들의 촉진활동을 통해 수요를 자극한다. 유통경로가 필요한 이유는 수요와 공급의 두 측면에서 나누어 살펴볼 수 있다.

수요측면에서 유통경로 내 중간상은 생산과 소비의 양 극점 사이에 존재함으로써 ① 제품의 구매와 판매에 필요한 정보탐색 노력을 감소시켜 주고, ② 제조업자의 기대와 소비자 기대 간의 차이를 조정해 준다. 공급측면에서 볼 때 유통경로 내 중간상은 ① 반복적인 거래를 가능하게 함으로써 구매와 판매를 보다 용이하게 해주고, ② 교환과정에 있어 거래비용 및 거래횟수를 줄임으로써 효율성을 높여준다.

1) 탐색과정의 촉진

중간상은 제조업자와 소비자가 필요로 하는 정보를 제공해 주며, 하나의 장소에서 많은 제품을 취급함으로써 정보탐색에 따른 비용과 시간을 감소시켜 준다.

2) 분류기능

제조업체는 한정된 종류의 제품을 대량생산하기를 원하지만, 소비자는 다양한 제품들 중에서 최선의 제품을 선택하여 소규모로 구매하기를 원한다. 즉 제조업체와 소비자 간 원하는 제품의 구색에 있어 차이가 발생하게 되는데, 중간상은 분류(sorting) 기능을 수행함으로써 이러한 차이를 해소시켜 준다. 중간상이 수행하는 분류기능은 등급, 수합, 분배, 구색화의 네 가지로 나누어 볼 수 있다.

① 등급(sorting out): 다양한 공급원으로부터 제공된 이질적인 제품들을 상대적으로 동질적인 집단으로 구분하는 것을 말한다.

② 수합(accumulation): 다양한 공급원으로부터 소규모로 제공되는 동질적인 제품들을 한데 모아 대규모 공급이 가능하게 만드는 것을 말한다.

③ 분배(allocation): 수합된 동질적 제품들을 구매자가 원하는 소규모 단위로 나누는 것을 말한다.

④ 구색화(assorting): 상호연관성이 있는 제품들을 일정한 구색을 갖추어 함께 취급하는 것을 말한다.

3) 반복화

모든 거래는 구매자와 판매자가 구매 또는 판매될 제품의 양, 운송방법과 시기, 대금지불 방법과 시기, 기타 교환에 필요한 조건들에 동의함으로서 이루어진다. 중간상의 개입으로 교환과정을 보다 단순화시킬 수 있으므로 보다 많은 거래를 효율적으로 이루어낼 수 있다. 또한 거래의 반복화는 제품이나 서비스가 표준화되어 있지 않은 경우보다 표준화되어 있는 경우에 보다 용이하므로 반복화를 통해 교환시스템(예 전자문서교환시스템(EDI) 또는 연속재고 보충프로그램(CRP))이 보다 효율적으로 운영될 수 있다.

4) 교환과정의 효율성 제고

생산자는 중간상을 둠으로써 기존의 거래횟수를 줄일 수 있게 된다. 생산자들은 중간상을 이용하면 적은 비용으로 더 많은 잠재고객에 도달할 수 있기 때문에 생산자와 소비자 간의 직접거래에 비해 거래빈도의 수와 거래비용을 낮출 수 있다.

5) 고객서비스 제공

유통경로는 제조업자를 대신하여 소비자에게 애프터서비스의 제공과 제품의 배달, 설치, 사용방법의 교육 등의 서비스를 제공한다.

4 유통경로의 유형

유통경로는 사회적 환경과 상황에 따라 다양해진다. 그러나 유통경로의 기본적인 유형은 제품의 종류에 따라 소비재 유통경로와 산업재 유통경로로 구분할 수 있으며 이를 간략히 설명하면 다음과 같다.

1) 소비재 유통경로의 유형

소비재 시장에서의 경로구성원은 크게 소매상과 도매상으로 분류된다. 소매상은 최종소비자에게 제품 또는 서비스를 판매하는 것과 관련된 모든 활동을 수행한다. 도매상은 생산자(공급자)와 소비자(소매상) 모두에게 마케팅기능을 수행한다. 이외에도 창고업자나 수송업자와 같은 물류기관, 광고회사, 금융기관 등 모든 마케팅 조직들이 유통경로 구성원으로 존재한다. 여기서는 제조업자, 도매상, 소매상을 중심으로 살펴보기로 한다. <그림 3-17>은 소비재 시장에서 가능한 유통경로 유형을 나타내고 있다.

〈그림 3-17〉 소비재 유통경로 유형

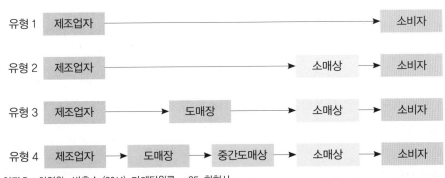

출처: 안광호·하영원·박흥수 (2014), 마케팅원론, p.35, 학현사.

[유형 1]은 생산자가 소비자에게 직접 판매하는 것을 뜻한다. 이는 생산자와 소비자 사이

에 중간상이 없는 유통경로로서, 가정방문판매, 통신판매 등이 이러한 유통경로의 대표적인 예이다.

[유형 2]는 하나의 중간상이 개입된 경로유형으로, 소비재가 생산자로부터 직접 백화점이나 연쇄점 등의 대규모 소매상에 판매되어 소비자에게 이르게 되는 유통경로이다. 일반적으로 자동차, 의류, 가전제품 등이 이러한 유통경로 유형을 취한다.

[유형 3]은 소비재 중에서 소비자가 원할 때 손쉽게 구입할 수 있는 편의품, 즉 식료품, 일용잡화 및 의약품 등에 주로 이용되는 유통경로로, 이러한 유형의 유통경로가 가장 일반적이다.

[유형 4]는 제조업자가 대리점이나 특약점에 판매를 위탁하는 유통경로로, 이 경우 제조업자는 신뢰할 수 있는 대리점이나 특약점을 선별하는 것이 특히 중요하다.

2) 산업재 유통경로의 유형

산업재의 경우에는 고객에게 직접 판매하는 유통경로 유형이 가장 일반적이다. 이 경우 제조업체의 판매원이 직접 고객회사를 방문하여 상담을 한다. 제품이 기술적으로 복잡하여 고객이 기술지원을 받아야 하는 때나, 수는 적고 규모는 큰 고객회사들이 지리적으로 집중되어 있을 때에 이 방법이 많이 활용된다. 이 밖에도 도매상과 비슷한 기능을 수행하는 산업용품 유통업자나 대리점을 통하는 방법이 있다. 다음의 <그림 3-18>은 산업재 시장에서 가능한 유통경로 유형을 나타내고 있다.

<그림 3-18> 산업재 유통경로 유형

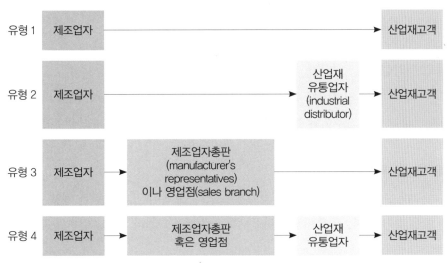

출처: 안광호 · 하영원 · 박흥수 (2014), 마케팅원론, p.36, 학현사.

유통경로를 설계할 때에는 경로의 길이, 경로의 폭, 전개 지역의 넓이, 그리고 경로구성원에 대한 의사결정을 검토하여야 한다. 유통경로를 설계하는 과정은 다음과 같다.

첫째, 고객이 바라는 서비스 수준과 비용 상승의 문제를 고려한다.
둘째, 표적시장을 선정한다.
셋째, 가장 적합한 유통방법을 모색한다.
넷째, 중간상의 수와 성격을 결정한다.
다섯째, 대안(매출액 증가, 비용 상승, 중간상에 대한 통제가능성과 중간상의 수, 중간상 유지비용 등을 고려)을 평가한다.

유통경로 설계를 위해 필요한 사항은 다음과 같다.

1) 고객이 원하는 서비스 분석

고객이 원하는 유통 서비스의 분석이 가장 먼저 선행되어야 한다.

2) 대기시간

대기시간이 짧을수록 고객의 만족도는 커진다.

3) 제품의 다양성

고객은 가능하면 한 점포에서 원하는 제품을 모두 구매하려는 경향이 있으므로 점포에서 다양하게 제품 구색을 갖추어야 한다. 다양한 제품을 구비할수록 소비자의 만족도는 커진다.

4) 구매 가능한 제품의 최소단위

제품의 구매 단위가 커지면 고객은 부담을 느낀다. 고객이 필요한 만큼 제품을 구매하는 게 가장 좋을 것이다. 즉, 구매 단위가 작을수록 만족도가 커진다.

5) 점포의 숫자와 분포

고객이 제품을 구입하기 위해 많은 시간과 비용을 지불하지 않도록 하는 측면에서 점포를 찾아가기 쉽도록 하면 소비자의 만족도는 커지게 된다.

6) 유통경로의 목표를 설정

유통경로의 목표를 설정할 때는 제품의 특성, 중간상의 특성, 경쟁 기업의 특성, 자사의 특성, 환경의 특성 등이 함께 고려되어야 한다.

① 제품의 특성

제품의 특성은 제품의 부피, 표준화 여부, 부패 및 변형 가능성 등을 말하는데 이는 유통경로설계 과정에서 아주 중요한 요소이다.

② 중간상의 특성

중간상의 특성을 분석, 평가하여 가장 적합한 유통경로를 설계해야 한다.

③ 경쟁기업의 특성

경쟁기업의 유통경로도 자사의 유통경로 설계에 큰 영향을 미친다.

④ 자사의 특성

자사의 자본, 조직, 인력 구조 등과 같은 경영 자원의 특성을 파악해야 한다. 이를 토대로 자사의 경영자원에 가장 적합한 유통경로를 설계할 수 있다.

⑤ 환경의 특성

경제적, 기술적, 법률적 환경 등에 따라 유통경로를 설계하는데, 경기가 활황이면 유통경로를 확대하고 경기가 불황이면 유통경로를 축소하는 것이 일반적이다.

어떤 유통경로를 선택하느냐에 따라 중간상의 수, 유통비용, 관리 등이 달라지므로 목표에 맞는 효율적인 유통경로전략을 세워야 한다. 유통경로전략은 유통경로구성원의 수 결정에 영향을 미치게 된다. 일반적으로 유통의 개방정도(시장 포괄범위, 시장 커버리지)에 따라 개방적 유통, 선택적 유통, 전속적 유통으로 분류된다.

1 개방적 유통(intensive distribution)

개방적 유통경로는 시장을 가능한 넓게 개척하기 위해서 많은 경로구성원들을 이용함으로써 제품의 시장노출을 극대화하는 것이다. 즉, 개방적 유통에서는 취급 점포의 수를 최대한으로 높이는 경로 전략을 설정하다.

이 전략은 충동구매의 증가, 상품에 대한 소비자인식의 고취, 소비자의 편의성 제고, 판매량이 크게 증가하는 현상 등의 긍정적인 효과를 가질 수 있다. 하지만 마진이 작고, 소량 주문이 되기 쉬우며, 재고 비용과 재주문의 수가 증가하고, 통제력이 적어지는 점, 광고비 및 판매 관리비 증대, 중간상에게 다른 경쟁사의 상품보다 자사의 상품을 더 팔아달라고 동기를 부여를 하는 것이 어렵다는 단점이 있다.

이 전략은 주로 생활용품, 편의품과 같이 빈번히 구매되고 지역별 가격차이가 없는 제품에 이용되며, 대표적인 제품으로는 라면, 콜라 등의 음료, 과자류, 사무용 기기, 연장 등이 있다.

2 선택적 유통(selective distribution)

선택적 유통경로는 개방적 유통경로와 전속적 유통경로의 중간형태로서, 선택적 유통경로의 목적은 시장범위를 제한하는 것이다. 즉, 제한된 수의 유통업자를 통해서 판매하는 전략이기 때문에 일정 지역에서 일정 수준 이상의 자격요건을 지닌 소매점만 자사제품을 취급하도록 한다. 제조업자는 판매량, 상품 회전율, 주문량 등에 있어서 만족할만한 이익을 주는 경우에 선택적 유통경로를 선택한다.

이 경로전략의 정점은 유통비용을 절감할 수 있고, 제품의 독특성, 희소성, 선택성과 같은 이미지를 제공함으로써 소비자만족을 높일 수 있다는 것이다.

소비용품 중 전문품, 전자기기 등의 브랜드 애호도가 높은 경우에 주로 사용하게 되며, 의류, 가구, 가전제품 등의 제품이 이에 해당한다.

3 전속적 유통(exclusive distribution)

전속적 유통은 정해진 지역에서 특정 경로구성원만이 활동하는 유통전략으로, 자동차 대리점 등과 같은 경쟁제품을 취급하지 않는 형태를 취한다. 즉, 특정 지역에 단일 도매상이나 단일 소매상만을 통해 판매하는 전략을 설정한다.

제조업자 입장에서의 장점으로는 유통업자의 충성도가 높으며, 판매 지원이 활발하게 이루어진다. 또한 단일 유통업자를 통해서 판매하는 경우 보다 정확한 판매 예측과 효율적인 재고관리 시스템 및 소매상 통제 시스템을 가질 수 있다. 한편, 중간상의 입장에서의 장점으로는 마진이 높으며, 제조업자와의 사이에 가격, 광고, 재고관리 등에 의견 일치를 보기 용이하다는 점을 들 수 있다. 하지만 단일 유통업자를 통해서 판매되는 것이 보통이므로 자연적으로 판매량이 제한되게 되며, 제조업자의 입장에서 보면 중간상의 세력이 너무 커지는 경향이 있다.

이 경로전략은 귀금속, 자동차, 고급의류 등과 같은 고가제품에서 주로 사용된다.

07 chapter 촉진관리

20 촉진관리의 기초개념

1 촉진과 촉진믹스

촉진(Promotion)은 어떤 상품을 현재 또는 미래의 고객들에게 알리고, 이것을 구매하도록 설득하며, 구매를 유도할 수 있는 여러 가지 커뮤니케이션 수단들의 총합을 의미한다. 기업은 촉진활동을 통해 제품컨셉을 효과적으로 전달할 수 있으며, 교환시 발생하는 거래장애 요소들을 효과적으로 제거할 수 있다.

마케팅 관리자는 제품과 서비스를 촉진하기 위해 다양한 커뮤니케이션 수단을 활용한다. 전통적인 촉진기법은 광고, 인적판매, 판매촉진, PR 등을 포함한다. 광고가 촉진하고자 하는 제품 또는 기업을 비인적 매체를 통하여 알리고 구매를 유도하는 모든 형태의 활동이라면, PR은 기업이나 제품에 대해서 전반적으로 호의적인 태도나 의견을 가지도록 하는 커뮤니케이션 활동을 말한다. 판매촉진은 구매를 유도하기 위하여 제공되는 여러 가지 단기적인 인센티브를 말하고, 인적판매는 판매하려는 기업의 대리인이 잠재고객에게 제품을 직접 알리는 것으로 대면접촉이나 전화로 이루어지는 활동을 말한다.

기업은 제품의 촉진을 위해 광고, 인적판매, 판매촉진, 홍보를 조합하여 사용하는데, 이것을 촉진믹스(promotion mix)라고 한다. 촉진믹스를 결정할 때는 촉진목표 및 마케팅목표 달성에 효과적일 수 있도록 촉진 방법들 간 적절한 믹스를 구성해야 한다. <표 3-7>은 촉진믹스의 각 요소별 장점과 단점을 정리한 내용이다.

<표 3-7> 촉진믹스 요소별 장점과 단점

요소	장점	단점
광고	• 동시 다수 구매자에게 도달이 효율적 • 상표 이미지 창조에 효과적 • 유연성 높음 • 선택할 수 있는 여러 가지 매체가 있음	• 잠재구매자가 아닌 불특정 다수에게 도달함 • 노출 시간이 짧음 • 광고를 여과하는 경향이 있음 • 총비용이 매우 높음
인적 판매	• 판매원은 설득적이며 영향력이 있음 • 쌍방 커뮤니케이션으로 고객 불만 정보 수집 용이 • 촉진 메시지가 표적화 가능성 높음	• 접촉 건당 비용이 높음 • 판매원을 모집하고 동기부여하기가 어려움 • 판매원간에 판매 제시 기술이 상이함
판매 촉진	• 수요를 위한 계획된 단기적 가격 인하가 용이함 • 여러 이용 가능한 판매촉진 도구가 있음 • 단기적인 행동을 변화하는데 효과적임 • 다른 커뮤니케이션과 연결이 용이함	• 타인에게 영향을 주지 않는 동안 상표 충성객으로 하여금 구매를 유도하는 위험 • 영향이 단기간 동안으로 제한적임 • 가격관련판매촉진이 상표이미지를 손상함 • 경쟁자가 모방하기 쉬움
PR	• 총비용이 낮음 • 매체에서 만들어진 메시지가 마케팅 관리자가 후원하는 메시지보다 신뢰적임	• 매체들이 협력하지 않을 수 있음 • 매체에 주의를 끌기 위한 극심 경쟁 • 마케팅 관리자가 메시지에 대해 통제할 수 없음

2 촉진믹스의 결정요인

마케팅 관리자는 촉진 예산을 주요 커뮤니케이션 수단에 어떻게 배분할 것인가, 어떤 촉진믹스를 가질 것인가 등을 결정하여야 한다. 촉진믹스를 결정할 때 마케팅 관리자가 고려하는 주요 요소는 다음과 같다.

1) 제품의 종류

촉진믹스 각각의 효용은 제품의 종류에 따라서 달라진다. 제품을 소비재와 산업재로 나누면 소비재를 판매하는 기업은 주로 광고에 치중을 하고, 판매촉진, 인적판매, PR 순으로 예산을 편성한다. 반면에 산업재의 경우 기업들은 인적판매를 가장 중요시 하고, 판매촉진, 광고, PR 순으로 예산을 편성한다.

2) 마케팅전략의 방향

기업이 마케팅전략의 기본 방향을 풀(pull, 끌기)전략으로 하느냐 또는 푸쉬(push, 밀기)전략으로 하느냐에 따라 촉진믹스가 달라진다. 풀전략이란 제조업체가 최종 소비자에게 직접

광고를 통하여 소구하고, 소비자들이 중간상을 방문하여 그 상품을 요구하며, 중간상이 제조업체에게 주문을 내도록 하는 방식의 촉진전략을 말한다. 따라서 제조업체가 풀전략을 사용하면 광고와 최종 소비자를 대상으로 하는 판매촉진 비중이 커지게 된다. 반면에 푸쉬전략은 최종 소비자에게 직접 광고를 하기 보다는 판매원 활동, 협동광고, 구매시점(point of purchase)진열, 중간상의 판매원 훈련 등과 같이 중간상에게 직접 접근하여 촉진하는 방식을 말한다. 따라서 제조업체가 푸쉬전략을 사용하면 인적판매와 중간상을 대상으로 한 판매촉진의 비중이 커지게 된다(<그림 3-19> 참조).

<그림 3-19> 풀전략/푸쉬전략에 따른 촉진믹스

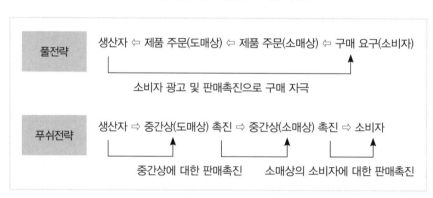

3) 제품수명주기 단계

제품수명주기의 각 단계를 거치는 동안에 한 제품에 대한 촉진믹스는 달라진다. 도입기에는 커뮤니케이션의 주된 목표가 가능한 많은 소비자에게 제품의 존재를 알리고, 제품의 시험구매를 유도하는 것이다. 따라서 이 단계에서는 대중매체를 통한 광고, PR, 판매촉진의 비중이 높다. 성장기에는 광고의 비중은 더 커지고 반면, 시험구매를 유도할 판매자극제를 제공할 필요성이 도입기 보다 줄어들기 때문에 판매촉진과 PR의 중요성은 상대적으로 낮아진다. 그 대신 중간상을 대상으로 하는 인적판매와 판매촉진이 강화되기 시작한다. 성숙기에는 인적판매의 비중이 더 커지고, 광고는 주로 제품의 존재를 상기시키는 역할을 하게 된다. 또한 경쟁에 대처하고 제품의 새로운 용도와 특성을 강조하기 위해 촉진 비용을 증가시켜야 한다. 쇠퇴기에는 소비자들이 제품을 잊지 않을 수준으로만 광고를 실시하고, PR과 인적판매는 거의 감소한다. 대신, 판매촉진이 다시 강화되는 경우가 있을 수 있다.

4) 소비자의 의사결정단계

촉진의 방법은 소비자의 의사결정단계에 따라서 상당히 달라질 수 있다. 소비자 의사결정 초기단계인 인지와 지식 단계에서는 광고와 홍보가 중요한 역할을 수행할 수 있으며, 소비자의 호감, 선호 및 확신단계에서는 인적판매가 더 효과적이다. 의사결정의 마지막 단계인 구매단계에서는 판매원의 방문이나 판매촉진 등의 촉진 수단이 사용된다.

3 통합적 마케팅 커뮤니케이션(IMC)

1) IMC의 개념

1990년대 이후부터 통합적 마케팅 커뮤니케이션(Integrated Marketing Communication: IMC)에 대한 관심이 확산되고 있다. IMC란 개별적인 마케팅활동으로 수행되어 오던 여러 가지 촉진 수단들을 통합적으로 관리하고 상호간의 일관성과 보완성을 증대시키는 것을 말한다. 즉, 광고, 판매촉진, PR 등 다양한 커뮤니케이션 수단들의 전략적인 역할을 비교·검토하고, 명료성과 정확성 측면에서 최대의 커뮤니케이션 효과를 거둘 수 있도록 이들을 통합하는 총괄적인 계획의 수립 과정이 된다.

2) IMC의 특징

IMC는 다음의 몇 가지 특징을 가진다. 첫째, 고객의 행동에 영향을 미친다. IMC는 브랜드 인지도 및 브랜드에 대한 소비자 태도뿐만 아니라 제품구매를 이끌어 낼 수 있어야 한다. 둘째, 모든 고객접점을 활용한다. 즉, IMC는 고객접촉 수단을 메시지 전달경로의 대안으로 활용한다. 셋째, 고객 혹은 유망고객으로부터 출발한다. IMC는 고객욕구의 파악으로부터 출발하는 외부지향적(outside-in) 접근법을 채택하는 소비자중심적 전략이다. 넷째, 시너지 효과를 달성하기 위해 다양한 마케팅 도구들이 하나의 목소리를 낼 수 있도록 각 커뮤니케이션 도구의 역할에 대한 조정이 절대적으로 중요하다. 다섯째, 브랜드와 소비자 간에 지속적인 연계관계의 형성을 통해 반복구매, 나아가 브랜드 애호도를 실현하는 것이다.

3) 마케팅과 IMC의 차이

IMC는 한 가지 촉진수단 및 채널을 이용하지 않고 통합적인 채널을 마케팅 수단으로 활용하여 고객과의 소통을 통해서 고객과의 관계를 강화하고 가치를 교환하는 마케팅 수단이다. 즉, 기존의 마케팅 활동들은 분산되어 수행되었지만, IMC는 마케팅이 이루어지는 채널의 통합뿐만 아니라 소비자에게 전달하고자 하는 메시지와 인식시키고자 하는 이미지의 통합에 중점을 두고 있다.

21 ● 광고관리

1 광고의 개념과 목표

1) 광고의 개념

광고는 광고주가 아이디어나 제품 또는 서비스에 대한 정보를 표적고객에게 비(非)인적 매체를 이용하여 전달하는 것을 말한다. 모든 마케팅믹스의 요소들 중 광고는 제품에 대한 소비자들의 이해를 돕고, 지각적·가치적 장애를 감소시키는데 효과적이다.

2) 광고의 목표

광고주는 광고를 실행하기 전에 반드시 그 목적을 명확하게 설정해야한다. 이 때 광고의 목표는 표적시장, 제품 포지셔닝, 제품 믹스와 관련된 의사결정에 근거를 두고 설정되어야 한다. 왜냐하면 포지셔닝과 마케팅 믹스 전략은 총체적인 마케팅 프로그램을 위하여 광고가 수행해야 할 역할을 결정해 주기 때문이다. 따라서 마케팅 목표 중의 하나인 개념전달 목표와 커뮤니케이션 수단들 간에 일관성이 있어야 하며, 여러 가지 커뮤니케이션 수단들 중에서 광고를 왜 사용하는지에 대한 개념이 뚜렷하게 정립되어 있어야만 효율적인 광고를 개발하고 관리할 수 있다.

광고 목표란 표적청중을 통해 특정 기간 동안에 달성해야 할 구체적인 커뮤니케이션 과업을 말한다. 광의로 보면 광고 목표는 기업 목표와 마케팅 목표의 달성에 기여하는 것이지만, 일반적으로 광고 목표라고 하면 기간과 목표를 명확히 한 산술적인 수치로 제시하는 것을 말한다. 예를 들어, "해당 제품의 인지도를 최초 2개월 동안 25%까지 올린다."는 식으로 설정되어야 한다. 따라서 광고 목표는 효과를 측정하여 확인이 가능한 목표가 되어야 한다.

광고의 목표는 다음과 같은 것들이 있다;
① 인지도 제고
② 제품정보의 제공
③ 브랜드에 대한 호의적 태도 형성
④ 브랜드 선호도 제고
⑤ 만족도 향상 및 구매 후 부조화 감소

3) 광고의 유형

광고 목표에 따라 광고의 유형은 크게 정보전달 광고, 설득 광고, 상기 광고 등으로 구분된다. 정보전달 광고는 일종의 제품 광고(product advertising)로 제품을 판매하는데 주목적이 있는 광고이다. 설득 광고(persuasive advertising)는 제품의 수요를 창출하기 위한 광고로서 제품이 성장단계나 성숙단계에서 타사와 치열한 경쟁을 하고 있을 때 사용하는 광고이다. 상기 광고(reminder advertising)는 이전에 했던 광고를 다시 함으로써 제품의 이름을 다시 생각나게 하는 것이며 제품수명주기에서 성숙기 후기나 쇠퇴기에 사용한다. <표 3-8>은 광고 목표에 따른 광고 유형을 상세하게 설명하고 있다.

〈표 3-8〉 광고 목표에 따른 광고 유형

정보전달 광고	설득 광고	상기 광고
• 신제품을 시장에 알림 • 기본적 수요를 구축 • 기존 제품의 새로운 용도를 제안 • 제품 가격 변화 알림 • 제품의 기능 설명 • 서비스의 유용성 설명 • 오인 내용의 정정 • 구매자의 두려움 감소 • 기업 이미지 구축	• 상표 선호 구축 • 자사상표로 상표 전환 유도 • 제품속성들에 대한 구매자의 지각 변화 유도 • 구매자들의 현시점 구매 설득 • 경쟁이 심화될수록 중요 • 선택적 수요가 목표 • 비교 광고	• 제품이 어디에 구입할 수 있는지를 기억하게 함 • 비수기동안 소비자들이 제품을 기억할 수 있게 함 • 제품을 TOMA로 지속적으로 인지할 수 있게 함 • 성숙기 광고: 특정브랜드가 계속 건재하고 있다는 것을 상기시켜 주기 위한 브랜드 이미지 광고 • 설득보다는 소비자의 기억에서 제품이 사라지지 않게 하는 광고

2 광고 전략의 수립 과정

광고 전략이 수립되는 과정은 <그림 3-20>에 제시된 바와 같이 마케팅 전략의 개발 → 광고 전략의 수립 → 광고의 제작 → 광고효과 측정 및 평가 순으로 이루어진다.

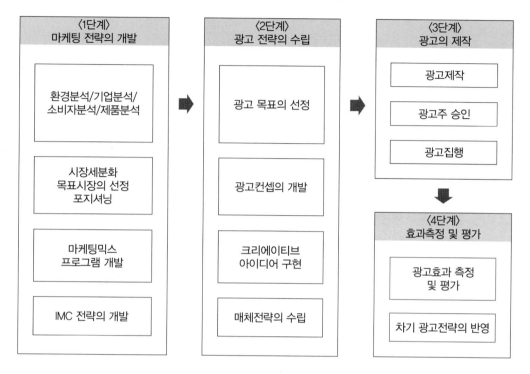

〈그림 3-20〉 광고 전략의 수립 과정

1) 마케팅 전략의 개발

　기업은 가장 먼저 환경분석, 제품분석, 소비자분석, 경쟁분석을 통하여 시장세분화, 목표시장의 선정, 제품 포지셔닝으로 구성된 마케팅 전략의 틀을 정립하고 마케팅 전략의 틀을 토대로 마케팅 믹스 프로그램을 개발한다. 마케팅 전략을 수립한 후에 자사제품을 목표고객에게 전달하기 위한 IMC 전략을 수립한다.

2) 광고 전략의 수립

　마케팅 전략 및 IMC 전략을 수립하고 나면, 광고 전략을 수립하게 된다. 광고 전략의 수립 과정은 광고 목표 및 예산의 설정 → 광고컨셉의 개발 → 크리에이티브 아이디어의 구현 → 매체전략의 수립 순으로 이루어지며, 광고 전략 수립을 위한 단계별 중요한 의사결정 사항으로는 <그림 3-21>과 같다.

광고 목표 및 예산결정		광고컨셉의 개발		크리에이티브 아이디어의 구현		매체전략의 수립
• 마케팅 전략 및 IMC 전략의 검토 • 자료의 추가적 수집 • 광고의 전략적 역할의 구체화 • 광고 목표 설정 • 광고 예산 설정	▶	• 광고컨셉 선정을 위한 기초분석(타겟청중 선정, 경쟁 브랜드 분석, 경쟁적 차별점 결정) • 광고컨셉의 선정	▶	• 아이디어 표현의 무드와 톤의 결정 • 아이디어 표현 방식의 선정 • 광고모델의 선정 • 아이디어 표현의 구체화	▶	• 매체 목표 선정 • 매체 계획 수립(매체믹스 결정, 매체비클 선정, 매체 타이밍 결정, 매체별 옵션 결정, 캐체 계획 스케줄 작성)

(1) 광고 목표 및 예산결정

광고의 전략적 역할이 구체화된 것이 광고 목표이고 광고활동을 통해 달성하고자 하는 소비자 반응으로 설정한다. 소비자 반응으로는 제품에 대한 인지도, 지식, 선호도, 태도, 구매의사, 구매행동 등이 있다. 광고목표가 설정되면 광고대행사는 광고목표를 달성하는 데 필요한 예산을 산출하여 광고주에게 제시한다.

(2) 광고컨셉의 개발

광고 아이디어의 개발은 광고컨셉의 선정에서 시작되는데 이는 광고에서 "무엇을 이야기 할 것인가(what to say)"를 정하는 것이다. 광고컨셉이란 광고의 핵심적인 주제로서 제품을 판매할 수 있는 아이디어를 표현한 것이다. 소비자가 공감할 수 있는 컨셉을 선정하기 위하여 메시지를 전달할 목표청중을 분석하고 주요 경쟁브랜드를 분석하여 브랜드의 경쟁적 차별점을 발굴하게 된다. 또한 광고컨셉은 마케팅 전략에서 설정한 포지셔닝과 밀접한 관계가 있다. 광고컨셉이 갖추어야 할 중요한 조건은 다음과 같다:

① 한 가지 컨셉

제품 특성들 가운데 한 가지를 표현해야 한다. 왜냐하면 인간의 단기기억에서 처리할 수 있는 정보단위는 5~9개 정도이다. 광고주는 막대한 광고비용을 지불하기 때문에 한 광고에서 자사제품의 바람직한 특성들 모두를 이야기하고 싶은 유혹을 갖게 되지만 광고에서는 가장 중요한 한 가지 특성만을 강조해야 한다.

② 단순성과 명료성

광고는 단순명료하고 이해하기 쉬워야 한다. 공간과 시간이 제한되어 있는 상황에서, 그리고 소비자가 메시지에 관심을 집중시키지 않는 상황에서도 그 메시지의 핵심을 소비자의 마음속에 심어줄 수 있어야 하기 때문이다. 따라서 광고제작자는 광고캠페인 실행 전에 표적소비자들이 광고 아이디어를 쉽게 이해할 수 있는지 항상 점검하여야 한다.

(3) 크리에이티브 아이디어의 구현

AE는 팀 구성원들에게 제품의 마케팅 전략, 광고 목표 및 광고컨셉을 설명하고 크리에이티브 아이디어를 개발하기 위한 회의를 진행한다.

(4) 매체전략의 수립

광고를 구체적으로 어떤 시기에 어떤 목표청중들에게 전달할 것인가를 기획하는 단계이다.

3) 광고의 제작

광고 전략이 수립되면 광고대행사는 이를 광고주에게 프레젠테이션을 통해 광고주의 승인 후 광고대행사는 광고를 제작하여 광고주에게 최종제작물을 보여주고 광고 집행에 관한 최종승인 후 광고를 집행한다.

4) 광고효과의 측정 및 평가

광고가 각 매체를 통하여 예정대로 집행되고 나면 광고의 효과를 측정 평가하여 결과를 차기의 광고캠페인 전략수립에 반영하게 된다. 정확한 광고효과의 측정은 전략적 광고활동의 출발점이 된다.

3 광고 크리에이티브 전략의 개발

1) 광고컨셉 표현방향의 결정

크리에이티브 아이디어 구현은 ① 아이디어 표현의 무드와 톤(mood & tone)의 결정, ② 소구유형의 결정, ③ 광고모델의 선정순으로 진행된다. 광고에 관한 아이디에이션을 진행할 때 광고대행사의 AE는 크리에이티브 브리프(광고가 해결해야 할 과제, 광고목표, 표적소비자, 주요 경쟁자, 광고컨셉 등)를 작성하여 팀 구성원에게 제시한다. 이때 광고컨셉은 소비자들에게 제시할 핵심적 혜택 또는 가치, 그 혜택과 가치에 대한 근거의 제시, 광고의 톤과 매너를 포함한다.

2) 소구유형의 결정: 구매동기에 따른 크리에이티브 전략

크리에이티브 표현방식은 광고컨셉을 표현하는 데 있어 소구유형(appeal type)이나 실행스타일(execution style)을 결정하는 것이다. 광고에서 사용되는 소구유형은 크게 이성소구, 감성소구로 구분된다.

(1) 이성소구(rational appeal)

이성소구는 제품의 구매가 청중이 원하는 편익을 제공한다는 내용으로서, 비교광고, 증언광고, 직접적 표현광고, 암시적 표현광고, 설명형의 표현방식, 생활단편형 표현방식 등이 이에 해당된다.

① **비교광고**: 경쟁브랜드들을 직접적으로 혹은 간접적으로 거명하여 몇 개의 제품속성에 대하여 자사브랜드와 경쟁브랜드들을 비교하는 광고이다.

② **증언광고**: 제품과 서비스에 대한 인지, 구매율을 높이는 한편, 재구매·계속구매를 촉진시키는 방법으로 가장 영향력이 있는 것이 구전(words of mouth)이다.

③ **직접적 표현광고**: 제품이 가지고 있는 강점을 직설적으로 표현한다.

④ **암시적 표현광고**: 전달하고자 하는 핵심주제를 연상요소 등을 사용하여 간접적으로 전달한다.

⑤ **설명형의 표현방식**: 광고의 핵심주제를 상세하게 설명하듯이 표현한다.

⑥ **생활단편형 표현방식**: 소비자들이 일상생활 속에서 경험할 수 있는 문제점을 제시한 다음, 광고하는 제품이 이를 해결하는 장면을 보여준다.

(2) 감성소구(emotional appeal)

감성소구는 구매를 유도할 수 있는 부정적 또는 긍정적 감성을 유발하려는 노력으로, 감성소구형 광고로는 다음의 형태들이 있다.

① **감정전이형 광고**: 소비자들이 제품을 사용할 때 느낄 수 있는 감정을 광고 속에서 표현함으로써 제품이 소비자들에게 제공하는 혜택을 전달한다.

② **온정소구**: 소비자가 광고를 통하여 직접적으로 또는 대리적으로 사랑, 가족애, 우정관계를 경험함으로써 긍정적이고 온화한 감정을 불러일으킨다.

③ **향수소구**: 과거에 대한 그리움을 중심으로 인간의 감성을 자극한다.

④ **유머소구**: 소비자들을 설득하기 위해 자주 사용되는 소구방법으로, 널리 알려지고 기억되는 광고메시지들 중 이러한 방식이 많다.

⑤ **공포소구**: 소비자가 어떤 행동을 취하지 않으면 위험이 발생할 것이라는 위협적 메시지를 제시함으로써 소비자에게 두려움을 유발하여 기업이 원하는 행동을 하도록 하는 것이다.

22 · PR

1 PR의 개념과 중요성

1) PR의 개념

PR은 public relations의 약자로 '공중과의 관계'를 뜻한다. PR에 대한 정의는 다양하지만 일반적으로는 제품홍보 기사를 개발하고, 좋은 기업이미지를 구축하며, 다양한 공중과의 우호적인 관계를 유지하고 계획하고 실행하는 커뮤니케이션 활동으로 정의내릴 수 있다. PR은 널리 알린다는 측면에서 광고와 비슷하지만 기사화된 형태로 노출되기 때문에 신뢰성과 파급효과가 뛰어나다. 또한 경쟁사 및 트렌드에 대한 분석자료 등을 제공해 경영 보조역할도 수행한다.

PR의 특징으로는 크게 6가지로 요약할 수 있다. PR은 의도적으로(deliberate) 계획된(planned) 조직화된 체계적인 활동이다. 또한 PR은 목적을 달성해야 하는 성과(performance) 지향성을 가지고 있고, 공중의 이익(public interest)을 대변할 수 있어야 한다. PR의 가장 핵심적인 특징은 쌍방향 커뮤니케이션(two-way communication)을 위한 활동이라는 점과 여러 마케팅 기능(marketing function)들 중에서 의사소통을 위한 커뮤니케이션 도구 중 하나라는 점이다.

2) PR 기능이 중요해진 배경

과거에는 PR이 단순히 기업의 홍보 역할만을 수행하였지만 지금은 마케팅 환경이 변화되고 활동영역이 확장되면서 기업을 둘러싼 다양한 공중과의 관계를 보다 체계적으로 관리할 필요성이 대두되었다. 이처럼 PR의 기능이 마케팅에 있어 매우 중요하게 된 배경으로는 ① 매스미디어의 영향력과 중요성의 감소, ② PR이 제공하는 정보의 신뢰성, ③ 소비자들의 환경에 대한 관심 증대, ④ 위기관리의 중요성 부각, ⑤ 새로운 커뮤니케이션 기술의 발전 등을 들 수 있다.

2 PR 활동의 종류

1) 기업홍보 캠페인

기업홍보 캠페인은 일종의 기업홍보광고로서 기업에 대한 호의적인 이미지를 형성하고 기업의 비전과 철학을 전달하기 위해 만들어진 광고를 의미한다. 기업홍보광고에는 그 목적에 따라 기업이미지광고, 이슈광고, 애드보커시광고, 기부관련광고 등으로 구분을 할 수 있다.

기업이미지광고는 기업과 관련된 구성원들과 우호적인 관계를 형성하기 위한 목적으로 제작되는 광고로, 대부분의 국내 기업광고가 여기에 해당한다. 이슈광고와 애드보커시(advocacy)광고란 사회적으로 민감하고 논란이 되는 이슈에 대해 기업의 견해를 밝히는 광고를 말하는데, 예를 들어 패션기업 베네통의 언헤이트(unhate) 캠페인이 대표적인 광고라고 볼 수 있다. 기부관련광고는 기업의 기부와 관련한 마케팅활동을 내용으로 하는 광고를 뜻한다. 주로 대의명분 마케팅이라고 부르며, 특정 제품이 판매될 때마다 그 금액의 일부를 기부함으로써 소비자들의 제품구매를 유도하는 캠페인을 의미한다.

2) 협찬과 PPL

협찬은 스폰서십(sponsorship)이라고 부르는데, 어떤 일에 대해 재정적으로 도움을 주는 것이다. 흔히 기업후원 활동이 이에 해당한다. 기업들은 다양한 협찬을 통해 기업브랜드에 대한 인지도를 높이고 있으며, 특히 스포츠 마케팅에 해당하는 스포츠 스폰서십이 가장 활발하게 이루어지는 영역이다. PPL은 영화나 TV드라마 등에서 특정 브랜드를 직접 노출시키거나 간접적으로 카메라에 잡아주는 형식의 광고를 의미한다. 실제 브랜드가 그대로 노출되거나 배우들이 브랜드를 언급하는 장면 등이 제품삽입광고인 PPL에 해당한다.

3 PR과 광고 및 홍보의 차이

PR과 광고의 차이점으로 PR은 기업경영과 발전에 가치를 부여하는 일종의 경영관리 기술이며, 쌍방향 커뮤니케이션 활동이다. 반면, 광고는 기업의 이윤추구를 목적으로 하는 설득적이고 비대면적 촉진활동으로, 광고에 대해 광고주가 통제할 수 있으며, 광고물에 광고주명이나 브랜드 명을 명기할 수 있다.

또한 PR과 홍보의 특징을 비교해보면, 홍보(publicity)는 PR의 한 수단으로 자사의 비용을 들이지 않고 기업이나 제품을 매체의 기사나 뉴스로 소비자에게 알리는 것인데 반해, PR은 기업의 대언론 공개 활동, 기업의 이해를 돕기 위한 사내외적 커뮤니케이션, 국회의원들의 입법 활동이나 정부 관료들의 규제에 직접적 또는 간접적으로 영향을 미치기 위한 합법적인 설득활동, 경영층에게 사회적 이슈나 기업이미지에 관하여 조언을 하는 일 등을 포함한다.

04
part

생산관리 · 경영정보

01 chapter 생산관리

01 생산관리

생산관리는 경영의 기본적·핵심적 기능을 담당하고 있다. 현실적으로 생산이 없는 기업은 존재할 수 없으며 생산이 있기 때문에 기업의 가치가 존재하는 것이다. 생산관리 (production management)는 생산 시스템 내의 투입물과 산출물을 관리하는 것으로서, 생산과 관련된 계획의 수립과 집행, 통솔 및 통제와 같은 일련의 활동을 수행하는 것을 의미한다. 즉, 생산관리란 어떤 기업의 제품이나 서비스를 만들어 전달하는 시스템의 디자인, 운영 및 개선을 의미한다. 마스크 생산업체의 경우, 마스크 생산에 필요한 원부자재를 공급하는 업체로부터 소매상에게 마스크를 공급하는 프로세스를 통합하여 관리하는 것이다. 생산관리는 운영관리라고도 하는데, 생산관리의 범위가 단순히 제조업에만 적용되는 것이 아니라 서비스업까지 적용된다.

생산관리의 접근법: 40-40-20 법칙

◆ 하버드 대학의 Skinner 교수가 제안한 이 법칙에 의하면, 기업의 진정한 경쟁력 혹은 생산성 향상의 40% 는 전략계획수립에 의해 달성되고(전략적 접근), 조직의 구조조정이 40%를 차지하는(시스템적 접근) 반면, 내부의 운영효율성은 20%밖에 차지하지 않는다(관리적 관점)고 설명하였다. 이 법칙을 그림으로 설명하면 다음과 같다.

◆ 생산성(productivity)이란 노동력 혹은 기계사용생산요소(투입물)를 유·무형의 산출물로 변환시킴으로서 효용을 산출하는 과정을 말한다.
◆ 생산성 = 산출량 / 투입량

1 BOM 정의

BOM(Bill of Material)은 제품이 만들어지는데 어떤 부품(Item)으로 구성되는지에 대한 정보를 담고 있는 자재구성명세서이다. 즉, BOM은 상위품목과 부품의 관계와 사용량, 단위 등을 표시한 리스트(list), 도표, 또는 그림을 말한다.

우리가 접하는 대부분의 제품들은 모두 여러 가지 부품의 조립품이라고 볼 수 있다. 예를 들어, 볼펜, 전화기, 자동차, 카메라, 세탁기 등은 모두 많은 부품의 조립을 통해 만들어진다.

2 BOM의 구분

BOM은 크게 설계 BOM, 제조 BOM, 계획 BOM, 모듈 BOM 등으로 구분된다.

1) 설계 BOM(E-BOM; Engineering BOM)

제품설계나 개발 단계에서 만들어진 자재명세서이다. 제품 설계는 기능(function) 중심으로 행해지게 되는데 예를 들어, 제품A는 이런저런 기능을 하는 조립품으로 이루어지고, 각 조립품은 다시 이런 저런 기능을 하는 조립품 또는 부품으로 구성된다는 식이다.

2) 제조 BOM(M-BOM; Manufacturing BOM)

생산관리 부서 및 생산현장에서 사용되는 BOM이다. MRP 시스템에서 사용되는 BOM이 바로 제조 BOM이다. 제조 BOM은 제조 공정 및 조립공정의 순서를 반영한 설계 BOM을 변형하여 만들어 진다. 또한 Item이 재고로 저장될 것인지의 여부와도 밀접하게 관련되므로, 자재구매, 생산계획, 생산 등의 업무에서 다 사용하는 BOM이다.

3) 계획 BOM(Planning BOM)

계획 BOM은 생산계획, 기준일정계획에서 사용된다. 주로 사용부서로는 생산관리 부서 및 판매, 마케팅 부서 등에서 사용되며 상당히 포괄적인 개념으로 여러 가지 종류가 있다.

4) 모듈 BOM(Modular BOM)

모듈 BOM은 옵션과 밀접한 관계를 가지고 있다. 생산전략 중 ATO(Assemble-To-Order) 전략을 취하는 기업에서 만드는 제품들은 대개 많은 옵션을 가지고 있다. 이와 같이 모듈 BOM을 구성하게 되면 방대한 양의 BOM데이터 관리에 용이하기 때문에 관리 및 계획 노력을 줄일 수 있다. 요컨대, 옵션이 많은 조직에서는 모듈 BOM을 사용한다.

5) 기타 BOM

(1) Common Parts BOM(Common BOM)

제품 또는 제품군에 공통적으로 사용되는 부품들을 모아놓는 BOM을 뜻하며, 이러한 BOM의 최상위 아이템은 가상(pseudo)의 아이템 번호(Item Number)를 갖는다. 일반적으로 가장 상위에 있는 아이템을 Lv.0으로 표기하며 아래 단계로 갈수록 숫자가 커진다.

(2) Multilevel BOM

보통은 BOM 정보를 모품목(parent)과 자품목(child)의 관계만을 보여주는데, 자품목 (child)의 자품목(child)까지 (필요한 만큼) BOM 정보를 표현해 놓은 것을 말한다. BOM 정보를 표현하는 방법에 따른 이름이다.

(3) Bill of Activity(Bill of Process)

BOM과 유사한 측면이 있는데, 부품 정보뿐만 아니라 Routing정보도 포함하고, 제조뿐만 아니라, 설계/NC프로그래밍/구매 등의 활동까지를 포함한 표현방법도 있다. 이러한 표현 방법은 금형 공장에서 사용하고 있다.

02 생산시스템

생산시스템은 생산목표를 달성하기 위해 각종 자원을 효율적으로 결합하여 제품이나 서비스를 만들어내는 것을 의미한다. 즉 생산시스템이란 투입물(input)을 변환과정(process)을 거쳐 산출물(output)로 만드는 구조를 말한다.

1 생산과 시스템의 정의

1) 생산(Production)

생산이란 투입물을 유형, 무형의 산출물로 변화시켜 효용을 창출하는 과정을 의미한다.

(1) 광의의 개념

① 기존의 재화를 교환하는 행위: 시장, 백화점

② 기존의 재화를 한 곳에서 다른 곳으로 운반하는 행위: 운수업

③ 어떤 물건을 저장하는 행위: 창고업

④ 물건을 변형/개조/가공하여 이전과 다른 용도의 재화로 만드는 행위: 일반제조업

⑤ 유형적인 재화가 아니라 용역, 즉 서비스를 창출하는 행위: 병원, 관공서, 학교

(2) 생산운영관리(Production and Operation Management)

유형재화의 생산과 무형재화인 서비스의 공급을 담당하는 생산시스템의 관리를 말한다.

2) 시스템(System)

시스템이란 특정한 목적을 가지고 이를 달성하기 위하여 여러 구성요소가 서로 유기적으로 연결하여 상호작용하는 것을 의미한다.

(1) 시스템의 공통적 성질

① 집합성: 시스템은 두 개 이상의 식별 가능한 단위체로 구성된다.

② 관련성: 시스템을 구성하는 단위체 간에는 서로 관련이 있거나 상호작용을 한다.

③ 목적 추구성: 시스템의 형성 시 단일/복수의 목적을 지니고 있다.

④ 환경 적응성: 시스템은 외부 환경의 변화에 적응해야 한다.

2 생산시스템의 기본구조

생산시스템이란 여러 가지 투입물을 사용하여 원하는 산출물로 변환시키는 기능을 수행하는 일련의 구성요소들의 집합체라고 할 수 있다.

1) 투입물(input)

생산시스템의 투입물로는 원자재, 노동력, 자본, 기계, 정보 등을 들 수 있다. 이러한 투입물은 특정한 방법, 즉 공정기술에 의하여 제품이나 서비스로 변환된다.

2) 변환공정(transformation process)

투입물은 공정으로 들어가고 산출물은 공정으로 빠져나온다. 변환은 생산, 공정 또는 운영이라고도 한다. 공정은 여러 가지의 투입물을 필요로 한다. 변환공정은 제조업에서처럼 실물적이거나, 운송업에서처럼 지역이 동적이거나, 창고업에서처럼 일시적 보관이거나, 혹은 소매업에서처럼 상거래적인 것이다.

3) 산출물(output)

산출물은 조직이 고객 또는 사회에 제공하는 제품이다. 산출물은 완제품, 서비스, 정보, 에너지 또는 만족 등의 형태를 취한다. 생산시스템은 고도의 표준품과 고도의 주문품 사이에 해당하는 제품을 생산한다.

생산시스템에서는 원하는 제품이나 서비스를 생산하기 위하여 변환공정의 결과인 산출물에 대해서 측정이 이루어지고 이 산출물을 사용하는 고객과 시장에 대한 조사가 이루어지는데 이를 피드백(feedback)이라 한다. 한편, 이러한 측정결과를 사전에 결정한 표준과 비교하여 차이가 발견되면 시정조치를 취하도록 한다. 이것을 통제(control)라고 한다.

〈그림 4-1〉 생산시스템

출처: 황향숙 · 조윤준 외 (2018), 더존 iCUBE 핵심 ERP 정보관리사 물류, 생산 1급, 지식과 경영.

3 생산시스템의 목표

오늘날 대부분의 기업들의 목표 중 하나는 경쟁우위를 차지하는 것이다. 경영학에서 생산전략의 목표도 제품과 서비스 측면에서 경쟁우위를 달성하는 것이다. 이 목표를 달성하기 위해서 생산전략을 구체적으로 실현할 수 있는 생산공정의 선택과 생산인프라 구축으로 연결되는 의사결정을 하여야 한다. 따라서 생산시스템의 목표는 효용의 창출, 고객욕구의 충족, 경제적 생산에 의한 부가가치를 창출하는 것이다(<그림 4-2> 참조).

〈그림 4-2〉 생산시스템의 목표

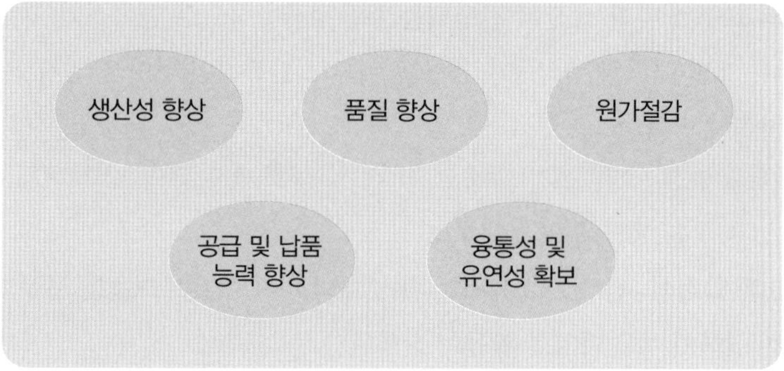

생산성 향상

품질 향상

원가절감

공급 및 납품 능력 향상

융통성 및 유연성 확보

생산시스템의 기본구조를 바탕으로 시스템과 공정을 설계할 때 생산방식과 제조전략에 따라 다음과 같이 시스템을 분류할 수 있다.

1 생산방식에 의한 분류

1) 프로젝트 생산방식(Project shop)

(1) 특수 고객의 요구에 따라 생산이 진행되는 주문생산방식으로 단속성과 고객화는 상대적으로 높으나, 개별 제품의 생산량은 적은 편이므로 반복성이 낮아 작업자 운용 및 레이아웃이 유연하여야 한다.

(2) 대형건물, 토목 프로젝트, 조선 플랜트, 비행기, 영화제작 등의 고객화(customization) 정도가 매우 높은 상품 생산에 적합하다.

(3) 주문생산으로 일회성: 전체 프로세스는 여러 개의 하부 프로세스들로 구성되며 프로세스의 단속성이 심하여 매우 다양한 활동이 진행된다.

(4) 우선순위에 의한 단계별 공정진행이 되므로 스케줄 관리가 매우 중요: 이 방식에서는 작업 WBS(Work Break down Structure)에 기초하여 각 행위의 전후 관계와 소요기간을 활용한 전통적 스케줄링 방식인 PERT/CPM이 주로 사용된다.

(5) 제품 위치 고정: 제품은 고정되어 있어 작업자, 설비가 제품 위치로 이동하며 작업, 장소의 제한을 받으며 자재투입 및 생산공정이 시기별로 변경된다.

(6) 상품의 표준화가 이루어지지 않아 다기능공이 요구되며 반복 생산은 극히 적어 고정비가 낮고, 변동비가 높아 전반적으로 원가가 높다.

2) 개별 생산방식(Job shop)

(1) 항공기, 치공구, 가구, 맞춤형 공작기계 등 주문자 요구에 의한 생산방식이다.

(2) 소량생산이 이루어지므로 공장의 구성이 유동적이다.

(3) 작업장은 여러 종류의 부품을 가공해야 하므로 범용 장비가 사용되고, 자동화 수준은 낮다.

(4) 조직은 비슷한 기술이나 장비를 기준으로 만들어 진다.

(5) 작업 대상물이 필요한 작업장으로만 이동되며 제품이나 생산량의 변경이 비교적 용이하

나 재공(work in process) 재고가 많다.

◆ 재고: 제품, 원재료, 부산물, 재공품 모두를 말한다.
◆ 재공: 가공이 시작되었지만 완성은 되지 않은 제품을 말한다. (원재료 → 재공품 → 완성품)

(6) 주문생산(BTO)방식에 근거하여 상품을 생산하는 중소규모 제조업에서 많이 볼 수 있다.

(7) 유연성, 고객대응 등의 성과목표 관리가 중요하다.

(8) 생산계획이나 작업 변경이 용이해야 하므로 통제보다는 권한위임을 통한 자율적이고 분권화된 조직문화를 지향한다.

Job shop의 특징

① 주문에 의한 생산   ② 큰 유연성
③ 범용 기계   ④ 숙련공
⑤ 공정별 기계배치   ⑥ 공장 내의 물자이동(물류)량이 큼

3) 반복(대량) 생산방식

(1) 자동차, 텔레비전, 카메라, 컴퓨터 등 산업의 주류를 이루는 생산방식이다.

(2) 표준화된 제품을 대량으로 생산/판매하기 때문에 과잉재고나 재고부족 등에 대한 적정 재고의 유지가 중요하다.

4) 연속흐름 생산방식(Flow shop)

(1) 철강, 정유, 맥주, 화학공장 등의 장치산업에 적용되는 생산방식. 즉 한두 종류의 원자재가 파이프라인을 통해 공정으로 이동되고, 각 공정의 옵션에 따라 몇 가지의 제품을 생산하는 방식이다.

(2) 반복생산보다 더 많은 자동화가 이루어져 작업자의 손을 거치지 않는다.

(3) 고객의 요구에 따른 제품의 수정이나 변경 없이 중단되지 않는 제조과정에서 배합표 관리, 설비 운영 관리, 유지보수 관리, 품질 관리 등이 중요하다.

    ① 규모의 경제 효과를 지향: 고정비를 높이고 변동비를 낮춰 생산물량이 증가하면 단가가 떨어지도록 프로세스를 설계한다.

② 소품종 대량생산 방식에 의한 표준화된 상품 생산으로 동일한 작업을 반복하여 규모의 경제를 실현한다.

③ 라인프로세스에 비해 프로세스 연속성이 가장 높은 반면, 고객화 정도는 가장 낮다.

④ 자동화 비율이 가장 높고, 전용적인 프로세스 기술과 단순 기능공이 요구된다.

⑤ 상품 품목 다양성이 낮으므로 생산계획이나 작업 변경이 용이하지 않고 작업계획 변경시 시간과 비용이 많이 발생한다.

⑥ 속도나 원가와 같은 성과목표가 중요하다.

⑦ 중앙에서 통제하고 관리하는 중앙집권적인 조직문화를 지향한다.

⑧ 다른 생산시스템과 달리 투입된 원료는 이동하면서 가공되기 때문에 물자의 공간 이용률이 매우 크다.

5) 라인 생산방식

(1) 표준 제품을 미리 생산하여 재고로 쌓아두고 고객이 주문할 때 바로 인도할 준비가 된 상태를 유지한다.

(2) 고객이 원하는 요구사항을 수용하여 생산을 하지만, 일부 부품이나 반조립품의 형태를 미리 준비하는 연속생산의 형태도 가지고 있다.

(3) 생산되는 제품의 가공, 조립에 적합하도록 제품 중심의 설비 배치가 되어 있으며 대부분 전용설비를 이용한다. 그렇기에 기계 및 작업자의 작업능률을 높이기 위한 동작연구 또는 시간연구가 유용하게 적용될 수 있다.

(4) 이전 유형들에 비해 연속성이 증가한다. 즉 라인 생산방식은 소품종 대량생산을 지향하므로 뱃치 프로세스보다 lot size 및 상품 표준화 정도가 증가한다.

(5) 작업자들에게 특별하거나 광범위한 기술이 필요하지 않다.

(6) 자본집약적 성격이 큼: 변동비가 줄고 고정비(설비투자비)가 증가하며 설비 자동화율이 높아 생산량이 증가하면 규모의 경제 효과를 누릴 수 있다.

(7) 생산라인이 멈추지 않고 계속 흐르므로 뱃치 프로세스에 비해 대기 또는 재공 재고(work in process: WP)가 줄어들게 된다.

(8) 📷 자동차 생산, 전기 · 전자 제품 제조업에서 흔히 볼 수 있는 가공, 조립라인

6) 뱃치(로트) 생산방식(Batch flow)

(1) 만들 수 있는 제품을 만들 수 있을 때 만들 수 있는 만큼 생산하는 방식으로 수주 또는 계

획된 생산물량을 하나의 로트(lot)로 편성하여 일괄적으로 생산하는 방식이다.

(2) 개별 생산방식과 라인 생산방식의 중간 형태로서 로트 생산방식 또는 배치 생산시스템이라고 한다.

(3) 설비, 원자재, 생산을 위한 준비단계의 조건에 따라서 제조과정에서 변화가 크게 나타나며 원자재의 화학적 반응에 따라서 생산품의 변화가 생긴다는 특징이 있다.

　① 조립프로세스에 투입될 표준 부품 생산 또는 자본재를 제작하는 경우에 활용된다.

　② 산출량, 다양성, 물량 측면에서 프로젝트 생산방식이나 개별 생산방식(job shop)과 차이를 보인다.

　③ 동일하거나 유사한 제품이나 부품을 반복적으로 제공하기 때문에 산출량이 많다.

　④ 상품 표준화 정도가 높으므로 상품에 특화된 기술이 요구된다.

(4) 동일한 제품을 모아서 작업을 하므로 물량 단위의 크기(batch size)에 따라 연속성 또는 단속성 정도가 변하며, batch size가 커지면 연속성이 커지고, batch size가 작아질수록 단속성이 커져 개별 생산방식과 유사해진다.

(5) **예** 가전제품 생산, 의류 생산, 대형 음식점, 공작기계 제조업, 단조, 주조업, 의류, 제화, 가구, 도자기 등

(6) **장점**: 작업의 효율성 증대

　① 대형 로트(lot) 단위의 연속생산으로 기종 변경이 최소화되고 생산 모델에 대한 작업자의 습숙도가 높다.

　② 개별(전, 후) 공정의 가동률과 작업효율이 높다.

　③ 미 삽입, 오 삽입, 혼입 및 기타 작업 실수 등이 감소한다.

(7) **단점**: 제조 프로세스의 비능률

　① 밀어내기 형태의 생산으로 불요불급한 제품까지 만들어 버리기 때문에 필요 이상으로 높은 생산 부하가 걸리거나 때로는 전혀 부하가 걸리지 않는 경우가 발생할 수 있다.

　② 전, 후 공정 간 물건의 흐름 단위가 대형 로트(lot)화 되어 대기, 정체, 지연 등이 발생되고 재고가 쌓일 수 있다. 특히 과잉생산으로 인한 재고는 대기의 낭비와 운반의 낭비를 유발하게 되며 제품은 많이 있어도 판매와 타이밍(timing)이 맞지 않을 경우에는 결품과 납기지연이 발생한다.

　③ 갑작스러운 생산계획의 변경이나 불량 발생 등으로 인하여 해당 모델을 생산하지 못할 경우 신속한 대응이 어려워 비가동 시간이 발생하기도 한다.

이상의 생산방식의 특징을 생산제품 및 공정과 관련하여 비교해 보면 다음과 같다.

〈표 4-1〉 생산방식별 적합한 제품과 공정 상황

생산방식	제품 및 공정 관련 상황					
	제품생산량	제품다양성	자동화/ 전용설비율	기계준비 빈도	노동숙련	단위당 원가
프로젝트 생산방식	매우 적다	높다	매우 낮다	불분명	높다	높다
개별 생산방식	적다	높다	낮다	높다	높다	높다
뱃치(로트) 생산방식	중간	중간	중간	중간	중간	중간
반복(대량) 생산방식	많다	낮다	높다	낮다	낮다	낮다
연속흐름 생산방식	매우 많다	매우 낮다	매우 높다	낮다	낮다	낮다

2 제조전략에 적합한 생산시스템의 형태

제조전략이란 제조프로세스의 어느 지점에서 고객의 오더와 제조 프로세스가 일치하는 가이다. 일반적으로 제조전략은 Make-To-Stock, Assemble-To-Order, Make-To-Order, Engineer-To-Order 등으로 구분한다.

1) Make-To-Stock(MTS)

Make-To-Stock은 완제품을 재고로 가지고 있다가 고객의 주문에 맞추어 공급하는 전략이다. 대부분의 공산품은 이러한 전략으로 생산된다. Make-To-Stock으로 생산되는 제품들은 대개 저가이며, 다양한 옵션을 가지고 있지 않다(소품종대량생산).

2) Assemble-To-Order(ATO)

Assemble-To-Order는 반제품을 재고로 보관하고 있다가, 고객의 주문에 맞추어 조립한 후에 제품을 공급하는 전략이다. 자동차와 같이 옵션의 종류가 많고, 고가인 제품들은 Assemble-To-Order의 생산전략으로 생산된다.

3) Make-To-Order(MTO)

Make-To-Order는 고객의 주문이 들어오면 원자재의 가공, 반제품의 생산 및 완제품의 조립이 이루어지는 형태이다. Metal Cutting Industry에서 Make-To-Order전략을 많이 따르고 있는데, 공작기계 생산업체들이 대개 Make-To-Order의 생산전략을 따르고 있다고 볼 수 있다.

4) Engineer-To-Order(ETO)

Engineer-To-Order는 고객의 주문이 들어오면, 설계로부터 시작해서 자재의 구입 및 생산, 조립을 하는 생산전략이다. 항공기, 선박 그리고 금형 등의 생산이 Engineer-To-Order를 따른다고 할 수 있다. 이러한 생산전략은 해당 업체가 생산 제품별로 다르게 선택할 수 있으며, 복수개의 전략을 선택할 수도 있고, 제품의 수명주기(product life cycle)상에서 어떤 위치에 있는가를 기준으로 시점에 따라 생산전략을 다르게 선택할 수도 있다.

1 적시생산시스템의 개념과 등장배경

적시생산시스템(Just In Time; JIT)은 제품생산에 요구되는 부품 등 자재를 필요한 시기에 필요한 수량만큼 조달하여 낭비적 요소를 근본적으로 제거하려는 생산시스템으로서, 매일 또는 매 시간 요구되는 자재를 소량으로 조달함으로써 재고를 최소화하는 생산시스템이다. 즉, JIT의 목적은 제품생산에 있어 낭비를 제거하여 원가를 절감하는데 있다.

1950년대 중반 일본의 도요타(Toyota)자동차 회사에서 개발하였고, 이후 일본의 여러 산업에서 성공적으로 도입, 운영하게 되었다. 1980년대부터는 미국의 자동차 및 전자산업 등에서 적극적으로 도입하기 시작하였다.

일본기업의 경영환경(국토면적이 미국의 4%, 인구는 미국의 48%)

① 재고를 보유하는 것은 공간의 낭비를 초래하였다.
② 불량품의 생산으로 인한 폐기(scrap)와 재작업을 줄여야 하는 문제점이 발생하였다.
③ 낭비를 줄이려는 노력의 일환으로 제조활동상의 낭비적 요소를 철저히 제거하고 작업자의 기능이나 능력을 최대한 활용하는 경영방식을 도입하였다.

---

2 JIT의 목표

1) 제조준비시간의 단축
2) 리드타임의 단축
3) 불량품의 최소화
4) 재고의 감소
5) 자재취급 노력의 경감

3 JIT의 기본요소와 특징

1) 소규모 로트 생산과 제조준비시간 단축

재고의 최소화를 위해서는 로트의 크기가 1인 경우가 가장 이상적이다. 소규모의 로트 크기를 유지하기 위해서는 제조준비 비용을 낮추어야 하고, 이를 위해서는 제조준비 시간을 단축해야 한다.

제조준비란 후속 로트의 생산을 위해 금형을 교체하거나 기계를 조정하고 공구를 교체하는 등의 작업을 의미하며, 이것은 외부제조준비와 내부제조준비로 구분된다.

외부제조준비(external set-up)는 기계를 가동하면서도 다음 작업을 준비할 수 있는 제조준비 활동을 말하고, 내부제조준비(internal set-up)는 기계의 가동을 중지시키고 다음 작업을 준비하는 제조준비 활동을 말한다.

제조준비시간을 단축하기 위해서는 가능한 많은 내부제조준비를 외부제조준비로 전환시키고, 작업단순화 방법을 강구한다. 또한 기계설비의 재설계, 공구개량, 형판개량, 작업방법의 개선 등을 이룬다.

2) 생산의 평준화

JIT를 성공적으로 운영하기 위해서는 안정된 대생산일정계획(MPS)과 생산의 평준화가 이루어져야 한다.

생산의 평준화는 생산계획 및 일정계획에 의해서 또는 제조공정을 재설계하여 로트크기와 제조준비시간을 단축함으로써 달성된다. 생산을 평준화하려는 이유는 최종조립을 지원하는 모든 작업장에 균일한 작업부하를 부과하려는 것이다. 월간 생산계획이 확정되면 매일의 생산율은 다음의 공식을 이용하여 결정하며 월간 일정하게 유지된다.

$$\text{일간 필요생산량} = \frac{\text{월간 필요생산량}}{\text{월간 작업일수}}$$

3) 작업자의 다기능화

다수의 기능화란 몇 개의 상이한 기계를 운전할 능력뿐만 아니라 이들 기계의 정비능력 및 작업준비를 위한 공구와 금형의 교체능력 등을 갖추는 것을 의미다.

작업자의 다기능화는 자기의 기계설비뿐만 아니라 주위의 기계설비도 운전할 수 있는 능력을 갖추어야 한다. 즉, JIT시스템이 원활히 운영되기 위해서는 작업자가 작업과 동시에 품질활동도 담당해야 한다.

그로 인해 작업자들은 엔지니어들을 적극적으로 문제해결활동에 참여시킬 수 있는 방안이 필요하며, JIT시스템에서는 품질분임조(quality circle)와 제안제도(suggestion system)가 이러한 수단으로 사용된다.

4) 품질경영

품질경영의 중요한 요소는 생산스케줄의 평준화, 무결점제품, 교육훈련, 품질분임조, 소수의 공급자, 장기적 계약, 낮은 가격보다는 높은 품질 등이다. JIT시스템의 능력은 기업의 높은 품질수준을 유지하는 것으로, JIT시스템은 품질 면에서 설계품질, 규격과 설계의 적합성, 신뢰성과 내구성, 기술적 탁월성을 제공해 준다. 따라서 JIT시스템에서 강조하는 것은 조직의 모든 구성원이 품질에 대하여 책임을 지는 것인데 품질분임조는 품질활동부서만이 아닌 작업자중심의 품질활동의 전개라는 점에서 매우 유용한 수단이 된다.

5) 간판시스템의 운용

간판시스템(kanban system)이란 JIT시스템에서 생산지시와 자재의 이동을 가시적으로 통제하기 위해서 간판을 사용하는 일종의 정보시스템이다. 간판시스템은 생산간판과 인출간판(또는 이동간판)의 두 가지 간판카드와 자재를 담는 정량의 컨테이너로 구성된다. 각각의 제조공정에서의 재공품 재고는 총 컨테이너 수에 의해 결정되고, 자재는 후속공정의 필요에 의해서만 생산하여 공급한다.

재고는 컨테이너의 크기나 컨테이너의 수를 줄임으로써 감소시킬 수 있다. 간판 및 컨테이너의 수를 결정하는 공식은 다음과 같다.

$$\text{컨테이너 수} = \frac{\text{수요율} \times \text{컨테이너 순환 소요시간}}{\text{컨테이너 크기}}$$

6) 기계설비의 셀화배치와 집중화공장

JIT시스템에서는 소규모 공장을 선호한다. 그 이유는 대규모 공장은 관리하기가 어려우며, 소규모 공장이 대규모 공장보다 더욱 경제적으로 운영 가능하기 때문이다. JIT시스템의 설치는 기계설비 배치에 영향을 미치는데 제품의 제조공정에서 자재가 능률적으로 흐르고 로트 크기가 감소하며 자동화 문제가 계속 해결되어야 하므로 모든 기계설비는 셀화 또는 그룹테크놀로지(group technology; GT)에 맞게 배치되어야 한다.

7) 공급자 네트워크

고객과 공급자와의 관계는 적대관계가 아니고 협조관계로서 상호이익을 보장할 수 있는 관계이어야 한다. 공급자는 매일 수회씩 부품을 공급해야 하므로 자재의 공급자는 고객의 공장부근에 위치하도록 권장한다. 만일 공급자가 멀리 위치하면 공장부근에 창고를 보유하여 고객의 요구를 만족시켜야 한다. 또는 여러 공급자가 수송수단을 공유하거나 합동하여 번갈아가며 다른 공급자의 자재를 수집하여 납품해야 한다.

JIT시스템 구현을 위한 고려사항으로는 ① 완벽한 생산계획 수립, ② 최고경영자의 참여와 종업원교육, ③ 공급자와의 협력체계 유지 등이 있다.

1 린 생산방식의 개념

린 생산방식(Lean Production)은 조직 전체 차원에서 보다 적은 자원의 투입으로 보다 큰 가치를 갖는 제품이나 서비스를 설계, 개발, 제조하는 시스템이다. 이 생산방식은 자재의 조달, 제조, 마케팅, 재무, 회계 등 기업의 생산효율을 극대화하는데 중점을 둔다. 즉, JIT 시스템을 기초로 가치있는 신제품이나 서비스를 신속하게 개발하고 제조 및 운영하는 시스템을 말한다. 린 생산방식과 JIT 시스템의 관계는 다음 <그림 4-3>과 같이 설명될 수 있다.

〈그림 4-3〉 린 생산방식과 JIT 시스템의 관계

가치 있는 신제품의 신속개발 시스템	
JIT 생산시스템	린 생산시스템

2 린 생산방식의 주요 특징

1) 노동력, 자재, 작업공간, 작업시간, 에너지, 초과비용을 줄여감으로써 기업은 보다 가치가 높은 제품이나 서비스를 고객에게 제공한다.
2) JIT시스템의 간판운영방식으로 각 제조 프로세스에서는 필요한 시점에 필요한 양만큼 생산함으로써 재공품 재고를 최소화할 수 있다.
3) 자기자동화(self-automation)의 기능을 통해 낭비적 요소의 원천을 제거할 수 있다.

3 린 생산방식이 성공하기 위한 전제조건

1) 적극적인 고객만족 활동

고객지향적인 높은 가치의 제품을 개발하고 경쟁자보다 높은 품질의 제품을 신속하게 시장에 출하하여 고객으로부터 좋은 이미지를 구축할 수 있다. 고객의 욕구를 반영한 적극적인 마케팅활동은 고객만족을 충족시킴으로써 기업성장의 목표를 달성할 수 있다.

2) 자재조달 과정에서의 원가절감 활동

직접제조비 이외에도 자재조달, 선적, 인수, 검사, 재작업 등에 소요되는 비용을 줄여 나가야 한다. 이러한 노력을 통해 적은 수량의 제품을 생산해도 기업은 이익을 얻을 수 있어 목표시장에서의 경쟁력 확보, 틈새시장에 쉽게 진입할 수 있고, 고객의 수요변화에 빠르게 대응할 수 있다.

3) 자원이용 및 기술의 통합화

생산 및 관리기술을 응용하여 통합적인 자원이용을 가능하게 하여 최소 자원으로 최대 가치의 제품이나 서비스를 생산하여 고객에게 제공해야 한다.

4 린 생산방식 효과

린 생산방식을 통해 얻을 수 있는 긍정적인 효과는 다음과 같다:
① 재고의 감축
② 리드타임 단축
③ 설비가동률 향상
④ 물류 효율성 향상
⑤ 작업공간 최소화
⑥ 품질 향상
⑦ 작업자 동기부여
⑧ 생산성 향상

제품개념 및 제품설계 프로세스

1 제품개발

신기술개발의 속도가 빨라지고 소비자의 기호가 다양해짐에 따라 제품의 수명주기는 점차 짧아지는 추세이다. 새로운 제품을 지속적으로 시의적절히 개발할 수 없는 기업은 점차 도태될 수밖에 없으며 이를 피하기 위하여 제품개발과정의 전략적 관리가 요구된다.

1) 제품설계와 개발의 개념

(1) **제품설계**: 제품개발 과정의 한 단계로서, 보다 나은 양질의 제품 설계는 시장성과 생산가능성을 높여줄 수 있어야 한다.

(2) **개발**: 아이디어 창출과 시장성 검증, 필요한 기술의 선택 및 개발, 원형의 개발과 생산가능성을 검증하는 것을 의미한다.

2) 제품개발의 과정

제품개발 과정은 다음 <그림 4-4>와 같다.

〈그림 4-4〉 제품개발 과정

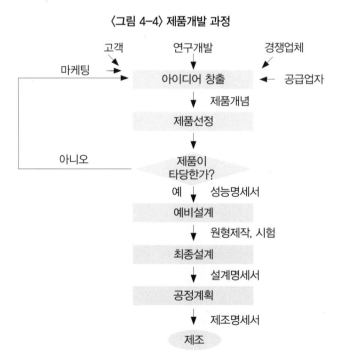

(1) 아이디어 창출

제품개발의 아이디어는 고객의 충족되지 않은 욕구를 이해하는 것으로부터 시작한다. 신제품에 대한 아이디어는 때로는 기업내부에서부터 이루어지기도 한다. 이용가능한 기술이나 신기술의 개발은 생산공정과 제품 모두에 영향을 미침으로 같은 제품을 보다 신속, 저렴하게 혹은 전혀 새로운 제품의 출시 등으로 연결된다.

(2) 제품선정

마케팅부서는 개발과정의 첫 단계에서 창출된 아이디어로부터 대략적 제품개념을 정의한다. 아이디어는 개괄적일 수 있지만 제품개념은 어떤 식으로 이를 실현할 것인지 보다 구체적이어야 한다. 제품개념은 시장 잠재력, 재무적 타당성, 생산 적합성을 충족시켜야 하는데, 마케팅의 주도 아래, 재무 및 회계, 생산 부서들이 제품선정에서부터 의견을 개진함이 바람직하다.

제품개념을 결정할 때, 현재 진행되고 있는 컨버전스의 진행 상황을 잘 이해해야 한다. 이에 Hacklin은 다음 <표 4-2>와 같이 4개 컨버전스 유형을 제시하였다.

<표 4-2> 컨버전스 유형

단계		컨버전스 유형
1단계	지식 컨버전스	예전에 관련 없던 개별 지식들이 융합되어 기존 산업 특화 지식의 경계를 무너뜨린다.
2단계	기술 컨버전스	산업간 지식들이 융합되어 새로운 기술혁신을 일으키는 특성을 가진다.
3단계	응용 컨버전스	기술 융합이 시너지 효과를 일으켜 새로운 가치 창조 기회를 제공한다.
4단계	산업 컨버전스	예전에 별개 산업에 속한 기업들이 갑자기 동일한 제품을 공급하는 경쟁자들이 되는 경우가 발생한다.

또한 고객욕구 변화를 이해할 필요가 있다. 이에 Kotler 등(2010)은 시장의 변화를 다음 <표 4-3>과 같이 3단계로 분류하였다.

<표 4-3> 시장의 변화 3단계

단계	시장의 변화	
1단계	제품 중심 (1.0 시장)	공급자는 일반 대중을 겨냥하여 제품을 먼저 만들고 이 제품에 제공하는 기능을 사고자 하는 사람들에게 판매하는 공급자 중심 특성을 갖는다.
2단계	소비자 지향 (2.0 시장)	고객의 이성과 감성을 모두 감동시키기 위해 노력하지만 소비자는 여전히 수동적 타깃이라는 입장을 취한다.
3단계	가치 주도 (value driven) (3.0 시장)	소비자들이 안전과 보안, 환경보호, 사회적 정의 등과 같은 보이지 않은 고차원의 영성(spiritual)에 더 큰 의미를 두기 때문에, 기업들도 더 큰 미션과 비전을 갖고 시장에 접근해야 하는 점을 강조하고 있다.

(3) 예비설계

예비설계는 신제품 개념을 구체적인 제품으로 전환하는 것이다. 예비설계 과정에서 여러 단계의 모형제작이 이루어지게 되는데, 원형제작(prototyping)은 각 원형으로부터의 시장성, 수익성, 생산가능성 예측에 큰 도움이 된다.

(4) 최종설계

최종설계 단계에서는 제품의 설계도와 명세서가 개발된다. 원형시험의 결과로서 설계변경이 요구되면 이는 최종설계에 반영된다. 최종설계 단계는 기능설계(functional design), 형태설계(form design), 생산설계(production design)를 거쳐서 예비설계를 개선시키고, 문서화하며, 세부적으로 완성한다.

2 제품설계

시장경쟁에서 고객 욕구를 충족시키고 우위를 차지하여 새로운 시장 개척을 하기 위해서는 신제품을 설계하여야 한다. 제품원가와 품질의 60~80%는 제품설계 단계에서 결정된다. 따라서 제품설계의 목표는 생산성을 최대한 높이는 것이다. 즉 투입 요소(신제품프로젝트에 소요되는 비용과 제품을 시장에 도입하는데 소요되는 시간)를 최소화하는 한편 산출 요소(제품 성능, 제조원가, 환경 영향 등)를 최대화하는 것이다.

1) 제품설계를 위한 주된 의사결정

(1) 기능설계(functional design)

제품의 기능과 성능을 구체화하는 의사결정을 의미한다. 이때 유지가능성(정상적인 조건하에서 사용가능한 정도)과 신뢰성(특정기간 동안 고장 없이 사용할 수 있는 정도) 등을 고려해야 한다.

(2) 형태설계(form design)

제품의 크기, 모양, 색상, 선 등의 물리적 외관에 관한 의사결정을 하는 영역이다. 보다 나은 형태설계는 소비자의 제품이용성을 높이고 제품의 고유이미지를 형성하여 경쟁 제품간의 차별성을 높이는 기회를 제공하기 때문에 산업디자이너의 창의적인 사고가 요구된다(예 애플).

(3) 생산설계(production design)

제품 형태 설계상에서 가능한 최소의 비용으로 제품을 생산할 수 있도록 고려한다. 제품을 생산하는데 있어서의 용이성과 그로 인한 비용의 절감을 주안점으로 한다. 일본 기업들이 이러한 제품설계 의사결정을 탁월하게 수행한다. 생산설계를 위해서 일반적으로 사용되는 접근방법에는 단순화, 표준화 및 모듈화 설계가 있다.

① 단순화

단순화(simplification)는 제품을 생산하는데 필요한 부품, 중간 조립품 혹은 옵션의 수를 줄이는 것을 의미한다. 단순화 설계는 조립시간의 단축, 품질향상의 가능성 제고, 재고관리의 단순화를 가져다준다. 이러한 단순화의 장점 때문에 개인용 컴퓨터의 제작에 있어서도 많은 수의 볼트와 너트를 사용한 케이스 조립방식은 줄어들고 플라스틱 기구를 이용한 끼워 넣는 방식(snap-in)이 보편화되고 있다.

② 표준화

표준화(standardization)는 부품의 크기, 모양, 성능 및 기타의 특징들을 규정하는 과정을 의미한다. 표준화된 부품은 여러 완제품에 사용됨으로써 부품설계시간의 절감, 부품의 대량생산과 구매로 인한 비용절감, 구매와 자재취급의 용이, 품질검사 노력의 절감 등의 효과가 있을 수 있다.

③ 모듈화 설계

모듈화 설계(modular design)의 기본적인 사고는 제품계열에 있는 여러 가지 상이한 제품에 사용될 수 있는 일련의 기본적인 부품(혹은 모듈)을 설계하는 것이다. 각 제품에 사용될 유사기능의 부품을 하나씩 별도로 설계하는 번거로움을 줄일 뿐만 아니라, 생산 부서는 제한된 수의 기본 모듈만을 생산함으로써 공정과 장비의 단순화와 효율적인 대량생산이 가능하다. 또한 낮은 부품다양성으로 높은 제품다양성을 달성하고자 하는 것으로 다양한 제품에 대한 고객의 요구를 낮은 생산비로 실현시키는데 기여할 수 있다.

(4) 최근에는 환경을 고려한 제품설계를 실시

중고부품의 활용, 리사이클된 부품(recycled parts)의 사용, 땅속으로 폐기처분되어야 하는 부품들을 절대로 사용하지 하도록 제품설계를 하는 기업들이 증가하고 있다(**예** 제록스의 "Zero Landfill" 정책: 새로운 복사기 설계상에서 모든 부품이 재활용될 수 있는 정책을 실시).

〈그림 4-5〉 제품설계 프로세스

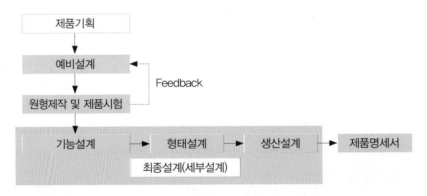

2) 제품설계 프로세스 유형

(1) 국면-검토 프로세스(phased-review process)

설계 부서에서 신제품의 개념과 설계도를 완성하면 엔지니어링 부서가 설계도면대로 시제품을 만들고 다음으로 생산부서에서 시험제작 및 대량 생산하는 바톤 릴레이 방식이다. 각 단계가 끝날 때마다 경영자가 계속 진행 여부를 결정한다.

하지만 이러한 순차적 설계과정은 각 부서들이 효과적인 의사소통 없이 분리, 운영되어 마케팅이 파악한 소비자의 기호가 설계자에게 적절히 전달되지 못하는 한계를 갖는다. 또한 설계자는 생산현장을 잘 이해하지 못하고 설계를 함으로써 제품개발이 비효율적이 되고 반복되는 설계변경으로 인해 비용과 시간이 증가하는 부작용이 발생할 가능성이 있다.

(2) 단계-문 프로세스(stage-gate process)

신제품의 아이디어에서부터 출시에 이르기까지 전 단계를 여러 기능부서 사람들로 구성된 팀이 수행하며, 각 단계가 끝날 때마다 여러 경영자들이 모여 계속 진행여부를 결정한다.

(3) 유연한 동시병행적 프로세스(flexible concurrent process)

여러 부서 사람들로 구성된 팀(다기능 팀: multi-functional team)에 의하여 프로젝트를 수행하며, 단계별 활동들 간에 중복을 허용하고, 괜찮다면 일부 단계를 생략할 수 있으며, 각 단계가 끝날 때 엄격한 Go/Kill 결정을 하기 보다는 경영자들이 조건부 또는 상황적 Go 결정을 할 수 있다. 그리고 여러 개의 시제품들을 먼저 제작한다. 전반적인 제품개발과정을 단축시킬 수 있다.

07 공정관리

원자재가 제품이 되기까지에는 여러 가지 작업을 필요로 하는데 그러한 작업에는 일정한 순서와 계열이 있으며 부분적인 공정의 결합을 이루고 있다. 그와 같은 작업의 계열을 생산공정이라고 한다.

일반적으로 근대적 대공장에서는 생산공정이 매우 복잡한 콤비네이션에 의해 이루어지고 있기 때문에 공정의 일부에 잘못이 생기면 생산공정 전체가 영향을 받아 제품 제조에 중대한 지장을 가져온다. 그러므로 각 부분공정과 작업을 생산물에 주목하면서 일정한 시간계획하에서 규제·통제함으로써 모든 생산공정의 흐름을 원활하게 하려는 것이 공정관리이다. 이 점에서 공정관리는 작업관리, 품질관리, 비용관리 등과는 구별된다.

1 공정관리의 정의

공정관리(process control)는 생산 공장에서 일정한 품질·수량·가격의 제품을 일정한 시간 안에 가장 효율적으로 생산하기 위해 공장의 모든 활동을 총괄적으로 관리하는 활동을 의미한다.

2 공정관리의 중요성

공정관리가 나쁘면 작업의 흐름이 순조롭지 않고 정체된다. 이와 같은 이상상태가 일어나는 곳에 재해발생의 가능성도 존재한다. 정해진 자료를 사용해서 일정한 제품을 생산하는 방적, 제분 등의 경우에는 공정관리가 단순하지만 일정한 기계설비에서 종류가 다른 제품을 생산하는 기계제작, 조선 등의 경우에는 공정관리가 복잡하게 된다.

설계변경이 자주 실시되거나 생산량이 적고 동일기계가 여러 가지 제품가공을 하는 경우에도 복잡한 공정관리가 된다. 제품규격의 통일과 어느 정도 이상의 대량생산을 필요로 하는 이유가 여기에 있다. 기계제작과 같은 조립작업에서도 대량생산으로 라인작업을 실사하고 공정관리를 간단하게 하여 기계설비의 실제 가동률을 높이려는 것은 공장생산의 주된 목적이다.

3 공정관리를 위한 절차

1) 절차계획(순서관리, routing)

절차계획(routing)이란 작업의 순서, 표준시간, 각 작업이 행해질 장소를 결정하고 할당하는 계획이다.

2) 공수계획(부하계획 또는 능력소요계획, loading)

주어진 생산예정표에 의해 결정된 생산량에 대해서 작업량을 구체적으로 결정하고 이것을 현 인원과 기계설비능력을 고려하여 양자를 조정하는 기능이다.

(1) 부하계획

부하는 일반적으로 할당된 작업이라 할 수 있으며, 부하계획이란 최대작업량과 평균작업량의 비율인 부하율을 최적으로 유지할 수 있는 작업량의 할당 계획이다.

(2) 능력계획

능력(capacity)이란 작업수행상의 능력을 말하며, 이에 대한 계획은 부하계획과 더불어 기준조업도와 실제조업도와의 비율을 최적으로 유지하기 위해서 현보유능력을 계획하는 것이다.

3) 일정계획

일정계획(scheduling)이란 절차계획 및 공수계획에 기초를 두고 생산에 필요한 원재료의 조달, 반입으로부터 제품을 완성하기까지 수행될 모든 작업을 구체적으로 할당하고 각 작업이 수행되어야 할 시기를 결정하는 것을 말한다.

4) 공정통제

공정통제(process control)란 일정계획에 따라 각 작업의 진행상황을 정확히 파악하고, 공정의 진행을 계획대로 진행하도록 조정·촉진하는 것을 말한다.

공정관리 및 설계를 위해서는 자원을 '제품'이나 '공정' 중 어떤 것을 중심으로 조직화할 것인가에 대한 의사결정을 내려야 한다. 슈로더(Schroeder)는 공정선택 요인으로 시장상황, 소요자본, 노동력, 관리기술, 원자재, 기술의 6가지를 들고 있다. 공정결정에서 시장상황에 따라 크게 좌우되는 생산량의 크기는 매우 중요한 평가기준이 된다.

1 공정설계의 결정요인(Krajewsky)

공정을 결정하거나 설계할 때 **생산량의 크기(즉, 수요)**가 매우 중요한 결정요인이다. 이와 관련된 중요한 4가지 의사결정 요인에는 수직적 통합, 자원유연성, 고객참여도, 자본집약도가 있다.

1) 수직적 통합(vertical integration): 자체 생산할 것인가 아니면 외주를 줄 것인가?

기본적으로 공정을 Make vs. Buy 할 것인가를 결정한다.

(1) 전방통합

생산이후의 단계, 즉, 유통 등 아웃바운드 로지스틱스(outbound logistics)를 통합하는 것을 전방통합이라 한다. 전방통합을 통해 자체 브랜드와 자체 유통망을 가지고 소비자에게 접근할 수 있으며, 이는 OEM(original equipment manufacturing)방식과는 완전히 대조적이다.

(2) 후방통합

후방통합을 통해 생산이전의 단계, 즉, 원료생산, 부품가공 등 인바운드 로지스틱스(inbound logistics)를 자체적으로 수행한다. 이것은 제품의 품질을 높이고 생산원가를 낮추기 위한 목적에서 실시된다.

(3) 공동회사

선진국의 기업들(리복, 나이키, 유명 패션회사들)은 공장이 없다. 왜냐하면 생산부문을 계약에 의하여 타 기업에 의존하고 있기 때문이다. 중요한 공정을 외부에 맡김으로써 필요한 부품과 원자재를 조달하는 것을 아웃소싱(outsourcing)이라고 한다.

※핵심능력은 절대로 외부기업에게 위임해서는 안 된다.

2) 자원유연성(resource flexibility): 다양한 임무를 수행하는 자원(장비와 인력)을 이용할 것인가 말 것인가?

자원유연성이란 장비, 설비, 인력의 유연한 정도를 말한다. 즉, 장비, 설비, 인력이 다양한 임무를 수행하는 정도를 의미한다.

(1) 인력의 자원유연성

인력은 숙련노동인력과 비숙련노동인력으로 구분되며, 숙련노동인력의 자원유연성은 매우 높다.

(2) 장비의 자원유연성

장비는 범용장비와 특수장비로 구분할 수 있으며, 범용장비가 특수장비보다 자원유연성이 높다. 어떤 성질의 노동인력과 장비를 활용할 것인지는 위치전략, 공정의 유형에 따라 다르다.

3) 고객참여도(customer involvement): 고객을 생산공정에 어느 정도 참여시킬 것인가?

제품의 설계, 생산, 서비스 전 과정에서 고객이 참여하는 정도를 결정하며, 적극적인 고객참여와 제한적인 고객참여가 있다. 적극적인 참여 예로는 IBM이 제품 설계과정에서 고객이 참여하는 것, 버거킹이 셀프서비스로 운영하는 것이 있다. 제한적인 고객참여는 맥도날드의 운영형태를 들 수 있다. 이렇게 고객을 참여시키는 것은 고객화에 도움이 된다.

4) 자본집약도(capital intensity): 기계장비에 의존할 것인가 인간의 노동력에 주로 의존할 것인가?

생산수단은 크게 노동과 자본으로 양분할 수 있다. 총 생산수단 중 자본의 비율이 자본집약도이다. 자본집약도가 높다는 것은 공정의 자동화(고정자동화)비율이 높다는 것을 의미한다. 자본집약도가 높을수록 자원의 유연성은 떨어지는 것이 보통이다. 오늘날은 공장자동화(유연자동화)를 통하여 자본집약도를 높이면서 동시에 자원유연성을 높일 수 있다.

6 의사결정간의 관계

1) 공정중심인 경우: (1) 낮은 수직적 통합, (2) 높은 자원유연성, (3) 높은 고객 참여, (4) 낮은 자본 집약도

2) 제품중심인 경우: (1) 높은 수직적 통합, (2) 낮은 자원유연성, (3) 낮은 고객참여, (4) 높은 자본집약도

전체적인 공정의 주요 의사결정이 내려졌으면 다음 단계는 공정이 어떻게 수행될 것인지를 상세히 설계(**예** 프로세스 리엔지니어링, 공정 개선)하는 공정설계 단계에 들어간다. 공정설계란 투입요소, 생산 및 서비스 활동, 물자와 정보의 흐름, 업무 내지 작업의 순서, 제품 및 서비스의 생산 장비와 방법을 선택하는 장기적 의사결정이다.

1 공정설계 관련 기본적인 용어들의 개념

공정(process)은 가치 있는 것을 제공하기 위해 조직의 자원을 이용하는 방식을 말한다. 공정기본설계란 투입, 활동, 작업흐름, 제품 및 서비스의 생산방법을 선택하는 것이다. 공정상세설계는 생산방법을 상세하게 기술한 것이다. 공정개선이란 낮은 가격으로 고품질의 제품 및 서비스를 제공하도록 공정을 지속적으로 검토하고 개량하는 것을 의미한다.

2 제품-공정 매트릭스(product-process matrix)에 따른 공정설계: 유연성과 효율성 차원

1) 프로젝트 공정(Project Process)

노동집약적 공정으로, 범용장비를 활용한다. 선박, 빌딩 등과 같이 하나의 제품(one-of-a kind products)을 생산하는데 적합하다.

2) 개별작업 공정(Job Shop Process)

유연한 장비와 매우 숙련된 작업자를 활용하며 범용장비를 활용한다. 적은 수량과 다양한 종류의 제품(low volume, many products)을 생산하는데 적합하다. 이 공정의 경쟁요인으로는 고객화와 고성능 디자인을 들 수 있다.

3) 배치공정(Batch Process)

다양한 주문을 많은 양으로 묶어서 경제적으로 생산할 수 있다. 개별작업 생산과 유사한 장비와 인력이 활용되나, 제품 중심의 셀이 활용되며 장비교체 및 준비를 위한 숙련된 작업자가 필요하다. 중간 정도의 양과 다양한 종류의 제품(moderate volume, multiple products) 생산에 적합하다.

4) 라인공정(Assembly Line Process)

제품의 흐름이 컨베이어 시스템에 의해 이동하므로 직선적이다. 제품은 동일한 생산과정을 반복적으로 거쳐 대량생산이 가능하고 매우 효율적이다. 하지만 유연성은 낮다.

5) 연속공정(Continuous Process)

특수 장비와 비숙련 작업자가 활용되며, 많은 양과 제한된 종류의 제품(high volume, some product variety) 혹은 많은 양과 표준화된 일상재 제품(high volume, standardized commodity products) 생산에 적합하다.

이 공정의 경쟁요인으로는 효율성과 일관된 품질, 납기 등을 들 수 있다.

3 공정의 선택

앞서 설명한 5가지 공정은 기업전략(산출량, 고객화 등)에 따라 다음 <그림 4-6>과 같이 선택된다.

〈그림 4-6〉 기업전략에 따른 공정설계 유형

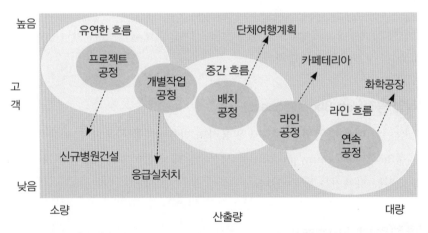

출처: Krajewski & Ritzman (2004), Operations Management, Prentice Hall.

10 설비배치 계획

설비배치 계획이란 시설 내에 경제적 활동센터를 물리적으로 배열하는 의사결정을 말한다. 배치의 기본 형태는 공정의 형태에 영향을 받는다.

1 배치계획 전략

배치계획은 업종, 전략, 환경변화, 작업자 등을 고려해야 한다. 업종의 경우 제조업은 자재흐름과 비용에 초점을 두고, 소매점포는 고객편의와 매출액 증대에 초점을 두며, 사무실은 효과적인 의사소통과 팀 구축에 초점을 둔다. 또한 고품질 추구 전략인지 또는 저가격 추구 전략인지를 고려하여 배치계획을 세운다. 환경변화에 대해서도 고려해야 한다. 최근에는 모듈화된 가구 및 칸막이를 사용하며, 공장에서 기둥을 제거한다. 그 외에는 작업자를 고려함으로써 작업자의 사회화를 촉진시키고, 책임을 균등하게 반영해야 한다.

2 설비배치 유형

1) 공정별 배치

기능에 따라 부서나 작업장을 묶기 때문에 유연성과 장비 가동율이 높다. 또한 종업원 감독이 전문화된다.

하지만 작업속도가 낮고 작업 준비 및 대기시간이 크며 많은 재고가 필요하고 자재운반비용이 높으며 생산계획 및 통제가 어렵다는 문제점이 있다.

2) 제품별 배치

부서나 작업장을 직선형으로 배열한다(overlap operations). 이 배치의 장점은 빠른 생산속도, 낮은 재고수준, 작업준비시간 및 자재운반시간을 감소시킬 수 있다. 반면, 유연성이 감소되고 수요가 낮은 제품 및 서비스에 대한 낮은 가동율이 문제가 된다.

3) 혼합형 배치

공정별 배치와 제품별 배치의 중간 형태이며, 빠른 작업속도와 유연성을 동시에 향상시킬 수 있다.

4) 고정위치식 배치

고정위치식 배치에서는 제품이 한 위치에 고정된다. 따라서 작업자와 장비가 제품이 있는 위치로 이동하여 작업을 수행한다. 주로, 건설, 조선 등에 적용되는 배치 전략이다.

<그림 4-7>은 설비배치 유형별 그 특징들을 요약하여 설명하고 있다.

〈그림 4-7〉 설비배치 유형과 특징

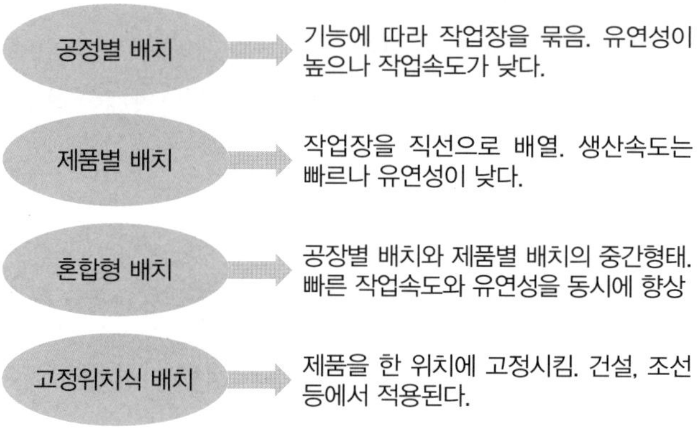

공정별 배치	기능에 따라 작업장을 묶음. 유연성이 높으나 작업속도가 낮다.
제품별 배치	작업장을 직선으로 배열. 생산속도는 빠르나 유연성이 낮다.
혼합형 배치	공장별 배치와 제품별 배치의 중간형태. 빠른 작업속도와 유연성을 동시에 향상
고정위치식 배치	제품을 한 위치에 고정시킴. 건설, 조선 등에서 적용된다.

02 chapter 경영정보

11 경영정보시스템의 기초개념

1 경영정보시스템 관련 기본적인 용어

1) **자료(data):** 의미 있는 사실들의 집합 → 다듬어지지 않은 객관적 사실
2) **정보(information):** 의미와 가치를 가진 자료 → 목적에 맞게 의미 있고 유용한 형태로 변형된 데이터
3) **지식(knowledge):** 의미 있게 구조화된 정보의 집합
4) **정보기술:** 기업의 목적달성을 위해 사용되는 하드웨어와 소프트웨어
5) **정보시스템:** 정보관리를 위한 요소들의 상호연계 되어 있는 상태
   - → 의사결정지원과 통제
   - → 분석, 시각화, 제품생산과 관련된 도움을 제공
   - → 정보시스템 활용능력은 형태적이고 기술적 접근법을 포함하지만, 컴퓨터 활용능력은 정보기술에 관한 지식에 초점

2 비즈니스 문제의 3가지 차원

1) 사람

(1) 정보시스템은 시스템의 구축, 관리, 사용을 위해 숙련된 인력이 필요하다.
(2) 종업원 태도는 시스템의 생산적 사용을 위한 역량에 영향을 미친다.
(3) 관리자의 역할
   ① 외부로부터의 도전을 감지해야 한다.
   ② 조직의 전략을 수립한다.

③ 인적, 재무적 자산을 할당한다.

④ 창의적 작업을 개발한다(◙ 신제품/신서비스 개발 등).

2) 기술

(1) IT 하부기술로서, 정보시스템이 구축되는 기반 혹은 플랫폼을 의미한다.

(2) 컴퓨터 하드웨어, 소프트웨어, 데이터관리 기술, 네트워킹과 정보통신 기술 등이 포함된다.

3) 조직

(1) 구조화된 계층구조와 비즈니스 프로세스로 업무가 조정된다.

(2) 비즈니스 프로세스란 업무를 달성하기 위하여 행해져야 하는 일련의 과업과 행동들의 집합이다.

(3) 정보시스템에 내재된 조직 문화도 포함된다.

3 정보시스템 유형별 개념 및 특징

1) 거래처리시스템(Transaction Processing System: TPS)

운영 관리자를 지원하는 정보시스템으로, 이 시스템의 주요 목적은 일상적인 질문들에 답하고, 조직 전반의 거래 흐름을 관리한다. 또한 내부 운영 상태와 기업 외부 환경과의 관계를 모니터링하므로 다른 시스템에 정보를 제공하는 주요 원천이 된다. 기업 운영에 중추적인 역할을 담당한다.

2) 경영정보시스템(Management Information System: MIS)

중간 관리자에게 조직의 현재 성과에 대한 보고서를 제공한다(경영활동을 관리 감독하고 미래의 성과를 예측). 거래처리시스템에서 제공되는 데이터를 이용해 회사의 기본적인 운영을 요약하고 보고한다. 주간, 월간, 연간 결과를 제공하나 일간 또는 시간 단위 데이터로 드릴 다운 할 수 있다. 하지만 이 시스템은 일반적으로 유연성이 떨어지고 분석 능력이 약하다.

3) 의사결정지원시스템(Decision Support System: DSS)

중간 관리자를 지원하는 정보시스템으로, 비일상적인 의사결정을 지원한다. TPS나 MIS

에 있는 내부 정보뿐만 아니라 외부 정보도 자주 이용된다. 의사결정지원시스템에는 모델 기반 DSS와 데이터 기반 DSS가 있다.

4) 중역지원시스템(Executive Support System : ESS)

고위 관리자를 지원하는 정보시스템으로, 전략적 문제와 장기적인 추세를 파악하도록 지원한다. 또한 비일상적인 의사결정을 지원하고, 변화하는 일련의 문제들에 적용할 수 있는 일반화된 컴퓨팅 능력을 제공한다. MIS, DSS 그리고 외부 사건에 대한 데이터를 요약하여 제공한다. 일반적으로 콘텐츠를 제공하기 위해 웹 인터페이스를 사용하는 포탈이나 디지털 대시보드를 활용한다.

12 전사적자원관리

전사적자원관리(Enterprise Resource Planning: ERP)란 기업 내 생산, 물류, 재무, 회계, 영업과 구매, 재고 등 경영 활동 프로세스들을 통합적으로 연계해 관리해 주며, 기업에서 발생하는 정보들을 서로 공유하고 새로운 정보의 생성과 빠른 의사결정을 도와주는 전사적자원관리 또는 전사적통합시스템을 말한다.

ERP의 주목적은 조직의 모든 기능 영역들 사이에 정보가 끊김없이 흐르도록 하는 것이다. 따라서 ERP를 도입한다고 하는 것은 예전처럼 전산화한 시스템을 구축하는 것이 아니다. 오히려 새로운 공장을 짓고 새로운 회사를 설립하는 것과 같이 기존의 시스템과는 전혀 다른 혁신적인 개념의 SI를 구축하는 것이다. 즉, ERP를 도입하고 활용함으로써 업무의 처리 방법이나 기업의 구조를 본질적으로 혁신해 생산성을 극대화하는 전략적 접근이라 할 수 있다.

1 ERP의 진화: ERP II

초기에는 신규 원자재 관리, 재고관리, 주문입력, 유통 등과 같은 제조 관련 업무에 적용하였다. 이후 점차적으로 영업·마케팅 및 고객관리 등으로 영역이 확대되었다.

2 ERP의 장점

1) 핵심 비즈니스 프로세스들로부터 생성된 데이터를 하나의 시스템으로 통합한다.
2) 기업 전반에 걸쳐 정보의 의사소통을 촉진시킬 수 있다.
3) 고객의 요구에 더 유연하게 대응하고 주문처리를 더 정확하게 수행하도록 지원한다.
4) 관리자가 운영 전반에 대한 시각을 가질 수 있도록 지원한다.
5) 비즈니스 프로세스 모델을 혁신하는 비즈니스 리엔지니어링을 구현하는데 기여한다.

3 ERP 도입의 필요성

1) 운영의 효율성

기업의 모든 프로세스가 통합적으로 이루어져 업무중복, 업무대기시간 등의 비부가가치 활동을 제거한다. 이는 업무가 동시적으로 이루어질 수 있고 BPR(업무재설계: Business Process Reengineering)을 지원하기 때문이기도 한다. 이러한 운영의 효율성을 이룸으로서 업무시간을 단축할 수 있고 필요인력과 필요자원을 절약할 수 있다.

2) 배분의 효율성

구매/자재관리 모듈은 실시간으로 자재 현황과 위치 등을 파악하고 수요를 정확히 예측하고 필요 재고 수준을 결정함으로써 불필요한 재고를 없애고 물류비용을 절감할 수 있도록 한다.

3) 정보의 효율성

정보의 신속성과 정보의 일치성, 개방성은 정보의 공유화를 이루어 기업 구성원들의 정확한 정보를 신속하게 활용할 수 있도록 하며 업무 효율을 높일 수 있도록 한다.

1 고객관계관리(Customer Relationship Management: CRM)의 정의

- 신규 고객 획득, 기존고객 유지 및 고객 수익성을 증대시키기 위하여 지속적인 커뮤니케이션을 통해 고객행동을 이해하고 영향을 주기 위한 광범위한 접근 방법이다(Gartner).

- 고객과 관련된 기업의 내·외부 자료를 분석, 통합 및 세분화하여 고객 특성에 기초한 마케팅활동을 계획, 지원함으로써 신규고객 획득, 잠재고객의 활성화, 우수고객을 유지할 수 있도록 고객을 적극적으로 유지·관리하여 한번 고객은 평생 고객이 될 수 있도록 고객의 가치를 극대화하는 전략이다(한국능률협회컨설팅).

- 고객에 관한 지식을 지속적으로 듣고, 추출하고, 대응하는 일련의 프로세스들로서 CRM은 기업이 고객의 니즈, 기대치 및 행동을 더 잘 이해하게 되고, 이를 통해 사업 기회나 변화에 기민하게 대처할 수 있도록 도와주는 것이다(메타그룹).

- 추가 비용을 최소화하면서 고객과의 상호작용 가치를 높여 결국에는 이익을 증진시키는 개념으로 가장 수익성이 높은 고객을 효과적으로 유지시킬 수 있는가에 대한 경영 기법이다(Ovum).

- 고객에 대한 이해를 바탕으로 고객을 유치하고 그 고객을 지속적으로 유지 및 개발하는 활동을 효율적으로 수행함으로써 고객들과의 관계로부터 가치를 창출하고 이들과의 관계를 장기적으로 유지, 강화하기 위한 제반 활동으로, 기업 내에서 고객 생성에서부터 고객 서비스에 이르기까지 고객과 관련된 전체 상호작용 업무에 대해 애플리케이션, 데이터베이스, 그리고 내재 프로세스 등을 연결한 통합 관리시스템이다.

2 CRM의 분류

1) 데이터베이스마케팅(DBM): 마케팅 분석과 전략을 수립하기 위하여 데이터베이스를 이용

〈그림 4-8〉

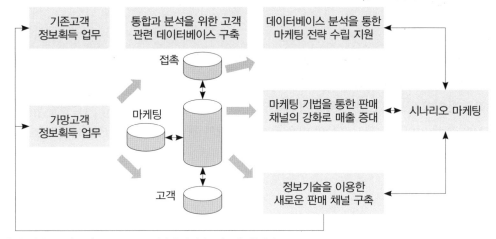

출처: 서영호 외 (2013), e-Business 시대의 경영정보시스템, 한경사.

2) 협의의 CRM: 고객관리 프로세스를 통해서 고객별 차별화 서비스를 제공한다.

〈그림 4-9〉

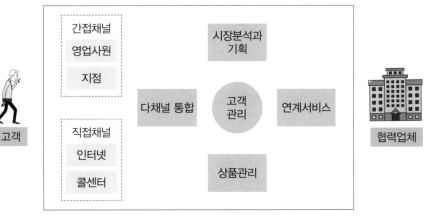

출처: 서영호 외 (2013), e-Business 시대의 경영정보시스템, 한경사.

3) 영업자동화(Sale Force Automation: SFA): 영업 채널의 경쟁력 강화를 위해 자동화 기술을 활용한다.

공급사슬관리(Supply Chain Management: SCM)이란 고객-소매상-도매상-제조업-부품/자재 공급업자 등의 공급활동의 연쇄구조를 나타내며 원재료의 수급에서 고객에게 제품을 전달하는 자원과 정보의 흐름 전체를 경쟁력 있는 업무의 흐름으로 관리하는 시스템을 말한다. SCM을 통해 기업은 공급사슬상의 비용 극대화를 위한 경영목표를 중심으로 자재의 흐름을 계획, 조직화, 통제하는 활동을 통해 가치증대와 낭비요소의 제거 등을 실현한다.

1 SCM의 효과

1) 채찍효과의 관리 효과
(1) 정확한 수요 파악은 관리상 효율증대 → 재고비용 감소
(2) 가격경쟁력 향상 기대
(3) 생산자 → 시설투자, 재고정책 가능
(4) 도 · 소매상 → 정확한 재고유지로 소비자 신뢰도 증가

2) SCM 기법의 요구
최근 인터넷의 발달로 중요성이 부각되면서 전략적 경영혁신 기법 중 하나로서 중요하게 다루어지고 있다.

 채찍효과(Bullwhip Effect)의 발생원인

- ◆ 소비자의 수요 요구가 생산자로 전달되는 과정의 오류
- ◆ 수요의 변형 왜곡 현상
- ◆ 불안심리, 안전재고확보, 리드타임 불안 등이 원인

---

2 SCM의 필요성: 기업경쟁력 확보 차원

1) 과거: 제조단계의 비용 절감에 초점을 두었다.
(1) 제조원가의 절감: 대량생산

(2) **품질향상**: 품질경쟁

(3) **컴퓨터통합생산체제의 구축완료**: 물류비용의 절감이 필요

2) 현재: 제조단계 이후 관리에 대한 중요성 인식이 높아졌다.

(1) 물류비용의 증가

　① 제조업 기준 10~15%(미국)를 차지한다.

　② 글로벌 생산 체제의 구축(인터넷 등 통신수단의 발달)으로 인해 물류비용이 지속적으로 증가하고 있다.

　③ 아웃소싱의 활성화(제조비용의 감소 목적)는 물류비용 증가를 유발시켰다.

　④ 상품부가가치의 60~70%가 외부 공급사슬에서 발생한다.

3 SCM의 발전단계

1) 1단계: SCM의 출현기(60~75년 사이)

(1) 완성품의 물적 물류에 초점

(2) 재고중심 Push 방식 생산 시대

(3) 산출물과 고객의 수요를 맞추는 경영

(4) 대량생산체제의 재고부담 감소 경영

2) 2단계: 기업내부 업무의 통합시기(75~90년 사이)

(1) 정보시스템의 적극 도입활용 시기

(2) 정보시스템으로 기업내의 업무통합 경영

(3) 재무관리에서 자재관리로 중심점이동

(4) 고객중심의 Pull 방식 생산 시대

(5) 통합에 의한 전체최적화의 시작

3) 3단계: SCM 개념 정립기(90년대 이후)

(1) 구매에서 소비까지 통합관리 시작

(2) 인터넷 등을 이용한 통합 최적화 경영

15 SCM의 기능활동

SCM의 주된 기능활동에는 구매활동, 물류활동, 외주 등이 있으며, 각 기능활동의 구체적인 내용은 다음과 같다.

1 구매활동

1) 전통적 SCM의 목적

국소적 물류(logistics) 관리로 재고를 통제하는데 주된 목적이 있다.

2) 구매활동의 특징

(1) 내적 SCM 활동으로 생산 자재의 조달과정을 말한다.

(2) 조달관리(procurement)란 생산계획만족을 위한 의사결정과정이다.

(3) SCM 관리자는 ① 자체생산할 것인지 혹은 외주를 줄 것인지에 대한 결정, ② 공급자 수에 따른 의사결정 문제 등을 해결하는 역할을 수행한다.

3) 구매기능 및 중요성

(1) 구매의 기능은 구매의 원활화를 위해 최적의 공급자, 가격, 배송자의 결정을 개발하고 평가하는 활동이다.

(2) 이러한 구매기능은 주 비용 요소이며 완제품의 품질에 영향을 미치게 되므로 적절한 전략을 활용할 필요가 있다(예 저가격, QR(Quick Response)시스템, 차별화 전략의 혼용).

4) 구매계약의 방법

구매계약 방법에는 일반경쟁 방법, 지명경쟁 방법, 수의계약, 입찰계약, 공동구매방식 등이 있다.

(1) **일반경쟁 계약방법**: 자유경쟁방식
   ① 저가업체선정 가능
   ② 품질저하 우려, 부정업자의 개입가능

(2) **지명경쟁 계약방법**: 적정업자를 미리 정해두고, 부정업자의 개입을 방지, 가격담합 가능

(3) **수의계약**: 희소품의 경우 사용되는 계약으로 구매담당자의 임의 계약

(4) **입찰계약**: 견적서 비교

(5) **공동구매방식**: 소모성자재의 구매, 인터넷 구매 등

2 물류활동

1) 물류활동

(1) 제조업의 물류활동은 조달물류, 생산물류, 판매물류로 나뉜다.

① **조달물류**: 원자재의 조달에서부터 자재창고로 운송과 보관 및 자재관리하는 것이다.

② **생산물류**: 자재창고의 출고에서 생산공정을 통한 완성품을 보관하는 것이다.

③ **판매물류**: 창고출하 후 소비자에게 전달되는 과정의 물류 활동을 말한다.

(2) 내적 SCM은 구매, 생산, 배송 활동을 의미하고, 외적 SCM은 외부 공급자, 소비자와 연결한 활동이다.

(3) 물류활동은 내적 SCM의 핵심활동으로, 물자를 소비지로 배송하는 활동이다.

① **유입물류(Inbound Logistics)**: 원료의 생산지로 이동흐름

② **유출물류(Outbound Logistics)**: 생산품의 소비지로 이동흐름

③ **역 물류**: 재활용 수거, 반품, 폐기 회수 등의 물류 활동

(4) **물류의 기능**

물류의 기본 기능으로는 생산과 소비의 장소, 시간, 수량, 품질, 가격의 조정 등이다. 이를 위해 구체적으로 수행되는 기능으로는 수송, 운송, 보관, 하역, 포장 등의 활동이 이루어진다.

(5) 물류의 목표는 적은 비용으로 고객에게 물류 서비스 제공하는데 있다.

2) 전통적 물류 활동의 문제점과 해결책

전통적인 물류 활동은 과잉재고의 보유, 긴급주문에 대한 늦은 반응, 배달체계의 비효율성의 문제점이 발생하였으며, 이러한 문제점은 정보기술을 활용한 빠른 응답체계의 구축을 통해 해결할 수 있게 되었다. 오늘날 물류 활동에 적용되고 있는 정보시스템은 다음과 같다.

(1) 물류정보시스템의 구축: Bar-Code, EDI, POS, RFID

(2) 통합물류에 의한 전체 효율화 도모: 조달물류, 생산물류, 판매물류의 통합

(3) 전략적 제휴에 의한 효율화

(4) 택배시스템의 발전

(5) 유비쿼터스 물류 준비

3 외주(Outsourcing)

필요기능을 자체 수행하지 않고 외부에 위탁하여 조달하는 방식이다.

1) 구매와 외주의 차이점

(1) 구매: 필요 원·부자재의 외부 조달

(2) 외주: 공정이나 용역의 외부 조달(위탁)

2) SCM에서 외주의 의의

(1) 비용절감과 위험분산

(2) 경영의 유연성과 효율성 극대화

(3) 기업경쟁우위 확보차원

(4) 비용우위에 의한 비용절감효과(시장구입과 생산비의 비교)

(5) **전략적 의도**: 노동활동 저지(예 청소부 용역), 신기술확보 창구로 활용

3) SCM 측면에서 자체생산과 외주의 비교

<표 4-4>는 자체생산과 아웃소싱의 특징을 비교하여 그 차이점을 설명하고 있다.

⟨표 4-4⟩ 자체생산과 외주의 특징 비교

자체생산	외주
핵심경쟁력유지 및 종업원해고방지	핵심 비즈니스에 주력
낮은 생산비용	취득비용의 저렴
부적합한 공급자 회피	공급자의 책임 보전
적합한 공급보장	기술적 관리적 능력의 획득

잉여노동의 활용 및 한계이익에 기여	불충분한 수용능력해소
물량의 확보	재고비 감소
공급자의 담합 등 공모방지	유연성 확보 및 공급선 교체가능
균일품질 유지가능	관리적 기술적 자원의 부족해소
독점적 설계나 품질보호	상호이익
회사규모의 증가 및 유지	특허 등의 보호품일 때 활용

출처: 문용은 외(역) (2014), 사례로 배우는 경영정보시스템, 시그마프레스.

※ 중요점: 관계중심의 계약관계를 유지해야 함

16 e-SCM

e-SCM은 인터넷을 기반으로 디지털 기술을 활용하여 공급사슬을 통합하고 관리하는 기법으로, 전자상거래의 모형 중 B2B모형에 해당한다. 즉, 디지털 환경의 공급자, 유통채널, 도·소매와 관련된 물자, 자금, 정보의 흐름을 신속하고 효율적으로 관리하는 활동이 e-비즈니스 환경에서 적용될 때를 e-SCM이라 한다.

1 e-SCM의 도입효과

1) 수직적 가치사슬의 해체
(1) 인터넷에 의한 저렴한 가격에 정보가 공유된다.
(2) 거래업체의 변경이 매우 용이해졌다.

2) 직거래의 활성화: 새로운 비즈니스 모델의 출현으로 인터넷 직거래 시장이 활성화되고 있다(MRO 시장, 음반판매 등).

3) 아웃소싱의 활성화: 마케팅 기능만 가진 회사의 출현으로 아웃소싱 방식이 활성화되었다.

4) 수평적 확장: 연관 산업으로 진출 가속화되었다.

5) 재고자산의 최소화: 정교한 연계 및 협업 체제를 구축함으로써 효율적인 재고자산 관리가 가능해졌다.

2 e-SCM의 실행 전략

기업주도형과 시장포털형이 있으며, 그 개념과 주요 특징은 다음과 같다.

1) 기업주도형
(1) 기업이 주도적 데이터 구축 및 관리가 가능하다.
(2) 유연성이 높고, 공급업체의 통제가 용이하다.
(3) 고도기술 요구품의 전문적 서비스 제공이 가능하다.

(4) 사전 등록업체만 거래할 수 있기 때문에 제품구매의 유연성이 떨어진다.

(5) 사이트 및 카탈로그 관리비 등 자체관리비 부담이 늘어난다.

2) 시장포털형

(1) 업종공통의 온라인 전자시장을 활용하는 전략이다.

(2) 포털업체 또는 중개업체가 데이터를 구축 및 관리한다.

(3) 구매안내, 지급보증 등의 부가서비스 제공이 가능하다.

3) e-SCM의 성공요인

(1) **e-비즈니스 전략과의 연계**: 기업은 회사 전략을 분석하는 동시에 수요, 생산규모, 전략적 스케줄링, 성과측정방안 등 공급사슬의 기본적인 요소를 어떻게 운영할 것인가를 결정해야 한다.

(2) **경쟁우위 확보 원천으로서의 IT 활용**: IT요소를 활용한 공급사슬을 통해 타 기업과 차별화된 서비스를 제공할 수 있는 방안을 모색해야 한다.

(3) **조직 문화의 변화**: 구성원들은 전체적인 관점에서 업무를 수행하고 상황변화에 적절히 대응할 수 있는 지식을 가져야 한다.

05
part

재무 · 회계관리

01 chapter 재무관리

01 재무관리의 기초개념

재무(finance)는 기업을 위해 자금을 조달하고 그 자금을 관리하는 사업의 기능이다. 기업의 재무 활동은 기업 조직의 경영 목표를 달성하기 위하여 효율적으로 자금을 조달하고 운용, 관리, 통제하는 총체적인 활동을 말한다. 즉 재무관리는 기업이 필요로하는 자금을 합리적으로 조달하고 조달된 자금을 효율적으로 운용하여 기업 가치를 극대화 하는데 중요한 역할을 한다(운용과 투자). 재무는 영리조직이나 비영리조직 모두에 있어서 매우 중요한 활동이다.

1 재무관리

1) 의의

재무관리(financial management)는 기업의 목표와 목적을 달성하기 위해 기업의 재원을 관리하는 일이다. 상품이나 마케팅의 효율성에도 불구하고, 신중하게 계산된 재무 계획 없이는 기업이 살아남기 어렵다.

2) 재무관리의 기능

기업을 창업하거나 운영하려면 우선 돈이 있어야 한다. 필요한 돈을 주주가 직접 출자하거나 금융기관으로부터 빌릴 수 있는데, 재무관리에서는 이렇게 필요한 자금을 가장 좋은 조건으로 조달하는 기능을 수행한다. 또한 조달한 자금을 잘 운용해야 수익이 날 수 있는데, 어떤 곳에 투자하는 것이 가장 수익성이 높은가를 판단하고 자금을 집행하는 기능을 수행한다.

⇒ 자본조달결정 기능, 투자결정 기능, 배당결정 기능, 재무자료분석 기능 등

3) 재무관리자의 역할

(1) 재무관리자의 핵심 업무는 자금을 조달하고 그 자금을 효과적으로 통제하는 것이다. 자금을 통제하는 것은 기업의 현금, 채권, 재고를 관리하는 것을 포함한다.

(2) 재무관리자는 기업이 대금을 지불하는 것을 감독할 책임이 있다. 상품을 신용으로 구매하거나(매입채무) 고객으로부터 받아야 할 금액을 회수하는(매출채권) 등의 재무 관련 직무도 재무관리자의 책임이다. 그러므로 재무관리자는 적절한 시기에 대금을 지불하고, 악성부채(대금을 지불하지 않는 사람 또는 기업)로 인해 금전적 손실이 발생하지 않도록 기한이 지난 지불금의 회수를 확실하게 챙겨야 할 책임이 있다.

① 최적의 자산 구성: 자본예산정책
② 최적의 자본구조 선택: 자본구조정책
③ 유동성 유지: 양(+)의 순운전자본 정책

4) 재무의사결정(financial decision making)

(1) 투자결정(investment decision): 실물자산(유동자산, 비유동자산)에 투자하여 자금을 운용하는 활동
⇒ 자산의 규모와 구성이 결정됨(대차대조표의 차변항목)

(2) 자본조달결정(financing decision): 실물자산의 투자에 필요한 자금의 조달결정
⇒ 부채와 자기자본의 규모와 구성이 결정됨(대차대조표의 대변항목)

(3) 배당의사결정(dividend decision): 영업활동으로 얻은 현금을 재투자를 위한 유보이익과 주주에게 배당으로 지급할 것에 대한 의사결정을 말한다. 어떤 의미에서는 사내자금조달과 관련된 의사결정으로서 자본조달결정의 한 형태라고도 할 수 있다.

02 ● 재무관리의 목표

재무관리의 목표는 재무의사결정을 내리고 평가하는데 기본 틀을 제공한다. 구체적으로 자본 조달과 자본 운용을 중심으로 한 자본 비용의 극소화와 투자 결정에 있어서 투자 수익의 극대화가 조화를 이루어 기업 가치의 극대화를 실현하는 것이다.

1 이익의 극대화

1) **재무관리 목표의 필요충분조건**: 재무의사결정 및 재무성과 평가의 기준으로 이용될 수 있어야 한다.

2) 이윤의 극대화가 재무의사결정의 기준으로 부적합한 이유

(1) 이윤의 개념에 대한 불명확성: 매출총이익, 영업이익, 순이익, 주당순이익 등

(2) 이윤의 실현시기에 따라 차이가 존재: 화폐의 시간적 가치 고려

(3) 이윤은 불확실성의 정도에 따라 차이가 존재: 위험의 존재

> **이익 극대화(profit maximization)의 문제점**
> ◆ 회계적 이익의 자의성
> ◆ 현금흐름의 발생시기 무시
> ◆ 미래이익의 불확실성(위험)의 정도에 따른 이익의 질적가치 무시

2 기업 가치의 극대화

1) 주식회사에서 재무관리자는 주주들에 의해 의사결정을 한다. 주주들이 경제적 이익을 얻기 위해서 주식을 매입하는데, 기업 가치의 증가는 자본시장에서 주가의 상승으로 이어지며, 주가의 상승은 결국 기업의 소유주인 주주들에게 귀속된다. 따라서 기업의 목표는 현재의 주식가치를 극대화하는데 있다.

> ◆기업의 가치(총자산가치) = Σ(미래 현금흐름의 현재가치)
> = 주식의 시장가치 + 부채의 시장가치
> ⇒ 기업가치의 극대화 = 주주 부의 극대화 = 주가의 극대화

2) 기업 가치의 극대화를 달성하기 위해서는 다음과 같은 세 가지 목표를 실행해야 한다.

(1) **수익성 목표**: 투자자들의 자금을 유치하기 위한 요인이 되는데, 목표를 달성하기 위해서 경영자는 이익 계획 또는 이익 관리를 한다.

(2) **유동성 목표**: 기업 부채에 대한 단기적인 채무 지급 능력을 의미한다. 기업은 적정 수준의 유동 자산을 확보해야만 부채에 대한 지급 능력을 가질 수 있다. 그러므로 유동비율을 적정선으로 유지해야 한다.

(3) **안정성 목표**: 건실한 재무 구조를 만들기 위해서 자기자본과 타인자본의 구조가 적정선으로 유지되어야 한다. 또한 기업의 대외적인 여건 변화에도 견딜 수 있어야 한다.

어떤 사업을 하든지 장기투자와 장기자금 및 일상 재무활동에 대한 의사결정을 하여야 한다. 이를 재무의사결정이라고 하고, 크게 자본예산 정책, 자본구조 정책, 배당 정책, 운전자본 정책으로 구분된다.

1 재무활동을 위한 주요 의사결정

1) 자본예산 정책(capital budgeting)

기업의 장기투자를 계획하고 관리하는 과정을 의미한다. 자산에 의해 창출되는 현금흐름의 가치가 자산의 비용을 초과해야 한다. 어떤 투자든지 얼마만큼의 현금을 받을 것인지, 언제 그것을 받을 것인지, 그리고 그것을 받는 것이 확실한지에 관심을 가져야 한다. 즉 미래 현금흐름의 크기(size), 시점(timing), 위험(risk)을 평가하는 것이 자본예산의 핵심이다.

(1) 자본예산: 실물자산의 투자와 관련된 예산을 수립하는 과정으로, 투자안의 개발, 투자안의 경제성 분석, 투자안의 선택, 투자안의 조달 계획 수립, 예산편성 등의 과정을 포함한다.

(2) 어떤 산업에 진출할 것이며, 어느 정도의 규모로 사업을 시작해야 하며, 어떤 유형의 설비와 기계장치를 구입할 것인가를 결정한다.

2) 자본구조 정책(capital structure)

재무구조(financial structure)라고 하며 장기투자를 지원하기 위해 자금을 어떻게 마련할 것인가에 대한 것이다.

(1) 자본구조: 비유동부채와 자기자본을 어떤 비율로 유지해야 기업가치가 극대화되는가에 관한 것이다.

(2) 투자활동에서 요구되는 자본을 어떤 금융수단을 통하여 조달할 것인가를 결정하는 과정이다.

    ① 유동부채: 정상적인 생산 및 영업활동을 지원하기 위하여 일시적으로 보유해야 하는 유동성 자산인 유동자산에 투자하는 단기자금

    ② 비유동부채, 자기자본: 수익성 자산인 비유동자산에 투자되는 장기성 자본

3) 배당 정책

경영활동을 통하여 벌어들인 현금흐름을 어떤 비율로 채권자와 주주들에게 이자와 배당으로 지급할 것인가를 결정하는 과정이다.

(1) 기업이 벌어들인 현금흐름 중 투자자에게 배분되는 현금흐름
(2) 배당지급의 규모, 배당지급 결정요인, 최적의 배당수준 등

4) 운전자본 정책(working capital)

매출채권이나 재고자산과 같은 단기자산과 공급자에 대한 매입채무와 같은 단기채무를 의미한다.

(1) 운전자본: 정상적인 생산 및 영업활동을 지원하기 위하여 보유해야 하는 일시적인 자본
    (순운전자본 = 유동자산 − 유동부채)
(2) 매출채권의 회수, 매입채무의 상환, 판매비와 일반관리비의 지출, 단기자금의 조달 등과 같은 일상적인 재무활동을 어떻게 관리할 것인가를 결정한다.

2 재무의사결정의 기준

순현재가치(Net Present Value: NPV): 재무정책결정을 통해 새로이 창출되는 가치(증분가치 (incremental value))

$$\text{NPV} = \sum_{t=1}^{\infty} \frac{E(C_t)}{(1+k_0^*)^t} - C_0$$

C_0: 현재의 투자비용
$E(C_t)$: t기말의 기대 현금흐름
k_0^*: 시장이자율

- NPV > 0: 좋은 재무의사결정
- NPV < 0: 나쁜 재무의사결정

04 재무 계획, 통제 및 분석

1 재무 계획

재무 계획은 기업이 행한 재무의사결정이 미래의 이익이나 자금 사정에 끼치는 영향을 예측하고, 기업의 목표를 달성할 수 있는 구체적인 자금 조달과 자금 운영에 대한 계획을 수립하는 일이다. 그렇기에 재무 계획은 목표 설정, 자산 및 자원 평가, 향후 재무 요구 사항 추정 및 금전적 목표 달성 계획 수립 과정이며, 투자, 자산 배분 및 위험 관리를 포함하여 많은 요소가 재무 계획에 관여하게 된다. 이러한 재무 계획은 재무 관리의 출발점인 동시에 재무 통제의 기준이 된다. 재무 계획은 이익 계획과 재무 예측으로 구분하여 이루어진다.

1) 이익 계획

(1) 이익 목표를 설정하고 그 달성을 위해 종합적인 경영계획을 수립해 나가는 의사결정 활동을 말한다.
(2) 손익분기점 분석을 기본으로 활용한다.
(3) 손익분기점(Break Even Point: BEP)은 일정 기간의 매출액과 총비용(고정비와 변동비)이 일치하여 이익 또는 손실이 발생하지 않는 매출액 또는 매출수량을 말한다.

2) 재무 예측

재무 예측은 재무제표를 바탕으로 향후 사업이 어떻게 진행될 것인가를 예측하여, 필요한 자금을 예측하는 것이다(미래의 매출액, 이익, 자금소요액, 성장률, 경영자의 태도, 채권자의 태도, 경쟁 상대, 자산의 구성 등).

2 재무 통제

재무 통제란 재무 활동이 계획대로 실행되고 있는지를 검토하여 새로운 계획의 수립과 실행에 도움을 줌으로써 경영 활동의 효과를 높이는 일련의 절차를 말한다. 재무 통제를 위한 방법에는 예산 통제, 투자 수익률 기법 등이 있다.

1) 예산 통제

(1) 기업의 성과를 높이기 위하여 경영 활동에 대한 계획을 화폐 가치로 나타낸 예산으로 수립하고, 그것에 기초하여 경영 활동을 수행하여 최초의 예산(추정 예산)과 실제 업무 성과 간의 차이를 분석하는 관리 기법이다.

(2) 예산의 편성 ⇒ 예산의 집행 ⇒ 예산 차이 분석

2) 투자수익률(Return On Investment: ROI) 기법

ROI 분석은 비용의 효율성과 자산 투자의 효율성을 체계적으로 분석하기 위한 통제 방법으로, 기업목표를 주주의 수익률 제고에 두고 경영성과를 종합적으로 분석하는 통제시스템이다.

3 재무 분석

재무 분석이란 기업의 현재와 과거의 재무상태와 경영성과를 파악하여 기업경영에 필요한 기초자료를 얻는 재무활동을 말한다. 재무 분석에서 일차적으로 사용되는 정보가 재무제표이므로 좁은 의미의 재무 분석은 재무비율 분석을 의미한다. 재무비율은 필요한 정보내용에 따라 유동성 비율, 레버러지 비율, 활동성 비율, 수익성 비율, 성장성 비율, 시장가치 비율로 나눌 수 있다.

1) 유동성 비율은 기업의 단기채무 상환능력을 측정하는 비율이다.

(1) 유동 비율 = 유동자산/유동부채

(2) 당좌 비율 = 당좌자산/유동부채(당좌자산 = 유동자산 – 재고자산)

2) 레버러지 비율은 기업의 타인자본 의존도를 나타낸다.

(1) 부채 비율 = 총부채/총자산

(2) 자기자본 비율 = 자기자본/총자산

(3) 이자보상 비율 = 영업이익/이자비용

3) 활동성 비율은 기업 자산의 효율적 활용 정도를 나타낸다.

(1) 총자산회전율 = 매출액/총자산

(2) 재고자산회전율 = 매출액/재고자산

(3) 매출채권회전율 = 매출액/매출채권

4) 수익성 비율은 기업의 경영성과를 측정하는 비율이다.

(1) 매출액총이익율 = 당기순이익/매출액

(2) 총자산이익율(ROA) = 당기순이익/총자산

(3) 자기자본이익율(ROE) = 당기순이익/자기자본

5) 성장성 비율은 매출액이나 영업성과의 성장을 측정하는 비율이다.

(1) 매출액증가율 = (당기매출액 − 전기매출액)/전기매출액

(2) 순이익증가율 = (당기순이익 − 전기순이익)/전기순이익

05 자본예산과 경제성 평가

1 자본예산

자본예산(capital budgeting)이란 자산에 대한 투자결정 중 특히 1년 이상 그 효과가 지속되는 투자를 말한다. 즉 고정자산에 대한 투자결정으로서 새로운 설비의 도입, 교체, 확장 등에 대한 투자가 자본예산의 대상이 된다.

2 자본예산의 수립 과정

자본예산을 수립하는 과정은 다음과 같다.
 ① 투자목적 설정 및 여러 투자대안들의 선정한다.
 ② 투자안의 현금흐름 추정한다.
 ③ 투자안의 경제성 평가 및 선택을 한다.
 ④ 선택된 투자안의 실행 및 재평가를 한다.

3 경제성 평가

경제성 평가는 그 투자안(사업)이 어느 정도의 경제적 가치가 있는 투자안(사업)인지를 파악할 수 있도록 함으로써 투자안(사업)에 대한 정확한 이해를 돕게 된다. 경제성 평가방법에는 편익/비용 비율(B/C ratio), 순현재가치(NPV), 내부수익률(IRR) 등이 있다.

4 경제성 평가방법

1) 편익 비용 비율(Benefit-Cost Ratio : BCR)

(1) 개별 대안사업별로 편익의 현재가치를 비용의 현재가치로 나눈 값이 가장 큰 대안을 선택하는 방법이다.

(2) 사업의 비용, 편익은 장시간에 걸쳐 투입되거나 발생하기 때문에 할인율을 적용하여 이를 특정기간(일반적으로 현재년도)에 발생하는 것으로 환산하여 비교하게 되는데 이를 '현재가치화'라고 한다.

(3) 각 사업의 편익-비용비는 현재가치로 환산된 편익과 비용으로 나타내는 것이 일반적이며 일반적으로 편익/비용 비율이 1.0보다 크면 경제성이 있다고 판단한다.

2) 순현재가치(Net Present Value: NPV)

(1) NPV는 현재가치로 환산된 장래의 연차별 순편익의 합계에서 초기 투자비용 및 현재가치로 환산된 장래의 연차별 비용의 합계를 뺀 값을 의미한다.
(2) NPV > 0 이면 경제성이 있다고 판단한다.

3) 내부수익률(Internal Rate of Return: IRR)

(1) 편익과 비용의 합계가 동일하게 되는 수준의 현재가치 할인율을 의미한다. 즉, 어떤 사업의 순현재가치의 값을 '0'으로 하는 특정한 값의 할인율을 의미한다.
(2) 내부수익율이 시장이자율보다 높은 경우 혹은 공공사업에 대해 사회적으로 용인할 수 있는 이자율보다 높게 나타나면 그 사업은 타당성이 있다고 평가를 한다.

어떤 사업의 경제적 타당성의 유무판단기준으로서 어느 한 기준에 전적으로 의존하는 것은 문제가 있음을 인식해야 하며, 결론적으로 순현재가치, 내부수익률 및 편익/비용 비율 세 가지를 모두 적절하게 고려한 후 의사결정을 내리는 것이 타당하다.

1 자기자본가치 극대화와 대리인 문제

1) 경영인의 목표와 주주의 목표

대리인 문제를 해소시켜 경영자가 주주들의 이익을 위하여 기업을 경영하도록 유도하는 수단으로 이용된다(<그림 5-1> 참조).

〈그림 5-1〉 대리인으로서의 경영인

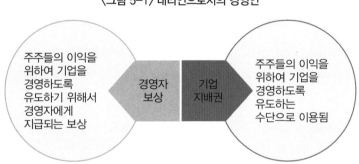

2) 대리인 문제

(1) 대리인 관계

① 기업 소유권 구조에서 주주와 경영자의 관계: 소유자가 자신의 이익을 대변하는 대리인(agency)을 고용할 때 형성된다.

② 의사결정권한의 위임: 주체(principals)인 주주에서 대리인(agents)인 경영자에게도 의사결정권한이 위임된 경우

⇒ 주주와 경영자의 이해상충 ⇒ 대리인 문제(agency problems) 발생

(가) 경영자의 특권적 소비(prequisite consumptions), 기업의 외형적 확장 추구

(나) 경영자들의 짧은 재임기간으로 인하 단기적인 이익 추구

(다) 경영자의 무사안일주의(과민한 위험회피성향)

(2) 대리인 문제의 완화를 위한 제도적 장치

① 주주총회에서 이사회의 구성원을 선출함으로써 경영자들을 간접적으로 통제

② 주식옵션(stock options) 등 유인제도의 이용

③ 기업인수(takeover) 등을 통한 경영자의 교체압력

④ 경영자 인력시장에서의 경쟁

(3) 대리인 비용

주주와 경영자 사이에서 이해관계가 상충할 때 발생되는 비용, 즉 대리인문제를 적절하게 해결하는 데 소요되는 비용 ⇒ 보증비용 + 감시비용 + 잔여비용

① **보증비용(bonding cost)**: 경영자가 주주의 이해 편에서 기업을 경영하도록 유인하기 위하여 지급하는 보상비용

- 경영자가 사무실을 호화로운 집기로 장식하거나 필요하지 않은 호화 요트 등을 구입하는 행위

② **감시비용(monitoring cost)**: 경영자의 활동을 감시하기 위하여 지출하는 비용

- 재무제표정보의 정확성을 평가하기 위하여 외부 감사인에게 지불하는 감사 수수료 등

③ **잔여비용(residual cost)**: 경쟁적 관계가 유지됨으로써 경영능률이 떨어짐에 따라 발생하는 기회손실비용

02 chapter 회계관리

07 회계관리의 기초개념

재무정보는 주로 회계분야에서 만들어지는 정보에 기초한다. 회계(accounting)란 관리자나 이해관계자들이 올바른 의사결정을 내리는데 필요한 재무적 사건이나 거래를 기록, 분류, 요약, 해석하는 일련의 과정을 의미한다. 재무적 거래는 재화와 용역의 구매나 판매, 보험의 구매, 급여지급, 자재의 사용 등을 포함한다.

회계의 중요한 목적은 관리자들이 올바른 의사결정을 내리기 위해 기업의 재무상태와 운영성과를 올바르게 평가하도록 관리자를 도와주는 것이다. 또 다른 목적은 종업원, 소유주, 채권자, 공급자, 노동조합, 지역사회의 활동가, 투자자, 정부를 포함하는 이해관계자들에게 기업의 경제 활동과 관련된 재무정보를 보여주는 것이다.

1 회계의 개념

회계란 정보이용자의 경제적 의사결정에 유용한 기업의 재무정보를 생산·제공하는 회계정보시스템이다.

1) 정보이용자: 내부이용자(경영자)와 외부이용자(주주, 대여자, 채권자 등)

회계정보이용자는 주주, 채권자, 종업원, 경영자, 정부 등이 있으나 크게 경영자와 같은 내부이용자와 주주나 채권자와 같은 외부이용자로 분류할 수 있다.

(1) 정보이용자의 유형 및 관심
  ① **현재 및 잠재적 투자자:** 투자위험과 투자수익평가, 투자여부 결정
  ② **대여자 및 기타 채권자:** 기업의 신용도 평가, 대출여부 결정
  ③ **경영자:** 계획, 관리, 통제 등 의사결정

④ 종업원: 임금협상, 직장 선택

⑤ 정부 및 세무당국: 공공요금 규제, 세금 부과, 불공정거래 감독, 경제정책 수립

⑥ 소비자: 안정적인 사후서비스 가능성 판단

2) 경제적 사건

회계가 유용한 경제적 재무정보를 제공하기 위해서는 기업실체에 영향을 주는 경제적 사건(economic event)을 파악하여야 하는데 경제적 사건은 다음 <표 5-1>과 같이 분류할 수 있다.

〈표 5-1〉 경제적 사건의 분류

구분				설명
경제적 사건	내부적 사건			경제실체 내부의 사건 예 원재료의 생산공정 투입
	외부적 사건	거래		둘 이상의 실체 간의 자원 이전
			상호적 이전(교환)	예 재료의 구입, 제품의 판매
			일방적 이전	예 국고보조금의 지급
		거래 이외의 외부적 사건		예 물가변동, 천재지변, 이자율변동 등

3) 재무정보

기업의 경제적 사건("거래")을 식별, 측정, 기록, 분류, 요약한 정보로, 주요 장부와 재무제표가 이에 해당한다.

4) 회계정보시스템

기업의 경제활동과 정보이용자를 연결시키는 기업의 재무 언어로서의 의사소통시스템을 말한다.

(1) 회계시스템의 기본 구조

① 복식부기 회계시스템의 기초: <자산 = 청구권>의 등식관계, 즉 <자산 = 부채+자본>의 등식관계를 갖는다.

② 등식: 어떤 시점에서든지 '자산 = 청구권'의 등식관계가 성립한다.

③ 자산과 청구권의 증감(변동)을 기록을 통하여 재무상태를 파악하는 체계적 과정이다.

④ 회계시스템은 복식부기시스템을 기본으로 하여 경제적 사건을 기록, 그 결과를 정보이용자에게 전달하는 과정이다.

2 회계의 사회적 역할

회계는 기업의 이해관계자들이 합리적인 의사결정을 할 수 있도록 유용한 정보를 제공해주는 기능을 수행하는데, 기업의 이해관계자들이 자기의 이익을 위한 합리적인 의사결정을 하게 되면 사회 전체적으로 볼 때 가장 합리적인 결과를 가져올 수 있다. 회계가 사회에 어떠한 역할을 하는지에 대해 구체적으로 살펴보면 다음과 같다.

1) 사회적 자원의 효율적 배분

사회적 자원(social resources)은 희소하며 한정되어 있다. 따라서 한정된 사회적 자원이 적절하게 배분되고 이를 효과적으로 활용될 수 있도록 하는 것이 중요하다. 회계는 기업의 생산성을 평가하는데 유용한 정보를 제공함으로써 한정된 자원이 효율적으로 배분되도록 해준다. 즉 투자자나 채권자들은 그들의 투자의사결정과 신용의사결정에 있어서 투자이익과 위험을 평가하여 최선의 선택을 하고자 할 것이며, 이를 위하여 회계정보를 이용한다. 이와 같이 회계는 투자자, 채권자, 경영자 등 여러 이해관계자들이 합리적인 의사결정을 할 수 있도록 필요한 정보를 제공함으로써 희소한 사회적 자원이 효율적으로 배분되는데 공헌한다.

2) 수탁책임에 관한 보고

수탁책임(stewardship responsibility)이란 경영자가 주주나 채권자로부터 수탁받은 자본을 효과적으로 관리, 경영할 책임을 말한다. 경영자는 수탁책임에 의하여 기업의 자원을 효율적으로 운용하고 그 결과를 이해관계자에게 보고할 의무가 있는데, 회계정보는 자본의 운용을 위탁받은 경영자가 자본을 투자한 주주나 채권자에게 보고하기 위한 수단이 된다(<그림 5-2> 참조).

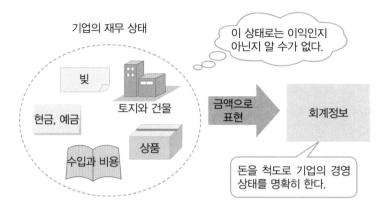

〈그림 5-2〉 수탁책임에 관한 보고

3) 사회적 통제의 합리화

회계정보는 노사간의 임금협약이나 국가정책수립 등에서 많이 활용되고 있다. 노사간의 임금협약 시 가장 기본이 되는 자료는 기업의 경영성과나 재무상태를 나타내는 회계정보가 될 것이며, 기업이 부담해야 할 세금이나 공공요금의 책정 등 기업과 관련된 국가정책이 합리적으로 이루어지기 위해서는 기업의 회계정보를 이용하지 않을 수 없다.

회계의 종류는 크게 정보이용자 및 계산방식에 따라 구분된다. 구체적으로 회계는 그 정보이용자에 의해 재무회계, 관리회계, 세무회계, 정부회계로 구분된다. 또한 회계 계산방법에 따라 복식회계와 단식회계로 구분할 수 있다.

1 정보이용자에 의한 분류

1) 재무회계

재무회계란 기업 외부의 정보이용자(현재 및 잠재적 투자자, 대여자 및 기타 채권자)가 필요로 하는 정보를 재무제표를 통해 제공하는 회계이다.

(1) 재무제표 작성을 위한 장부 기록(분개 및 전기)

(2) 재무제표의 요소, 인식과 측정

(3) 재무제표의 산출과정(회계순환과정)

(4) 재무제표에 포함되는 구체적인 회계정보의 산출

(5) 재무제표의 분석 및 활용

(6) 재무제표의 공시와 외부감사제도

2) 관리회계

관리회계란 기업 내부의 정보이용자(경영자)가 필요로 하는 정보를 제공하는 회계를 말한다.

(1) 내부 경영자의 의사결정을 지원하기 위한 회계정보를 제공한다.

(2) 원가 등의 회계정보를 이용하여 다양한 경영상의 의사결정을 한다.

① 제품과 서비스의 원가계산

② 원가의 추정과 분석

③ 의사결정과 성과평가

3) 세무회계

세무회계는 개인 또는 기업이 부담할 세액을 산정하기 위한 회계를 말한다.

(1) 세법의 규정에 따라, 과세소득의 계산 파악을 목적으로 하는 회계이다.

(2) 기업회계는 기업회계기준(K-IFRS)에 맞추어 이익을 산출한다.

(3) 기업회계상의 이익을 세법에 맞추어 과세소득으로 조정하여 세액을 산출하는 과정을 주로 다룬다.

4) 정부회계

중앙 및 지방정부의 재무제표를 작성, 보고하는 회계가 이에 속한다.

(1) 중앙정부와 지방정부의 경제활동을 기록, 분류, 요약, 보고하는 과정을 다룸

(2) 정부조직의 예산회계

(3) 정부조직의 재무보고: 복식부기, 발생주의

이상과 같이 회계는 정보이용자에 따라 크게 4가지로 구분되며, 그 중 대표적인 회계 유형인 재무회계와 관리회계의 주요 특징과 내용을 요약한 내용은 다음 <표 5-2>와 같다.

<표 5-2> 재무회계와 관리회계의 주요 특징 및 내용

구분	재무회계 (Financial Accounting)	관리회계 (Managerial Accounting)
목적	외부이용자의 의사결정에 유용한 정보를 제공	내부이용자의 경영이나 관리에 필요한 정보를 제공
정보이용자	투자자, 채권자, 정부기관 등	경영자, 중간관리자 등
보고기준	일반적으로 인정된 회계원칙	회계기준 또는 필요에 따라 여러 가지 기준을 이용할 수 있음
보고의 형태	재무제표 • 재무상태표 • 손익계산서 • 현금흐름표 • 자본변동표 • 주석	일정한 형식 없이 기업실체 내부적으로 정해진 형식 등을 사용
정보내용	기업실체의 과거 재무상태나 경영성과 등에 관한 정보	경영에 필요한 과거 및 미래예상에 대한 정보

2 계산방법에 의한 분류

1) 복식회계

자산·부채 및 자본의 증감변동을 거래요소로 보고, 대차평균의 원리에 따라 빠짐없이 기록하는 조직적 내지 완전한 기록방법을 말한다.

(1) 복식회계의 본질

복식회계의 본질은 '복기'에 따른 자기검증기능과 손익계산의 '복계산'에 있다. 그렇기에 복식회계라 부른다.

① 복기

하나의 거래가 발생하면 차변과 대변으로 나누어 동일금액을 2중으로 기입하는 것을 말한다.

예 현금으로 상품을 매입하였을 경우

(차) 상품 *****   (대) 현금 *****

② 복계산

손익계산에 있어서 재산법과 손익법을 병행하는 것을 말한다.

(가) 재산법

(a) 기초와 기말의 자본(순재산)을 비교함으로써 기간손익을 계산하는 방법이며, 이는 자본비교법 또는 재산비교법이라고도 한다.

(b) 재산법에 의한 손익계산은 재무상태표에서 행해지게 되는데 순이익의 경우에는 동 금액이 대변에, 순손실의 경우에는 동 금액이 차변에 표시된다.

(c) 이것을 공식으로 표시하면 다음과 같다.

- 기말자본 − 기초자본 = 순이익
- 기초자본 − 기말자본 = 순손실

(d) 그러나 영업기간 중에 유상으로 증자 또는 감자가 행하여진 경우의 순손익의 계산은 다음과 같다.

- 기말자본 − (기초자본 + 증자 − 감자) = 순이익
- (기초자본 + 증자 − 감자) − 기말자본 = 순손실

(나) 손익법

회계기간에 발생한 수익과 비용을 원천별로 기록, 계산하여 총수익과 총비용을 비

교함으로써 기간손익을 계산하는 방법이며, 그것이 조직적 부기의 기록으로부터 유도 계산되기 때문에 유도법이라고도 한다.

- 총수익 − 총비용 = 순이익
- 총비용 − 총수익 = 순손실

2) 단식회계

일정한 원칙없이 단지 자산과 부채의 증감만을 거래요소로 보고, 대차평균의 원리에 의하지 않고 기록하는 상식적이며 간단한 기장방법을 말한다.

<표 5-3>에서는 복식회계와 단식회계의 차이점을 설명하고 있다.

〈표 5-3〉 복식회계와 단식회계의 비교

복식회계	단식회계
① 일정한 법칙하에 대차복기입 ② 총계정원장이 있음 ③ 시산표작성과 자기검증이 가능함 ④ 수시로 재무상태표와 손익계산서의 작성가능	① 일정한 원칙없이 단기입 ② 현금수지와 인명계정이 주요장부임 ③ 시산표에 의한 자기검증 방법이 없음 ④ 손익법에 의한 손익계산 불능, 재무상태표 작성도 주로 재고조사에 의함

한국회계기준원(Korea Accounting Institute)은 재무회계의 기초개념을 제공하기 위하여 회계원칙을 체계화한 「재무회계개념체계」를 제정하였다. 「재무회계개념체계」는 재무제표의 이용자가 회계기준에 의해 작성된 재무제표를 해석하는데 도움이 되도록 재무제표 작성에 기초가 되는 기본가정과 제 개념을 제시하고 있다. 즉 재무제표의 작성자가 회계기준을 해석·적용하여 재무제표를 작성·공시하거나 특정한 거래나 사건에 대한 회계기준이 미비된 경우에 적용할 수 있는 일관된 지침을 제공한다. 또한 외부감사인이 감사의견을 표명하기 위하여 회계처리의 적정성을 판단함에 있어서 의견형성의 기초가 되는 일관된 지침을 제공한다.

재무회계개념체계는 회계기준이 아니므로 구체적인 회계처리방법이나 공시에 관한 기준을 정하는 것을 목적으로 하지 않는다. 따라서 개념체계의 내용이 특정 회계기준과 상충되는 경우에는 그 회계기준이 개념체계에 우선한다.

1 재무보고의 목적

재무보고는 기업실체 외부의 다양한 이해관계자의 경제적 의사결정을 위해 경영자가 기업실체의 경제적 자원과 의무, 경영성과, 현금흐름, 자본변동 등의 재무정보를 제공하는 것을 말한다. 이러한 재무보고는 기업실체에 대한 현재 및 잠재 투자자와 채권자가 합리적인 투자의사결정과 신용의사결정을 하는데 유용한 정보와 경영자의 수탁책임의 이행 등을 평가할 수 있는 정보를 제공하는 것을 목적으로 한다(※경제적 의사결정 자체가 재무보고의 목적은 아니다)(<그림 5-3> 참조).

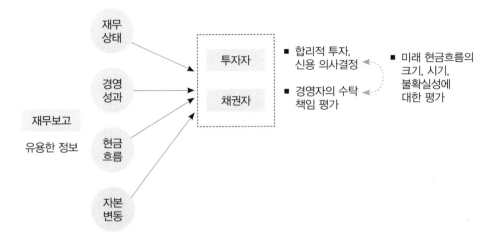

1) 미래 현금흐름 예측에 유용한 정보의 제공

투자자와 채권자의 합리적인 의사결정에 유용한 정보란 투자나 자금대여로부터 들어올 미래 현금흐름의 크기, 시기 및 불확실성을 평가하는데 적합한 정보를 말한다. 기업실체는 영업활동에서 창출되는 순현금흐름을 이용하여 기업실체 유지에 필요한 투자를 충당하고 배당 및 이자를 지급하며 채무를 상환한다. 따라서 자금보고는 정보이용자의 욕구를 충족시키기 위하여 순현금흐름 예측에 유용한 정보를 제공하여야 한다.

2) 재무상태, 경영성과, 현금흐름 및 자본변동에 관한 정보 제공

재무보고는 기업실체가 보유하고 있는 경제적 자원과 그 자원에 대한 청구권, 경영성과 측정치를 포함하여 청구권의 변동에 관한 정보와 현금흐름 정보를 제공하여야 한다. 또한 기업실체의 자본변동에 관한 정보는 일정기간 동안에 발생한 기업실체와 수유주간의 거래 내용을 이해하고 소유주에게 귀속될 이익 및 배당가능 이익을 파악하는데 유용하다.

3) 경영자의 수탁책임 평가에 유용한 정보의 제공

경영자는 소유주로부터 위탁받은 기업실체의 자원을 적절하게 유지하고 효율적으로 운용하여 수익을 창출하여야 한다. 이러한 책임이행 여부에 대해 경영자는 주기적으로 평가받게 된다. 그러나 경영성과는 경영자의 능력뿐만 아니라 거시경제상황이나 원자재 가격상승 등 통제할 수 없는 요인에 의해 영향을 받게 되므로 경영성과 평가시 이러한 외적요인도 고려하여야 한다.

2 회계정보의 질적 특성

기업의 재산 변동 상태를 한 눈에 알아볼 수 있는 것이 재무제표인데, 이는 기업을 둘러싼 외부 정보이용자의 경제적 의사결정에 유용한 정보를 제공한다.

- ◆ 재무상태에 관한 정보: 재무 상태표
- ◆ 경영성과에 관한 정보: 포괄 손익계산서
- ◆ 현금흐름 및 재무상태변동에 관한 정보: 현금 흐름표, 자본 변동표

1) 질적 특성의 의의

재무제표 정보의 질적 특성이란 정보이용자의 의사결정에 유용하기 위하여 회계정보가 갖추어야 할 주요 속성으로 정의할 수 있다. 주요 질적 특성으로는 목적적합성(relevance)과 표현의 충실성(faithful representation)이 있다. <그림 5-4>는 회계정보의 질적 특성을 근본적 차원과 보강적 차원으로 구분하여 주요 특성 요인들을 설명하고 있다.

〈그림 5-4〉 회계정보의 질적 특성

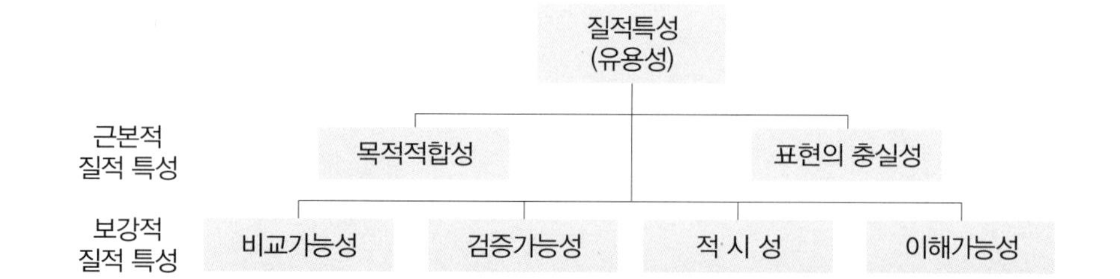

근본적 질적 특성		보강적 질적 특성			
목적적합성 (relevance)	충실한 표현 (faithful representation)	비교가능성	검증가능성	적시성	이해가능성
· 예측 가치 · 확인 가치 · 중요성 (materiality)	· 완전한 (complete)서술 · 중립적 서술 · 오류 없는 서술	· 유사점과 차이 점을 식별 가능하게 함 · 일관성은 비교가능성의 달성 수단이 됨	· 어떤 서술이 충실한 표현이라는데(완전 하게는 아니더라도) 의견 일치할 수 있음	· 의사결정에 영향을 미칠 수 있도록 정보를 제때에 이용가능하게 함	· 정보를 명확하고 간결하게 분류하고 특징지으며 표시하면 됨

2) 회계정보의 제약요인

재무제표에 표시되는 모든 항목은 중요하게 고려되어야 하므로 목적적합성과 신뢰성 있는 모든 정보가 반드시 재무제표에 표시되는 것은 아니다. 일반적으로 중요성은 당해 항목의 성격과 금액의 크기에 의해 결정된다. 그러나 어떤 경우에는 금액의 크기와는 상관없이 정보의 성격 자체만으로도 중요한 정보가 될 수 있다. 예를 들어, 신규 사업부문의 이익수치가 0에 가까울 정도로 극히 작은 경우에도 그 이익수치는 정보이용자가 당해 기업실체가 직면하고 있는 위험과 기회를 평가하는데 중요한 정보가 될 수 있다.

10 재무제표의 기본개념

기업이 회계정보를 작성하는 것은 이해관계자들이 이를 필요로 하기 때문이다. 기업이 회계정보를 작성할 때 반드시 포함해야 하는 최소한의 보고 양식이 있는데 이를 재무제표라고 한다.

재무제표는 일정 회계기간 동안 회사의 경영성과와 기말의 재무상태 등에 관한 회계정보를 이해관계자(주주, 경영자, 채권자, 종업원, 거래처, 정부 등)에게 보고하기 위한 보고서를 의미한다.

⇒ 재무상태표, 포괄손익계산서, 현금흐름표, 자본변동표, 주석으로 이루어진다.

1 재무제표의 기본가정

재무제표는 기업실체의 외부 정보이용자에게 기업실체에 관한 재무정보를 전달하는 핵심적인 보고 수단으로 일정한 가정하에 작성되며, 기본가정으로는 기업실체, 계속기업, 기간별 보고를 들 수 있다.

1) 기업실체

기업실체의 가정이란 기업을 소유주와 독립적으로 존재하는 회계단위로 간주하고 이 회계단위의 관점에서 그 경제활동에 대한 재무정보를 측정, 보고하는 것을 말한다. 일반적으로 개별 기업은 하나의 독립된 회계단위로서 재무제표를 작성하는 기업실체에 해당한다. 그러나 기업실체 개념은 법적실체와는 구별되는 개념이다. 예를 들어, 지배·종속관계에 있는 회사들의 경우 지배회사와 종속회사는 단일의 법적 실체가 아니지만 단일의 경제적 실체를 형성하여 하나의 회계단위로서 연결재무제표의 작성 대상이 된다. 이때 지배회사와 종속회사는 연결재무보고의 기업실체가 된다.

기업실체의 가정이 도입된 이유는 소유주가 투자의 결과로서 당해 기업실체에 대해 갖고 있는 청구권의 크기와 그 변동액을 적절히 측정하기 위함이며, 소유주와 별도의 회계단위로서 기업실체를 인정하는 것이다. 즉 재무상태표에 표시된 자본은 소유주와는 분리되어 있으나 소유주가 회계기간말 현재 당해 기업실체의 자원에 대해 갖고 있는 청구권의 크기를 회계상으로 측정한 것이다. 이 금액은 자본의 경제적 가치를 평가하는데 유용한 정보가 되며,

동시에 시장의 잠재투자자에게도 유용한 정보가 된다.

2) 계속기업(going concern)

계속기업의 가정이란 기업실체는 그 목저과 의무를 이행하기에 충분할 정도로 장기간 존속한다고 가정하는 것을 말한다. 즉 기업실체는 그 경영활동을 청산하거나 중대하게 축소시킬 의도가 없을 뿐 아니라 청산이 요구되는 상황도 없다고 가정된다. 그러나 기업실체의 중요한 경영활동이 축소되거나 기업실체를 청산시킬 의도나 상황이 존재하여 계속기업을 가정하기 어려울 경우에는 계속기업을 가정한 회계처리방법과는 다른 방법이 적용되어야 하며, 이때 적용된 회계처리방법은 적절히 공시되어야 한다.

3) 기간별 보고

기간별 보고의 가정이란 기업실체의 존속기간을 일정한 기간 단위로 분할하여 각 기간별로 재무제표를 작성하는 것을 말한다. 기업실체의 이해관계자는 지속적으로 의사결정을 해야하므로 적시성 있는 정보가 필요하게 된다. 기업실체의 존속기간은 일정한 회계기간 단위로 구분하고 각 회계기간에 대한 재무제표를 작성하여 기간별로 재무상태, 경영성과, 현금흐름, 자본변동 등을 보고한다. 다만, 기업실체의 회계기간을 정함에 있어 회계기간의 장·단기에 따라 발생할 수 있는 정보의 목적적합성과 신뢰성의 상충관계를 고려하여야 한다.

2 재무제표의 특성

1) 발생주의

재무제표는 발생주의에 따라 작성된다. 발생주의란 기업실체의 경제적 거래 또는 사건에 대해 관련한 수익과 비용을 그 현금유출입이 있는 기간이 아니라 당해 거래 또는 사건이 발생한 기간에 인식하는 것을 말한다. 이러한 발생주의 회계는 발생과 이연의 개념을 포함한다.

(1) 발생

발생이란 미수수익과 같은 미래에 수취할 금액에 대한 자산 관련된 부채나 수익과 함께 인식하거나, 또는 미지급비용과 같이 미래에 지급할 금액에 대한 부채 관련된 자산이나 비용과 함께 인식하는 회계과정을 의미한다. 현금은 지급되지 않았으나 현재시점에 지급의무가 발생하여 급여와 미지급급여를 인식하는 경우가 그 예이다.

(2) 이연

이연이란 선수수익과 같이 미래에 수익을 인식하기 위해 현재의 현금유입액을 부채로 인식하거나, 선급비용과 같이 미래에 비용을 인식하기 위해 현재의 현금유출액을 자산으로 인식하는 회계과정을 의미한다. 연도 중에 1년치의 보험료를 지불하였거나 익년에 해당하는 금액에 대해서는 선급보험료로 자산을 인식하는 경우가 그 예이다.

2) 발생주의와 현금주의

발생주의는 현금의 수입 및 지출과 관계없이 수익과 비용이 발생한 시점에서 인식한다. 반면, 현금주의는 현금의 수입 및 지출 시점에서만 수익과 비용을 인식한다.

이렇게 발생주의와 현금주의는 그 특징에 있어 차이가 있으며, 구체적인 내용은 <표 5-4>와 같다.

〈표 5-4〉 발생주의와 현금주의 특징 비교

구분	발생주의	현금주의
수익인식 시점	재화의 판매 또는 용역의 제공 시점	현금 수입 시점
비용인식 시점	수익창출을 위한 자산 감소 또는 부채 발생 시점	현금 지출 시점
장점	정확한 손익계산(경영성과 파악)	현금흐름 정보 제공
단점	현금흐름과 발생손익의 불일치 (현금흐름 정보가 제공되지 않음)	정확한 손익계산 곤란

3 재무제표의 체계와 상호관련성

재무제표의 목적을 달성하기 위해서는 기업의 외부 정보이용자들의 의사결정에 유용한 다양한 유형의 회계정보가 제공되어야 한다. 이러한 정보의 다양성으로 인해 여러 종류의 재무제표가 필요한데, 이들 재무제표는 각각 서로 다른 정보를 제공해 주면서 상호관련성을 가지고 있다.

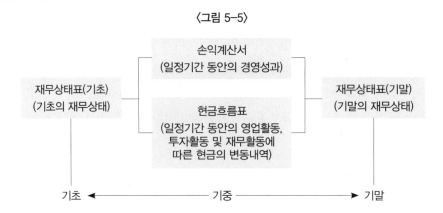

〈그림 5-5〉

위의 <그림 5-5>에서 보는 바와 같이 각 재무제표는 동일한 사건의 다른 측면을 반영하고 있으므로 상호보완적 관계에 있으며, 이러한 관계의 예는 다음과 같다.

1) 재무상태표는 기업실체의 유동성과 재무건전성을 평가하는데 유용한 정보를 제공한다. 재무상태표 정보가 현금흐름표 정보와 함께 이용된다면 유동성 또는 재무탄력성을 평가하는데 더 유용할 수 있다.

2) 손익계산서는 기업실체의 수익성을 평가하는데 유용한 정보를 제공한다. 그러나 손익계산서 정보는 재무상태표 정보와 함께 사용될 때 더욱 의미있는 해석이 가능하다. 예를 들어, 자기자본이익률은 수익성과 기간별 비교 또는 기업실체간 비교의 목적으로 유용한 정보를 제공할 수 있다.

3) 현금흐름표는 일정기간 동안 현금유입과 현금유출에 대해 많은 정보를 제공한다. 그러나 동일한 회계기간 내에서 수익과 비용이 대응하는 것과 달리 현금유입과 현금유출은 서로 대응되어 표시되지 않으므로 현금흐름표는 기업실체의 미래 현금흐름을 전망하는데 충분한 정보를 제공하지 못한다. 즉, 현금유입은 많은 부분이 과거의 영업활동에 의해 나타나게 되나, 현금지출은 미래의 현금유입을 위해 이루어지는 것이다. 따라서 미래의 현금흐름을 예측하기 위하여 현금흐름표 정보는 손익계산서와 재무상태표 정보가 함께 사용될 필요가 있다.

4) 자본변동표는 자산, 부채, 자본변동의 주요 원천에 대한 정보를 제공한다. 그러나 이러한 정보는 다른 재무제표 정보와 함께 사용되어야 그 유용성이 증대된다. 예를 들어, 주주에 대한 배당은 손익계산서상의 이익과 비교될 필요가 있으며, 유상증자 및 자기주식 취득

과 배당은 신규 차입 및 기존 채무의 상환 등과 비교될 때 그 정보 유용성이 증대될 수 있다. 한편, 재무제표는 주식 및 부속명세서 등의 기타 설명자료를 통하여 재무제표 본문에 표시된 정보를 이해하는데 도움이 되는 추가적 정보 또는 재무제표 본문에 표시되지 않는 자원, 의무 등에 대한 정보를 함께 제공해야 한다.

4 재무제표 정보제공의 한계

재무제표는 재무보고의 핵심적 수단이라 할 수 있으나 정보제공에 있어서 다음과 같은 한계를 가진다.

1) 재무제표는 화폐단위로 측정된 정보를 주로 제공한다.
2) 재무제표는 대부분 과거에 발생한 거래나 사건에 대한 정보를 나타낸다.
3) 재무제표는 추정에 의한 측정치를 포함하고 있다.
4) 재무제표는 특정 기업실체에 관한 정보를 제공하며, 산업 또는 경제 전반에 관한 정보를 제공하지는 않는다.

11 ㅇ 자산, 부채, 자본

1 자산

1) 자산의 정의

자산은 과거의 거래나 사건의 결과로서 현재 기업실체에 의해 지배(통제)되고 미래의 경제적 효익을 창출할 것으로 기대되는 자원이다(재무회계개념체계 No.90).

(1) 미래의 경제적 효익

자산으로 인식되기 위해서는 특정 자원이 미래의 현금유입을 증가시키거나 현금유출을 감소시킴으로써 미래의 현금흐름창출에 기여할 수 있어야 한다.

(2) 특정실체가 취득했거나 통제 가능

특정실체가 배타적으로 미래의 경제적 효익에 대한 권리를 가지고 있어야 그 실체의 자산으로 인정할 수 있음을 의미한다. 예를 들어, 공장 내부의 도로는 기업의 자산이 될 수 있지만 공장 앞의 도로는 비록 기업에게 미래의 경제적 효익을 제공하지만 그 효익을 누릴 수 있는 것은 그 기업의 배타적 권리가 아니므로 자산으로 인식될 수 없는 것이다.

(3) 과거의 거래나 경제적 사건의 결과

미래의 경제적 효익이 과거의 거래나 경제적 사건의 결과로 발생되어 현재 시점에 존재해야 함을 의미한다.

(4) 계량화

일반적으로 자산으로 인식되기 위해서는 경제적 효익이 화폐단위로써 계량화될 수 있거나 측정될 수 있어야 한다. 예를 들어 회사의 광고비를 지출했고 그 광고가 성공적이었을 경우 이 지출액은 분명히 미래의 현금유입을 증가시키는데 기여하며, 그 현금유입액이 그 기업의 배타적인 권리이고 과거의 사건 결과로 인해 나타나는 효익이므로 그 효익을 객관적으로 측정할 수 없으므로 광고비는 자산으로 인식될 수 없는 것이다.

2) 자산의 종류

◆ 형태의 유무에 따라: 유형자산, 무형자산
◆ 유동성 기준에 따라: 유동자산, 비유동자산
◆ 화폐가치 변동 시 영향에 따라: 화폐성자산, 비화폐성자산

(1) 유동자산

① 1년 이내에 현금으로 전환되거나 전환될 것으로 예상되는 자산

② 영업활동을 지원하기 위하여 일시적으로 보유

③ 유동성 자산: 현금, 유가증권, 매출채권, 재고자산 등

• 매출채권: 상품을 외상으로 판매한 금액

(2) 비유동자산

① 현금으로 전환하는데 적어도 1년 이상이 소요되는 자산

② 주로 생산활동에 투자되어 운용되는 자산

③ 수익성 자산: 유형자산, 무형자산, 투자자산, 기타 비유동자산 등(예 상품, 건물, 토지, 비품 등)

◆ 순운전자본: 유동자산에서 유동부채를 차감한 차이
◆ 유동성(liquidity): 현재 시장에서 거래되고 있는 가격으로 자산을 매각하여 현금으로 전환할 수 있는 용이성

<표 5-5>는 자산의 종류를 보다 구체적으로 나타내고 있다.

〈표 5-5〉 자산의 종류

자산의 종류	내용
현금	주화, 지폐 등의 법정 통화와 자기앞 수표 등과 같은 통화 대용 증권 등
당좌 예금	당좌 수표를 발행하여 찾을 수 있는 예금
단기 매매 증권	1년 이내에 처분할 목적으로 구입한 상장 회사의 주식, 채권 등
외상 매출금	상품을 외상으로 판매하고 받을 채권액
단기 대여금	금전을 빌려 주고 1년 이내에 회수하기로 한 채권액
미수금	상품 이외의 물품을 외상으로 매각하고 받을 채권액
상품	판매할 목적으로 매입한 물품 등
비품	영업상 사용할 책상, 금고, 컴퓨터 등
건물	업무용으로 사용하기 위하여 구입한 점포나 공장 등
차량 운반구	업무용 승용차, 트럭 등

2 부채

1) 부채의 정의

부채란 과거의 거래나 사건의 결과로 현재 기업실체가 부담하고 있는 미래에 자원의 유출 또는 사용이 예상되는 의무이다(재무회계개념체계 No.97).

(1) 현재시점의 경제적 의무

과거의 거래나 사건의 결과로 관련 의무가 현재시점에 존재하여야 한다. 이는 부채가 미래에 기업의 자산이나 서비스를 희생시켜야 할 의무라고 한다면 그러한 의무를 부담하게 하는 원인인 거래나 사건이 과거에 이미 발생하였어야 한다는 것을 의미한다.

(2) 의제의무 포함

법적인 의무뿐만 아니라 기업관행상 발생하리라 예상되는 의제의무까지 포함한다. 즉 회사가 양호한 대외관계를 유지하기 위하여 장래에 지급하지 않으면 안 될 의무가 나타나거나 그것이 일반적인 기업관행에 따라 이루어질 경우에는 부채로 계상한다. 그 예로 하자보증기간이 경과한 후에 발생하는 보증의무 등을 들 수 있다.

(3) 지급금액, 지급시기 및 채권자 확정 불필요

부채인식 당시에 만기시점의 지급금액, 지급시기 및 채권자가 반드시 확정될 필요는 없다. 예를 들어, 상품판매 후에 수선, 교환 등의 상품보증을 한 경우라면 채권자와 금액 및 지급시기를 알지 못하지만 회계상으로는 부채로 추정하여 인식하는 것이다.

2) 부채의 분류

(1) 유동성 기준에 따라: 유동부채, 비유동부채

① 유동부채(current liabilities): 1년 이내에 원금을 상환해야 하는 단기부채 – 매입채무 (상품을 외상으로 구입한 금액), 은행차입금, 지급어음 등

② 비유동부채(fixed liabilities): 1년 이상 원금을 상환해야 하는 장기부채 – 사채, 장기 차입금 등

(2) 화폐가치 변동 시 영향에 따라: 화폐성부채, 비화폐성부채

    <표 5-6>은 부채의 종류를 보다 구체적으로 나타내고 있다.

<표 5-6> 부채의 분류

부채의 종류	내용
외상 매입금	외상으로 매입한 상품 대금을 지급해야 할 금액
단기 차입금	다른 사람으로부터 빌린 자금을 1년 이내에 갚아야 할 금액
미지급금	상품이 아닌 물품을 외상으로 구입한 채무액
선수금	상품을 주문받고 그 대금을 미리 받은 금액

3 자본

1) 자본의 정의

    자본은 기업실체의 자산총액에서 부채총액을 차감한 잔여액 또는 순자산으로서 기업실체의 자산에 대한 소유주의 잔여청구권이다(재무회계개념체계 No.104). 자본은 구체적인 실체를 갖는 것이 아니고 추상적이고 계수적인 개념으로 그 원천은 주주의 출자에 의한 납입자본 및 자본거래에 의한 것과 기업활동의 결과로 나타나는 순이익으로 구성된다.

2) 자본의 분류

    기업의 형태에 따라서 자본은 다음과 같이 분류된다.

(1) 개인기업: 자본금항목으로 일괄 표시되며, 출자금, 인출금, 순손익에 의하여 변화된다.

(2) 조합기업: 개인기업의 경우와 같이 조합원별로 자본을 분할하여 표시한다.

(3) 주식회사: 주식회사의 자본은 자본금, 자본잉여금, 자본조정, 기타포괄 손익누계 및 이익잉여금으로 분류된다.

12 재무제표의 기본요소

재무제표는 거래나 그 밖의 사건의 재무적 영향을 경제적 특성에 따라 대분류하여 나타내며, 이러한 대분류를 재무제표의 기본요소라고 한다. 재무제표를 구성하는 기본요소는 다음과 같다.

◆ 재무상태표 – 재무상태의 측정과 직접 관련된 요소(자산, 부채, 자본)
◆ 손익계산서 – 성과의 측정과 직접 관련된 요소(수익, 비용)
◆ 현금흐름표 – 영업활동 현금흐름, 투자활동 현금흐름, 재무활동 현금흐름
◆ 자본변동표 – 자본금, 자본잉여금, 자본조정, 기타포괄손익누계액, 이익잉여금(결손금)

1 재무상태표(statement of financial position, F/P)

기업의 일정시점에 있어서의 재무상태를 명확히 보고하기 위하여 보고기간종료일 현재의 모든 자산, 부채, 자본의 상호관계를 재무상태표등식(자산 = 자본 + 부채(대차평균의 원리))에 따라 표시한 계산서를 말한다. 재무상태표는 자산의 변(차변)과 부채 · 자본의 변(대변)으로 구분되는데 차변에는 자산에 관한 사항을 표시하고 대변에는 부채와 자본에 관한 사항을 표시한다. 차변은 기업에 투하된 자금이 어떠한 형태로 운용되고 있는가를 나타내며, 대변은 자금이 어떠한 원천에서 조달되었는가를 밝혀준다(<표 5-7> 참조).

• 회계연도 말에서 기업의 재무상태를 요약한 보고서
• 일정 시점의 재무상태: 자산, 부채, 자본(<표 5-8>, <표 5-9>, <표 5-10> 참조)

<표 5-7> 재무상태표 예시

재무상태표					
	20×1	20×2		20×1	20×2
유동자산	4,400억원	4,800	유동부채	2,400억원	2,650
현금	400	550	매입채무	1,200	1,300
매출채권	2,400	2,250	지급어음	400	500
재고자산	1,600	2,000	단기차입금	300	850
비유동자산	3,600	3,700	비유동부채	2,700	2,750

투자자산	200	200	회사채	2,000	2,050
유형자산	3,200	3,300	장기차입금	700	700
무형자산	200	200	자기자본	2,900	3,100
			자본금	1,200	1,200
			이익잉여금	1,700	1,900
총자산	8,000	8,500	총자본	8,000	8,500

1) 재무상태표의 자산, 부채, 자기자본 분류 예시

〈표 5-8〉 재무 상태표의 자산의 분류

유동자산		비유동자산			
당좌자산	재고자산	투자자산	유형자산	무형자산	기타비유동자산

• 현금및현금성자산
• 단기금융상품
• 단기매매금융자산
• 매출채권
• 단기대여금
• 미수금
• 미수수익
• 선급금
• 선급비용
• 당기법인세자산
• (소모품)
	• 상품
	• 제품
	• 반제품
	• 재공품
	• 원재료
	• 저장품
		• 장기금융상품
		• 매도가능금융자산
		• 만기보유금융자산
		• 관계기업투자
		• 투자부동산
		• 장기대여금
			• 토지
			• 건물
			• 구축물
			• 기계장치
			• 선박/항공기
			• 차량운반구
			• 비품
			• 건설중인자산
				• 영업권
				• 산업재산권
				  (특허권, 실용신
				  안권, 의장권, 상
				  표권)
				• 저작권
				• 개발비
				• 어업권/광업권
				• 라이선스
				• 프랜차이즈
				• 웹사이트원가
					• 장기매출채권
					• 장기미수금
					• 장기선급금
					• 장기선급비용
					• 보증금
					• 이연법인세자산

〈표 5-9〉 재무상태표의 부채의 분류

유동부채	비유동부채
• 단기차입금 • 매입채무 • 미지급금 • 미지급비용 • 선수금 • 선수수익 • 예수금 • 단기충당부채 • 당기법인세부채 • 유동성장기부채	• 사채 • 장기차입금 • 장기매입채무 • 장기미지급금 • 장기충당부채 • 퇴직급여부채 • 이연법인세부채

〈표 5-10〉 재무상태표의 자기자본의 분류

납입자본		기타 자본요소		이익잉여금
자본금	자본잉여금	자본조정	기타포괄손익누계액	
• 자본금	• 주식발행초과금 • 기타자본잉여금	• 자기주식 • 주식할인발행차금	• 매도가능금융자산평가손익 • 자산재평가잉여금 • 확정급여제도의 보험수리적 손익 • 해외사업장의 외화재무제표 환산손익 • 현금흐름위험회피파생금융 상품평가 손익	• 법정적립금 (이익준비금 등) • 임의적립금 • 미처분이익잉여금
※ 지분참여자에 의한 출연이나 지분참여자에 대한 분배와 관련된 것		※ 지분참여자에 의한 출연이나 지분참여자에 대한 분배와 관련되지 않은 것		

2) 재무상태표 작성 원칙

(1) 구분표시 원칙

<표 5-11>에서와 같이, 자산, 부채, 자본을 모두 합쳐서 표시하지 않고, 각각 지정한 항목으로 나누어서 표시한다.

〈표 5-11〉

자산		부채, 자본	
유동자산	– 당좌자산 – 재고자산	부채	– 유동부채 – 비유동부채
비유동자산	– 투자자산 – 유형자산 – 무형자산 – 기타비유동자산	자본	– 자본금 – 자본잉여금 – 자본조정 – 기타포괄손익누계액

(2) 총액주의 원칙

차변의 자산항목과 대변의 부채, 자본 항목을 각각 총액으로 표시해야 하며, 이를 상계하여 그 순액만으로만 나타내어서는 안된다.

(3) 유동성배열법

재무상태표 상 자산, 부채 과목을 유동성(현금화되는 속도)이 높은 것부터 먼저 표시한다(유동성 낮은 것은 나중에 표시한다).

(4) 잉여금구분의 원칙

잉여금을 발생원천별로 구분하여 표시한다.

① **자본잉여금**: 자본거래에서 발생한 잉여금(주식을 발행하거나 또는 줄이는 행위 등)

② **이익잉여금**: 회사가 낸 수익 중 주주들에게 배당하지 않고 남아있는 금액

- 법정적립금: 상법에 의해 의무적으로 적립해야 하는 준비금(매분기 이익의 일부를 자본금의 50%까지 적립)

- 임의적립금: 회사가 별도의 목적을 위해 적립한 적립금

- 미처분이익잉여금: 남아있는 이익잉여금에 당기순이익을 더한 금액

2 손익계산서(Income Statement, I/S)

1) 손익계산서의 의의

일정기간 동안의 회계실체의 경영성과를 파악할 수 있도록 기간 중에 발생한 수익, 비용, 이익, 손실을 나타내주는 보고서이다. 재무상태표가 일정시점의 재무상태를 나타내는 정태적 보고서라면 손익계산서는 일정기간 동안 회계실체의 순자산 변동을 설명해주는 동태적 보고서이다.

(1) 일정 기간의 기업의 영업성과를 요약한 보고서 – 수익, 비용

(2) 이익 or 손실 = 수익 – 비용

① **수익**: 매출액, 임대료, 이자수익

② **비용**: 매출원가, 영업비용(관리비(=임차료), 판매비, 광고선전비), 영업외비용(감가상각비, 이자비용)

2) 손익계산서의 작성 양식

손익계산서에는 ① 기업의 명칭, ② 회계기간을 반드시 기재하여야 한다. 또한 ③ 표의 명칭(즉, 손익계산서)이 명기되어야 한다(<표 5-12> 참조).

〈표 5-12〉 손익계산서의 예

손익계산서 20X2년 1월 1일 ~ 20X2년 12월 31일	
매출액	2,600억원
매출원가	1,400
매출총이익	1,200
감가상각비	70
영업비용	350
영업이익	780
지급이자	100
법인세차감전 순이익	680
법인세(30%)	204
당기순이익	476

3) 당기업적주의와 포괄주의

(1) 당기업적주의

당기업적주의에서는 기업의 능률, 즉 당기의 업적을 강조하여 경상적이고 반복적인 손익항목만을 손익계산서에 포함시키고, 비경상적·비반복적 항목과 전기오류수정손익 항목은 이익잉여금의 증감항목으로 표시한다.

(2) 포괄주의

포괄주의에서는 당기 소유주 지분의 증가분을 이익으로 보아 이와 관련된 모든 항목들을 손익계산서에 포함시킨다. 즉 포괄주의하에서는 비경상적·비반복적 항목과 전기오류수정손익 항목도 특정기간의 손익계산서에 포함시켜 당기순이익을 계산한 다음 이 금액을 이익잉여금 계정에 대체한다.

⇒ K-IFRS는 포괄주의를 지향

3 현금흐름표

일정 기간의 경영활동을 수행하기 위하여 현금의 유출입 내역을 요약한 보고서이다(<표 5-13> 참조).

<표 5-13> 현금흐름표 예시

손익계산서 20X2년 1월 1일 ~ 20X2년 12월 31일		
1. 영업활동에 의한 현금흐름		369억원
순이익	476억원	
감가상각비	70	
매입채무 증가	100	
매출채권 감소	150	
재고자산 증가	−400	
2. 투자활동에 의한 현금흐름		−170
비유동자산 매입	−170	
3. 재무활동에 의한 현금흐름		−76
회사채 발행	50	
배당지급	−276	
지급어음 증가	100	
단기차입금 증가	50	
4. 현금 증가		150
5. 기초 현금잔액		400
6. 기말 현금잔액		550

13 회계거래

1 회계거래의 개념

회계거래는 재무상태의 변동을 가져오는 경제적 사건으로서, 구체적으로는 자산, 부채, 자본의 변동과 수익, 비용의 발생을 가져오는 경제적 사건을 말한다.

> **회계거래는 회계등식의 변동으로 인식될 수 있는 경제적 사건**
> ◆ 경제적 사건이지만 회계거래가 아닌 것: 최고경영자의 사임이나 교체 등
> ◆ 일상적 거래이지만 회계거래가 아닌 것: 상품의 주문이나 수주, 종업원의 고용계약 등
> ◆ 일상적 거래는 아니지만 회계거래인 것: 도난, 분식, 재해, 감가상각, 수익·비용의 발생 및 이연 등

2 회계거래의 종류

1) 명시적 거래

(1) 고객, 거래처, 종업원, 은행, 수유주 등과 기업 간의 관계에서 발생한 거래

(2) 객관적인 거래 증빙 존재

(3) 주로 급부와 반대급부의 교환형태를 가짐(예 현금의 수입 및 지출, 신용 구입 및 판매 등 통상적인 기업활동)

2) 묵시적 거래

(1) 기업 내부에서 객관적인 증빙은 없지만 자산, 부채, 자본의 변동과 수익, 비용의 발생을 유발하는 거래

(2) 객관적인 거래 증빙은 부재, 기말 결산시에 파악하여 장부에 반영(결산정리 사항)(예 감가상각비, 수익과 비용의 발생 및 이연 등의 인식)

3 차변과 대변

회계 거래를 거래의 이중성과 회계 등식에 기초하여 체계적으로 장부에 기록하기 위하여

왼쪽의 차변과 오른쪽의 대변이란 두 변을 필요로 한다.

1) 차변

(1) 장부에 기록할 때 왼쪽을 차변(debit)이라고 한다.

(2) 장부의 차변에 기입하는 것을 차변 기입(차기: debit entry)이라고 한다.

2) 대변

(1) 장부에 기록할 때 오른쪽을 대변(credit)이라고 한다.

(2) 장부의 대변에 기입하는 것을 대변 기입(대기: credit entry)이라고 한다.

◆ 차변(debit)과 대변(credit)은 좌측과 우측 그 이상의 의미는 없다.
◆ 차변과 대변의 설정으로 장부에 음수(−)를 기록하지 않을 수 있게 된다.
◆ 계정기입의 원칙: 거래의 10요소 ⇒ 모든 회계거래는 거래의 10요소 내에서 분개가 이루어진다.

<그림 5−6>은 차변과 대변의 개념과 작성시 그 차이점을 설명하고 있다.

〈그림 5−6〉 차변과 대변의 개념 비교

차변(Dr)	대변(Cr)
▶ 자산의 증가	▶ 자산의 감소
▶ 부채의 감소	▶ 부채의 증가
▶ 자본의 감소	▶ 자본의 증가
▶ 비용의 발생	▶ 비용의 소멸
▶ 수익의 감소	▶ 수익의 발생

4 거래요소의 결합관계: "모든 거래는 차변 거래요소와 대변 거래요소가 함께 결합된다"

1) 거래의 이중성(duality of transactions)

회계 거래가 발생하면 반드시 차변과 대변이 같은 금액으로 변동한다.

• 이중성의 근거: 거래는 상호관계이며, 모든 거래는 원천과 운용, 원익과 결과, 주고 받음 등의 이중성을 가지므로 차변 요소와 대변 요소로 분리 가능한 것이다.

2) 대차평형의 원리(principle of equilibrium)

거래가 아무리 많이 발생하더라도 차변 항목의 합계와 대변항목의 합계는 (기초, 기중, 기말 언제든지) 항상 동일한 금액으로 균등하다는 원리이다.

- 거래의 이중성에 의하여 당연히 성립하는 성질이다.

3) 거래의 복식기입

거래의 이중성과 회계 등식에 기초하여, 회계 거래를 발생 순서대로 기록하는 방식으로서, 회계 거래의 발생시, 해당 거래의 항목과 금액을 차변(좌측)과 대변(우측)에 이중으로 기록하는 방식이다.

4) 복식부기의 자기검증성으로 작용(시산표의 작성 근거 제공)

14 ◦ 계정의 개념과 분류

1 계정(account, a/c)의 정의

1) 계정은 자산, 부채, 자본, 수익, 비용을 구성하는 각 항목의 변동을 개별적으로 기록하는 계산단위를 말한다(회계거래를 기록하는 최소한의 단위).
2) 자산, 부채, 자본, 수익, 비용에 속하는 여러 항목들의 증감을 기록하는 장소. 계좌라고도 한다.
3) **계정과목:** 현금, 외상매출금, 상품, 차입금, 자본금, 이자수익, 급여, 광고선전비와 같은 계정의 명칭을 말한다.

2 계정의 분류 및 특징

1) **재무상태표 계정:** 실질 계정, 영구 계정, 계정 및 잔액 계속 존속, 자산/부채/자본 계정
2) **손익계산서 계정:** 명목 계정, 일시/임시 계정, 계정 기초 생성, 기말 마감 소멸, 비용/수익 계정

3 계정 잔액의 개념

1) 계정 잔액

계정의 차변 합계와 대변 합계의 차이를 계정 잔액이라고 하며, 계정 잔액은 차변 합계나 대변 합계 중 큰 쪽에 존재한다.

◆ 차변 합계 〉 대변 합계: ⇒ 차변 잔액(debit balance)
◆ 차변 합계 〈 대변 합계: ⇒ 대변 잔액(credit balance)

2) 계정 잔액의 예시(〈표 5-14〉 참조)

〈표 5-14〉 계정잔액의 예시

현 금

| (01/01) | 전기이월 | 20,000 | (01/03) | 급여 | 10,000 |
| (01/05) | 매출 | 50,000 | | | |

- (01/01)현재 현금계정 잔액: 차변 잔액 20,000원
- (01/03)현재 현금계정 잔액: 차변 잔액 10,000원(= 20,000 − 10,000)
- (01/05)현재 현금계정 잔액: 차변 잔액 60,000원

4 계정기입의 법칙

1) 계정기입의 법칙

각 계정과목의 증감 또는 발생이 각 계정의 차변과 대변에 어떻게 기입되는가를 나타낸 것을 '계정기입의 법칙'이라 한다(<표 5-15> 참조).

〈표 5-15〉 계정기입의 법칙

자산 계정	[A+] 증가를 차변에 기입	[A−] 감소를 대변에 기입
부채 계정	[L−] 감소를 차변에 기입	[L+] 증가를 대변에 기입
자본 계정	[OE−] 감소를 차변에 기입	[OE+] 증가를 대변에 기입
수익 계정	[R−] 소멸("감소")을 차변에 기입	[R+] 발생("증가")을 대변에 기입
비용 계정	[E+] 발생("증가")을 차변에 기입	[E−] 소멸("감소")을 대변에 기입

2) 계정기입의 예시

서울주식회사의 20X1년 6월 1일부터 20X1년 6월 30일까지의 다음 거래를 계정기입의 원칙에 따라 각 계정에 기입하라.

〈거래예시〉
6월 1일 현금 200,000원을 출자하여 개업하다.
6월 2일 상품 50,000원을 매입하고, 대금은 현금으로 지급하다.
6월 5일 여비·교통비 10,000원을 현금으로 지급하다.
6월 10일 비품 20,000원을 현금으로 구입하다.
6월 20일 종업원급여 5,000원을 현금으로 지급하다.
6월 29일 수입수수료 30,000원을 현금으로 받다.

〈거래의 계정기입 원칙〉

6/ 1(차)	현 금	200,000	(대)	자 본 금	200,000
6/ 2(차)	상 품	50,000	(대)	현 금	50,000
6/ 5(차)	여비·교통비	10,000	(대)	현 금	10,000
6/10(차)	비 품	20,000	(대)	현 금	20,000
6/20(차)	급 여	5,000	(대)	현 금	5,000
6/29(차)	현 금	30,000	(대)	수수료수익	30,000

〈현금계정의 예시〉

현 금

(06/01)	자본금	200,000	(06/02)	상품	50,000
(06/29)	수수료수익	30,000	(06/05)	여비·교통비	10,000
			(06/10)	비품	20,000
			(06/20)	급여	5,000

15 ◦ 회계순환과정과 분개

1 회계순환과정(accounting cycle)의 정의

회계순환과정이란 거래 기록에서 출발하여 재무보고가 이루어지기까지 모든 과정을 말한다
(<그림 5-7> 참조).

〈그림 5-7〉 회계순환과정

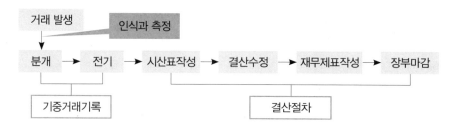

2 분개와 분개장

1) 분개(journalizing)

분개란 각 회계거래를 발생 순서대로 장부(분개장)에 기록하는 것으로서, 거래의 이중성
및 계정 기입의 법칙에 따라 거래 적요와 함께 거래의 발생 시점(일자)과 차변의 계정과목 및
금액, 그리고 대변의 계정과목 및 금액을 장부(분개장)에 기록하는 것이다.

2) 분개장(general journal)

분개장이란 회계거래가 발생한 순서대로 분개를 기록하는 주요장부를 말한다.

3 분개의 법칙

분개는 거래를 분해하여 계정계좌에 기입하는 준비이다. 그러므로 거래를 분개하는 데에
는 일정한 법칙이 있다. 이 법칙을 분개의 법칙이라 한다. 거래의 8요소에 대한 분개의 법칙
을 표시하면 다음 <그림 5-8>과 같다.

① 자산의 증가는 차변에, 그 감소는 대변에 기입한다.
② 부채의 증가는 대변에, 그 감소는 차변에 기입한다.
③ 자본의 증가는 대변에, 그 감소는 차변에 기입한다.
④ 비용의 발생은 차변에, 수입의 발생은 대변에 기입한다.

〈그림 5-8〉 분계절차 모델

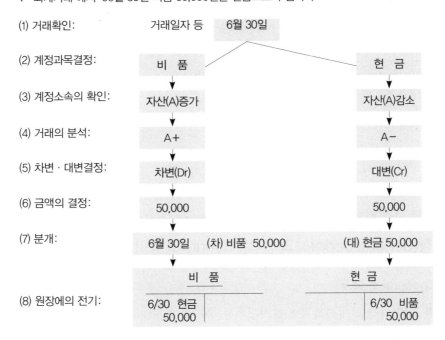

√ 회계거래 예시 '06월 30일 비품 50,000원을 현금으로 구입하다'

(1) 거래확인:　　　　거래일자 등　　6월 30일

(2) 계정과목결정:　　비품　　　　　　　　현금

(3) 계정소속의 확인:　자산(A)증가　　　　자산(A)감소

(4) 거래의 분석:　　　A+　　　　　　　　A−

(5) 차변·대변결정:　　차변(Dr)　　　　　대변(Cr)

(6) 금액의 결정:　　　50,000　　　　　　50,000

(7) 분개:　　　6월 30일　(차) 비품 50,000　(대) 현금 50,000

(8) 원장에의 전기:　　비품　　　　　　　현금
　　　　　　　　6/30 현금　　　　　　　6/30 비품
　　　　　　　　　50,000　　　　　　　　50,000

4 분개장

1) 분개장의 기능

(1) 영업 일지 기능: 회계 거래를 발생 순서대로 기록하므로 영업일지의 역할을 한다.

(2) 원장 기록의 매개 기능: 특정거래와 관련된 모든 정보를 한 곳에 나타낸다.

(3) 오류 방지 기능: 모든 거래가 최초로 기록되는 장부로서, 회계 기록 과정에서 발생할 수 있는 오류를 방지한다.

(4) 거래의 영향 파악 기능: 적요란에 거래의 내역을 간략히 기록하여 해당 거래가 재무상태나 경영성과에 미치는 영향을 파악하는 데 용이하다.

5 분개의 예시

① 서울㈜는 현금 100,000원으로 영업을 개시하다.
② 건물 20,000원을 현금으로 구입하다.
③ 목포상사로부터 30,000원의 상품을 외상으로 구입하다.
④ 인천상사에 구입원가 20,000원의 상품을 25,000원에 외상 판매하다.
⑤ 목포상사의 매입채무 10,000원을 현금으로 상환하다.
⑥ 현금 50,000원을 한일은행에 당좌 예입하다.
⑦ 종업원에 대한 급여 10,000원을 현금으로 지급하다.
⑧ 목포상사의 매입채무 10,000원이 기일이 되었으나 자금부족으로 목포상사로부터 2년 동안 장기 차입하는 것으로 전환하다.
⑨ 차입금에 대한 이자 8,000원을 현금으로 지급하다.
⑩ 광주상사로부터 수입수수료 25,000원을 현금으로 받다.

일자	(차)	계정과목	금액	(대)	계정과목	금액
09/01	(차)	현금	100,000	(대)	자본금	100,000
09/02	(차)	건물	20,000	(대)	현금	20,000
09/03	(차)	상품	30,000	(대)	매입채무	30,000
09/04	(차)	매출채권	25,000	(대)	매출	25,000
	(차)	매출원가	20,000	(대)	상품	20,000
09/05	(차)	매입채무	10,000	(대)	현금	10,000
09/06	(차)	당좌예금	50,000	(대)	현금	50,000
09/07	(차)	급여	10,000	(대)	현금	10,000
09/08	(차)	매입채무	10,000	(대)	자이차입급	10,000
09/09	(차)	이자비용	8,000	(대)	현금	8,000
09/10	(차)	현금	25,000	(대)	수수료수익	25,000

6 원장(General Ledger)과 전기(Posting)의 정의

1) 원장(general ledger)

분개된 회계 거래를 계정과목별로 기입하는 장부를 원장(ledger) 또는 총계정원장(general ledger)이라고 한다.

2) 전기(posting)

분개장에 기입된 분개 내역, 즉 회계 거래의 일자, 차변 및 대변의 계정과목과 금액을 각각 (총계정)원장의 해당 계정에 옮겨 기입하는 것을 전기(posting)라고 한다.

참 고 문 헌

1. 일반경영

김영규 (2006), 경영학원론, 박영사.

김 택 (2010), 공기업 윤리경영, 한국학술정보.

대한무역투자진흥공사(KOTRA) 자료, p.17−113.

윤은기 (1991), 경쟁전략과 SIS, 유나이티드컨설팅그룹.

유재욱 · 이근철 · 석정훈 (2012), 현대사회와 지속가능경영, 박영사.

이상철 (2012), 한국 공기업의 이해, 대영문화사.

임성훈 (2015), 표준 국제경영 2.0, 학현사.

장세진 (2004), M&A의 경영전략, 박영사.

조영복 (2013), 미래 CEO를 위한 경영학: 제5장 전략유형 강의안, 부산대학교.

Charles W. L. Hill & Gareth R. Johns (2004), *Strategic Management-An Integrated Approach*, Houtghton Mifflin Co., Boston, p.306.

Porter M. E. (1980), *Competitive strategy*, Free Press.

Rowe, A. J. & Mason, R. O. (1987), *Managing with Style: A Guide to Understanding, Assessing, and Improving Decision-Making*, San Francisco: Jossery−Bass, pp. 1−17.

2. 마케팅

신종국 (2010), 마케팅, 시그마프레스.

신종국 (2004), 유통관리, 법문사.

안광호 · 하영원 · 박흥수 (2014), 마케팅원론, 학현사.

안광호 · 조재윤 · 한상린 (2014), 유통원론, 학현사.

이종호 · 신종국 (2005), 현대마케팅, p.35, 대명.

3. 인사관리

김인수 (1999), 거시조직이론, p.378, 무역경영사.

오종석 · 김종관 (2014), 인적자원관리, 탑북스.

임창희 (2010), 조직론, 학현사.

4. 회계, 재무관리

정혜영 · 김정교 (2013), IFRS 회계원리, 교육과학자.

오세훈 (2012), 재푸제표분석과 원가관리회계기초, 영화조세통람.

이효익 · 최 관 · 백원선 (2010), IFRS 회계원리, 신영사.

황향숙 · 조윤준 외 (2018), 더존 iCUBE 핵심 ERP 정보관리사 물류, 생산 1급, 지식과 경영.

5. 생산관리, 경영정보

강종열 (2004), 생산운영관리의 기초, 시그마프레스.

김성철 (2005), 디지털 시대의 생산운영관리, 시그마프레스.

서영호 외 (2013), e-Business 시대의 경영정보시스템, 한경사.

신 철 (1999), 알기쉬운 ERP, 미래와 경영.

유성열 · 최성훈 (2015), 생산운영관리, 이프레스.

한재민 (2003), 경영정보시스템, 학현사.

홍유일 (2005), 디지털 기업을 위한 경영정보시스템, 법문사.

황하진 (2005), 유비쿼터스 시대의 경영정보시스템, 경문사.

David M. Kroenke(저), 문용은 외(역) (2014), 사례로 배우는 경영정보시스템, 시그마프레스.

Krajewski, Lee J. & Ritzman, Larry P. (2004), *Operations Management*, Prentice Hall.

저자약력

▮신 종 국
부산대학교 경영대학 교수
미국 텍사스 A & M 대학교 교환교수
한국마케팅관리학회 회장
한국경영학회 부회장

〈저서 및 역서〉
유통경로관리(맥그로힐, 2016)
마케팅(시그마 프레스, 2010, 2013)
마케팅 이론부터 실무까지(맥그로힐, 2016)
그 외 마케팅분야 저서 및 논문 다수

▮박 지 연
부산대학교 경영학 박사 졸업
부산대학교 경영연구소 전임연구원
울산대학교 기업경영연구소 객원교수 및 연구교수

〈연구 및 수상〉
옴니채널, 디지털게임마케팅, 브랜드 등 관심분야에
대한 연구 및 강의
2014. 06. ICICIC, Best Paper Award
2014. 08. 한국인터넷전자상거래학회, 우수논문
2021. 02. 한국소비문화학회, 최우수논문상

경영학 연습

2021년 8월 20일 초판 인쇄
2021년 8월 30일 초판 발행

저 자 신 종 국 · 박 지 연
발행인 배 효 선

발행처

도서
출판 法 文 社

주 소 10881 경기도 파주시 회동길 37-29
등 록 1957년 12월 12일 제2-76호(윤)
TEL (031)955-6500～6 FAX (031)955-6525
e-mail (영업) bms@bobmunsa.co.kr
　　　 (편집) edit66@bobmunsa.co.kr
홈페이지 http://www.bobmunsa.co.kr
조 판 (주) 성 지 이 디 피

정가 22,000원　　　　ISBN 978-89-18-91218-9